NEW
서울대 선정
인문고전
60선

23
대학

NEW 서울대 선정 인문 고전 ㉓
만화 대학

개정 1판 1쇄 발행 | 2019. 8. 21
개정 1판 2쇄 발행 | 2021. 9. 27

허경대 글 | 이주한 그림 | 손영운 기획

발행처 김영사 | 발행인 고세규
등록번호 제 406-2003-036호 | 등록일자 1979. 5. 17.
주소 경기도 파주시 문발로 197 (우10881)
전화 마케팅부 031-955-3100 | 편집부 031-955-3113~20 | 팩스 031-955-3111

값은 표지에 있습니다.
ISBN 978-89-349-9448-0
ISBN 978-89-349-9425-1(세트)

좋은 독자가 좋은 책을 만듭니다. 김영사는 독자 여러분의 의견에 항상 귀 기울이고 있습니다.
전자우편 book@gimmyoung.com | 홈페이지 www.gimmyoungjr.com

이 도서의 국립중앙도서관 출판예정도서목록(CIP)은 서지정보유통지원시스템 홈페이지(http://seoji.nl.go.kr)와 국가자료종합목록시스템(http://www.nl.go.kr/kolisnet)에서 이용하실 수 있습니다. (CIP제어번호 : CIP2018042943)

어린이제품 안전특별법에 의한 표시사항

제품명 도서 제조년월일 2021년 9월 27일 제조사명 김영사 주소 10881 경기도 파주시 문발로 197
전화번호 031-955-3100 제조국명 대한민국 ▲주의 책 모서리에 찍히거나 책장에 베이지 않게 조심하세요.

미래의 글로벌 리더들이 꼭 읽어야 할 인문고전을 만화로 만나다

NEW 서울대 선정 인문고전 60선

23

대학

허경대 글 · 이주한 그림

주니어김영사

| 기획에 부쳐 |

〈NEW 서울대 선정 인문고전60〉이 국민 만화책이 되기를 바라며

제가 대여섯 살 때 동네 골목 어귀에 어린이들에게 만화책을 빌려주는 좌판 만화 대여소가 있었습니다. 땅바닥에 두터운 검정 비닐을 깔고 그 위에 아이들이 좋아하는 만화책을 늘어놓았는데, 1원을 내면 낡은 만화책 한 권을 빌릴 수 있었지요. 저는 그곳에서 만화책을 보면서 한글을 깨쳤고 책과의 인연을 맺었습니다.

초등학교 때는 용돈을 아껴서 책을 사서 읽었고, 중학교 때는 학교 도서 반장을 맡아 도서관에서 매일 밤 10시까지 있으면서 참 많은 책을 읽었습니다. 그 무렵 헤밍웨이의 《노인과 바다》를 손에 땀을 쥐며 읽으면서 인생에 대해 고민했고, 헤르만 헤세의 《수레바퀴 아래서》를 읽으며 사춘기의 심란한 마음을 달랬습니다. 김래성의 《청춘 극장》을 밤새워 읽는 바람에 다음 날 치르는 중간고사를 망치기도 했습니다.

당시 저의 꿈은 아주 큰 도서관을 운영하는 사람이 되어 온종일 책을 보면서 책을 쓰는 작가가 되는 것이었습니다. 나이가 들고 어느 정도 바라는 꿈을 이루었습니다. 큰 도서관은 아니지만 적당한 크기의 서점을 운영하고, 글을 쓰는 작가가 되었거든요. 저는 여기에 새로운 꿈을 하나 더 보탰습니다. 그것은 즐거운 마음과 힘찬 꿈을 가지게 해 주고, 나아가 자기 성찰을 도와주는 좋은 만화책을 만드는 일이었습니다. 이렇게 해서 만든 책이 바로 〈서울대 선정 인문고전〉입니다. 서울대학교 교수님들이 신입생과 청소년들이 꼭 읽어야 할 책으로 추천한 도서들 중에서 따로 60권을 골라 만화로 만든 것입니다. 인류 지성사의 금자탑이라고 할 수 있는 고전을 보기 편하고 이해하기 쉽도록 만화책으로 만드는 일은 쉬운 일은 아니었습니다. 약 4년 동안에 수십 명의 학교 선생님들과 전공 학자들이 원서의 내용을 정확하게 전달할 수 있도록 밑글을 쓰고, 수십 명의 만화가들이 고민에 고민을 거듭하면서 만화를 그려 60권의 책을 만들었습니다.

〈서울대 선정 인문고전〉이 완간되었을 무렵에 우리나라에 인문학 읽기 열풍이 불기 시작했습니다. 〈서울대 선정 인문고전〉은 인문학 열풍을 널리 퍼뜨리는 데 한몫을 하면서 독자들의 뜨거운 사랑과 관심을 받았습니다. 덕분에 지금까지 수백만 권이 팔리는 베스트셀러가 되었습니다. 그 사랑에 조금이나마 보답을 하기 위해 《칸트의 실천이성 비판》, 《미셸 푸코의 지식의 고고학》, 《이이의 성학집요》 등 우리가 꼭 읽어야 할 동서양의 고전 10권을 추가하여 만화로 만들었습니다.

〈서울대 선정 인문고전〉은 어린이와 청소년이 부모님과 함께 봐도 좋을 만화책입니다. 국민 배우, 국민 가수가 있듯이 〈서울대 선정 인문고전〉이 '국민 만화책'이 되길 큰마음으로 바랍니다.

손영운

| 글작가 머리말 |

주춧돌 없이 기둥을 세우시겠습니까?

《대학大學》은 《논어論語》《맹자孟子》《중용中庸》과 함께 사서四書라고 불리는 유가의 경전입니다. 그런데 왜, 《대학》이라는 책을 많은 사람들이 선호하는 것일까요? 그것은 아마도 그만큼 명작이라는 증거가 아닐까요?

《대학》은 고금古今을 통해 젊은 청소년들에게 가장 사랑을 받아왔던 책입니다.

그 이유는 바로 이 책을 통해서 학문의 도를 추구할 수 있었으며, 또 입신양명立身揚名(출세하여 이름을 드높임)의 꿈을 꿀 수 있었기 때문입니다.

옛날 공자님께서는 어떻게 제자들을 가르쳤을까요?

공자님께서는 평소 물어보지 않는 학생에게는 가르쳐 주지 않았답니다. 다시 말하면 스스로 배우려고 노력하지 않는 학생들에게는 한마디도 가르쳐 주지 않은 것입니다.

학문이라는 것은 본시 배움에서 끝나는 것이 아니라, 스스로 그 이치를 깨우쳐야 하는 것입니다. 이것이 공자님의 가르침인 수기치인修己治人입니다. 즉 "스스로 학문의 도를 수양하여 남을 이롭게 하는 데 앞장선다."라는 뜻입니다.

11세기 송나라 때, 주자는 공자께서 편찬했다는 《예기禮記》의 한 편에서 유가 경서들의 내용을 집약해 놓을 만큼 훌륭한 글을 찾았습니다. 그 당시 주자는 그 글에 주해註解를 붙이고, 편집하는 과정에서 다시 한 번 공자님의 가르침인 수기치인을 강조하며 《대학장구大學章句》를 만들었습니다.

고금을 막론하고 학문을 하는 사람들에게 수기치인은 군자가 되기 위한 불변의 진리와 같은 것이었습니다.

TIME MACHIN

지금도 학문에 뜻을 둔 많은 사람들이 《대학》을 읽습니다.

수많은 유가의 경서들 중 왜! 하필 《대학》을 먼저 읽을까요?

그것은 《대학》이라는 책 속에 자신을 수양할 수 있는 도구와 남을 이롭게 하는 방법이 들어 있기 때문입니다. 다시 말하자면 배우는 학생들이 학문을 추구하여 세상에서 가장 이상적인 사람으로 변모할 수 있는 비법이 들어 있기 때문입니다.

이 시대의 많은 젊은이들은 《대학》을 읽지 않고 자신의 뜻을 펼치려고 합니다. 즉 뜻을 세우지도 않고 그 뜻을 펼치려고 합니다. 이것은 주춧돌 없이 기둥을 세우려는 것과 같습니다.

여러분! 이제부터 유가 경전 읽기에 도전하십시오.

과거에는 경전을 읽고 싶어도 한문으로 쓰여 있어 관심조차 가지기 어려웠습니다. 그러나 이제 《논어》를 비롯하여 《맹자》《중용》《대학》 외에도 많은 유가의 경전들이 알기 쉽게 번역되어 있습니다. 그중 가장 먼저 《대학》을 읽으십시오. 그런 다음 《논어》《맹자》《중용》을 차례대로 읽으십시오.

읽다보면 여러분의 말과 행동거지, 가치관이 바뀔 것입니다. 잘 이해가 안 된다면 두세 번 읽어서라도, 꼭 자신의 것으로 만드십시오. 그런 후 여러분께서 그 내용을 행동으로 실천한다면, 이미 여러분들은 군자가 된 것입니다.

21세기 우리가 살고 있는 지구촌은 종교와 이념 전쟁으로 수많은 사람들이 고통 받고 죽어가고 있습니다. 이와 같은 급박한 시기에 공자님의 가르침은 우리들이 사는 이 사회를 좀 더 여유롭고, 좀 더 풍요로운 삶을 가져다주는 지혜이며, 등불이라고 생각합니다.

아무쪼록 이 한 권의 책이 여러분들에게 많은 도움을 가져다주기 바라며, 이 지면을 통해 공자님의 가르침이 여러분들에게 전해지는 계기가 되었으면 좋겠습니다. 감사합니다.

허경대

| 그림 작가 머리말 |

큰 사람이 되는 길을 가르치는 고대의 리더십

2009

《대학》이란 책은 공자의 가르침을 알리는 유교경전 중 하나로 유학의 입문서라고 할 만큼 대중적인 책입니다.

원래는 《예기》라는 두꺼운 책 속의 한 부분이었는데 주자가 이것에 설명을 첨가하고 편집하여 한권의 책으로 만들어 낸 것이지요.

그래서 《대학》은 《중용》, 《논어》, 《맹자》와 더불어 '사서' 라고 한답니다.

그런데 많은 사람들이 《대학》을 읽지만, 그 내용이 결코 쉽다고는 할 수 없습니다.

저도 대학 다닐 때 교양강의를 들으면서 한번 읽었던 기억이 납니다. 3강령, 8조목… 각각의 뜻은 이해가 되는데 전체적인 그림은 왜 그렇게 머릿속에 안 그려지던지요.

학교를 졸업하고 10여 년이 다 되어서 다시 《대학》을 손에 쥐고 안 하던 공부를 하려니 머리에 쥐가 날 지경이었습니다. 더군다나 이걸 만화로 그려야 한다니…. 역사적인 사건이나 인물들을 그리는 건 쉽지만 격물, 치지, 성의, 정심 같은 개념을 형상화시킨다는 건 참으로 어려운 일이었습니다. 게다가 시도 때도 없이 흔들리는 이 몹쓸 그림 실력이란…!

그래도 글을 써 주신 허경대 선생님이 어려운 구절을 손수 풀어주고, 모자라는 부분은 재미있는 옛날 이야기로 채워주어 부족한 내용을 빛내 주었습니다. 이 자리를 빌려서 감사드립니다.

《대학》을 한마디로 말하면 대인, 즉 리더십에 관한 이야기입니다. 큰 사람이 되기 위해서는 어떤 자세와 마음가짐을 가져야 하는지를 가르쳐 주는 책이지요. 일설에 의하면 주자는 이 책을 너무나 사랑한 나머지 죽기 며칠 전까지 설명부분을 고치고 또 고쳤다고 합니다. 그만큼 가치 있는 책이란 이야기지요. 여러분도 이 책을 읽으면서 큰 꿈을 가득 안으시길 바라겠습니다.

끝으로 좋은 책으로 만들어 주신 김영사 여러분과 연두스튜디오 식구들 그리고 부모님께 감사드립니다.

이주한

| 차 례 |

TIME MACHIN

제1장 《대학》은 어떤 책일까?

제1장
《대학》은 어떤 책일까?
안녕하세요! 《대학》의 길에 오신 것을 환영합니다!
大學之道
왈왈
어서 옵쇼~.
내가 누구냐구? 여러분들을 《대학》이라는 멋진 학문의 길로 안내할 사람이지.
흠
大學
나로 말할 것 같으면 어릴 때부터 신동 소리를 들으며 공자, 맹자, 증자 선생님과 매일….
어허허
공자
예끼놈! 너 같은 제자 둔 적 없다!
꽝
그런데 《대학》이 뭐야?
좋으신 질문!
우선 여러분들 머릿속에 떠오르는 건 이거지?
명문대학
음~ 따지고 보면 맞는 말이야.

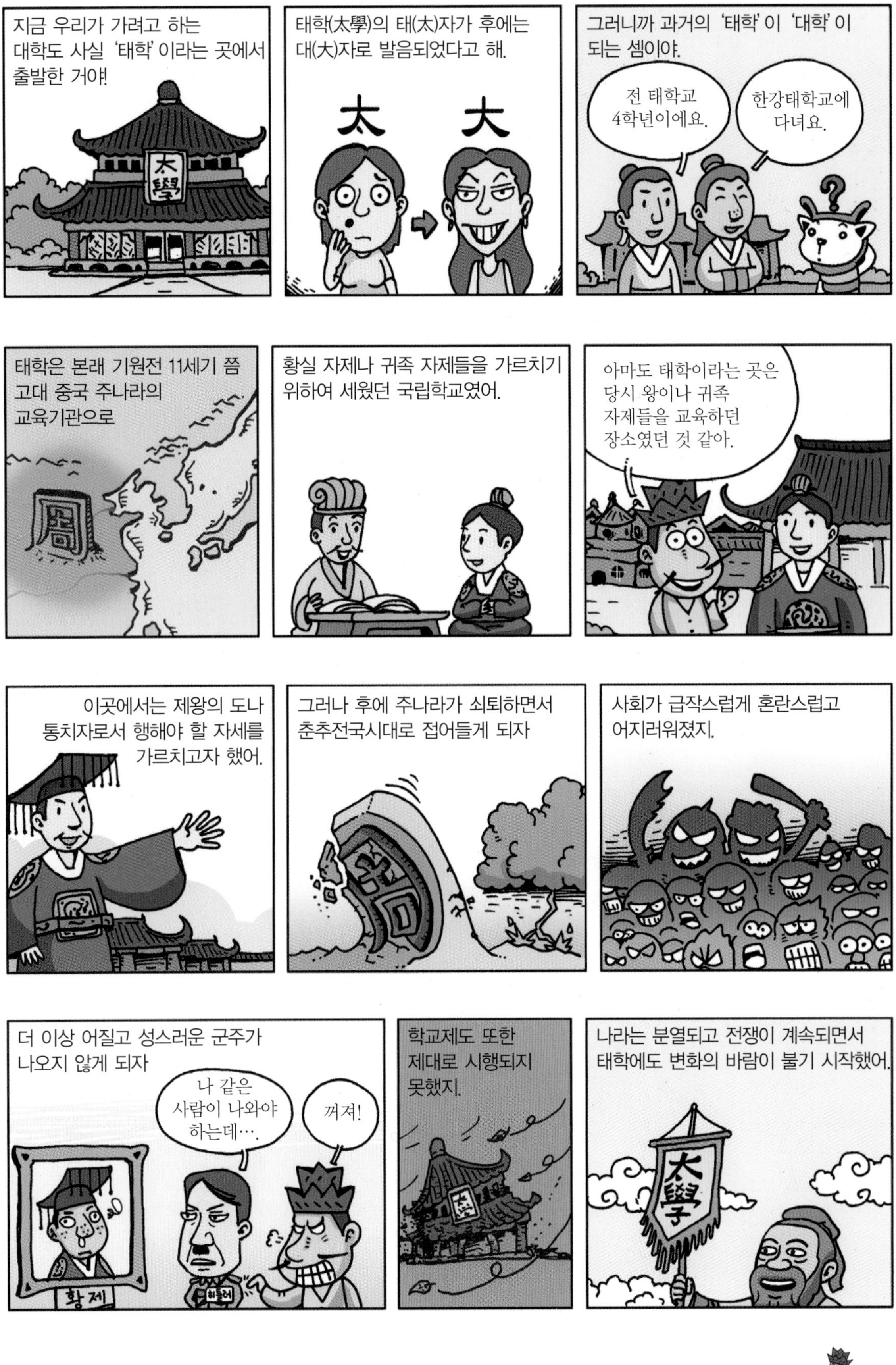

지금 우리가 가려고 하는 대학도 사실 '태학'이라는 곳에서 출발한 거야!
太學
태학(太學)의 태(太)자가 후에는 대(大)자로 발음되었다고 해.
太
大
그러니까 과거의 '태학'이 '대학'이 되는 셈이야.
전 태학교 4학년이에요.
한강태학교에 다녀요.
?
태학은 본래 기원전 11세기 쯤 고대 중국 주나라의 교육기관으로
周
황실 자제나 귀족 자제들을 가르치기 위하여 세웠던 국립학교였어.
아마도 태학이라는 곳은 당시 왕이나 귀족 자제들을 교육하던 장소였던 것 같아.
이곳에서는 제왕의 도나 통치자로서 행해야 할 자세를 가르치고자 했어.
그러나 후에 주나라가 쇠퇴하면서 춘추전국시대로 접어들게 되자
周
사회가 급작스럽게 혼란스럽고 어지러워졌지.
더 이상 어질고 성스러운 군주가 나오지 않게 되자
나 같은 사람이 나와야 하는데….
꺼져!
황제
히틀러
학교제도 또한 제대로 시행되지 못했지.
나라는 분열되고 전쟁이 계속되면서 태학에도 변화의 바람이 불기 시작했어.
太學

이런 시기에 바로 공자가 등장한 거야!
孔
기원전 550년경 춘추시대의 암울한 시기에 태어난 공자.
그는 자신이 정립한 학문이 당시의 사회적 혼란을 막을 수 있을 것이라고 생각했어.
지금 필요한 건 법(法)이 아니라 인(仁)이다.
그래서 공자는 태학을 개설하여 자신의 철학인 유학(儒學)을 가르쳤지.
太學 태학
과목: 유학
그리고 귀족, 평민을 불문하고 배우고 싶은 사람은 모두 입학을 허락했어.
저도 배울 수 있나요?
나무 아미타불~
그래서 따르던 문도의 수가 3천 명이나 되었다고 해.
와글 와글
공자께서 개설한 태학은 중국 최초의 사립학교인 셈이야.
太學
신입생 모집
유학이라는 게 궁금하겠지?
도착 5 arrival
유학 왔어요.
워낙 큰 학문이라서 간단하게만 설명해볼게.
저건 아냐
유학이란 '인간은 태어날 때 하늘이 내려준 천명(天命)을 따르고
천명
그 하늘이 내려준 천명은 인간의 도덕과 관계를 맺고 있다.'는 학문이야.
다시 말하면 하늘은 사람이 태어날 때 착한 성품을 부여해 주고
성품
사람들은 부여받은 착한 성품으로 인륜에 어긋나지 않게 생활해야 한다는 거지.
성품

이것이 유가에서 주장하는
'인의 사상', 즉 '덕치 사상'으로
德
사람들을 도덕으로 교화시켜 다스려 나가야 한다는 것을
기본 이념으로 삼았어.
덕
덕
덕
그 당시 왕들이 법률로써 백성을
다스리는 것에 비해서
저놈이 도둑질을 했으니
손목을 잘라야지.
法
공자는 도덕으로 나라를 다스리는 것이 군주나
백성들에게 모두 이상적인 것이라고 생각했어.
허허허~
굶주린 자식을 돌보려고 그랬으니 면죄해 주어라.
성은이 망극하옵니다!
儒
꺼이
꺼이 ~
군주는 백성들에게 덕을 베풀고
춘궁기에는 곳간을 열어 백성들에게 쌀을 나누어 주어라!
백성들이 그를 찬양하고 따름으로써 나라는 자연히 평화로워지며
춘궁기 위기
황제폐하 특별 기자회견 "쌀을 풀어라!"
쌀
쌀
쌀
굶주림 탈출
백성 1인당 쌀 한말씩 무상 지급키로
HDTV
나아가 천하의 모든 백성들이
그 군주에게 모여든다는 거야.
皇
만세
만세
만세
만세
공자의 말씀을 모아놓은
《논어(論語)》라는 책을 보면
백성을 덕으로 다스리는 것은
예를 들면 '하늘에 북극성이 있고 주위에 모든 별들이
그를 향하는 것과 같다'라고 하였어.

다시 말하면 "백성을 법규에 따라 이끌어 가고 형벌로써 다스린다면
빡
백성은 못된 짓을 하고도 창피한 줄을 모른다.
잡히지만 않으면 되지!
이들을 덕(德)으로 이끌고 예(禮)로써 다스린다면
禮 클리닉
집에 있는 자식에게 떳떳한 부모가...
DR.공자
수치심을 잃지 않고 또한 잘 따른다."라는 거야.
앞으론 착한 사람이 될게요.
잉잉잉~
이것은 당시 많은 사상가들의 학문이 있었지만 오직 유학만이
道
오직유학
모든 백성들에게 삶의 희망을 줄 수 있다는 공자의 주장이었어.
儒
이같은 공자의 주장은 그 후 2500년이나 지속되어 오늘날 까지도 전해오며,
儒
인(仁)사상은 오늘날 더 필요하지.
동아시아 전 지역에 큰 영향을 주고 있어.
儒
지금은 과학기술과 문명이 발달해 전 세계가 지구촌이라는 한지붕 아래 공동체 생활을 하고 있어.
儒
우주시 은하구 태양동 지구촌
P

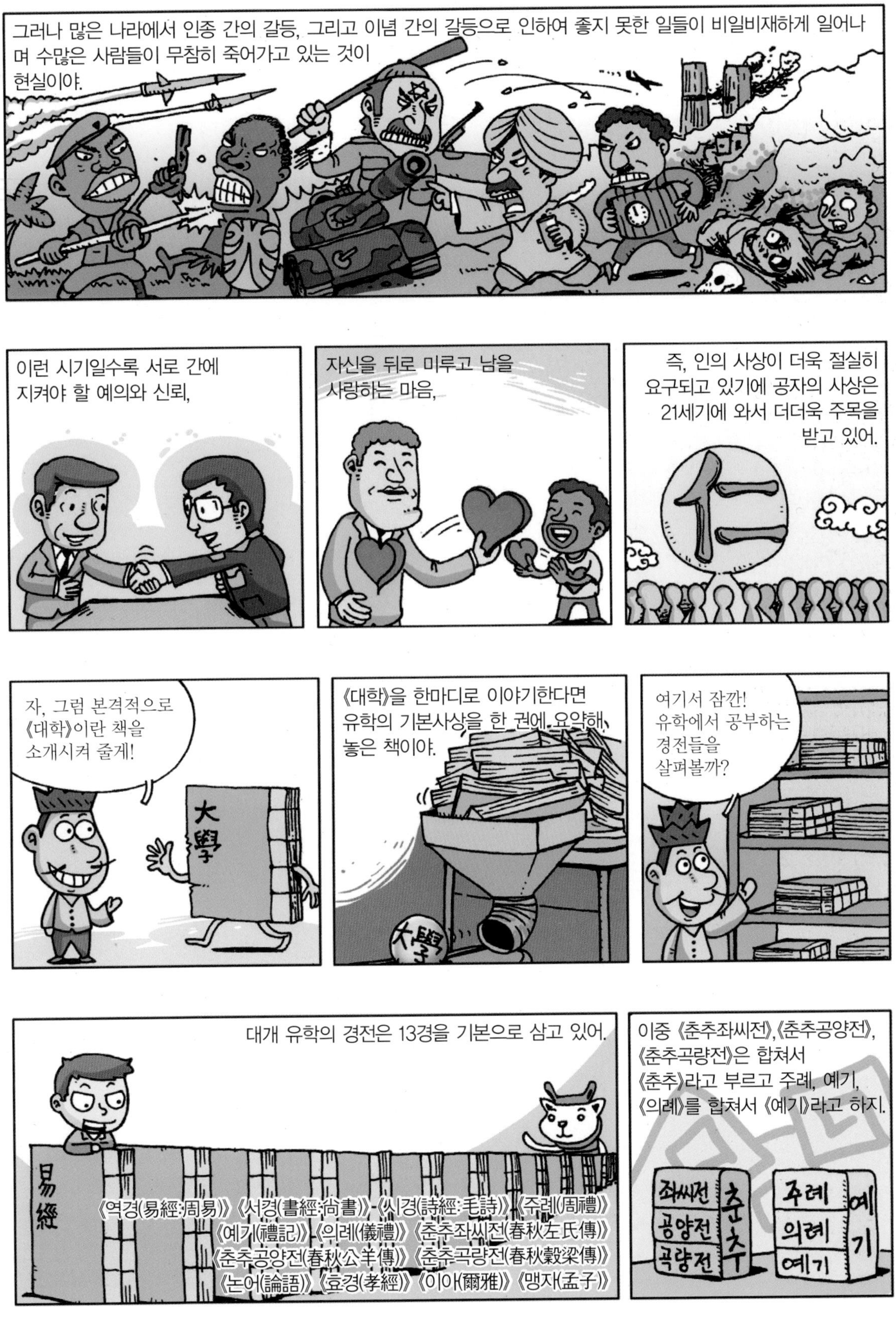
그러나 많은 나라에서 인종 간의 갈등, 그리고 이념 간의 갈등으로 인하여 좋지 못한 일들이 비일비재하게 일어나며 수많은 사람들이 무참히 죽어가고 있는 것이 현실이야.
이런 시기일수록 서로 간에 지켜야 할 예의와 신뢰,
자신을 뒤로 미루고 남을 사랑하는 마음,
즉, 인의 사상이 더욱 절실히 요구되고 있기에 공자의 사상은 21세기에 와서 더더욱 주목을 받고 있어.
仁
자, 그럼 본격적으로 《대학》이란 책을 소개시켜 줄게!
大學
《대학》을 한마디로 이야기한다면 유학의 기본사상을 한 권에 요약해 놓은 책이야.
大學
여기서 잠깐! 유학에서 공부하는 경전들을 살펴볼까?
대개 유학의 경전은 13경을 기본으로 삼고 있어.
易經
《역경(易經·周易)》《서경(書經·尙書)》《시경(詩經·毛詩)》《주례(周禮)》
《예기(禮記)》《의례(儀禮)》《춘추좌씨전(春秋左氏傳)》
《춘추공양전(春秋公羊傳)》《춘추곡량전(春秋穀梁傳)》
《논어(論語)》《효경(孝經)》《이아(爾雅)》《맹자(孟子)》
이중 《춘추좌씨전》, 《춘추공양전》, 《춘추곡량전》은 합쳐서 《춘추》라고 부르고 주례, 예기, 《의례》를 합쳐서 《예기》라고 하지.
좌씨전
공양전
곡량전
춘추
주례
의례
예기
예기

이 많은 책들 속에서 《대학》은 유가의 근본적인 사상만을 뽑아 한 권의 책에 축약시킨 거야.
대학
《대학》의 내용은 공자님의 말씀을 증자가 취해서 자신의 생각을 덧붙여 놓은 책이야.
물론 뒷날 증자의 제자들이 정리하기는 했지만 말이야.
大學
이 책에는 대인으로서 행해야 할 몸가짐이나 마음가짐,
남과 더불어 살아가는 행동과
나아가 다른 사람을 다스리고자 하는 정치 철학적인 내용까지 들어 있어.
개인의 도덕적 윤리를 비롯하여 가정의 윤리, 국가의 윤리와 나아가 세계 정치를 조화시키고자 하는 측면이 이 한 권 책에 모두 집약되어 있지.
유학의 경전들은 모두 사람들을 교화시켜 착한 곳으로 인도하기 위한 교육 목적으로 구성되어 있지만
유학
《대학》만큼 한 권에 통틀어 얘기해 놓은 책은 없어.

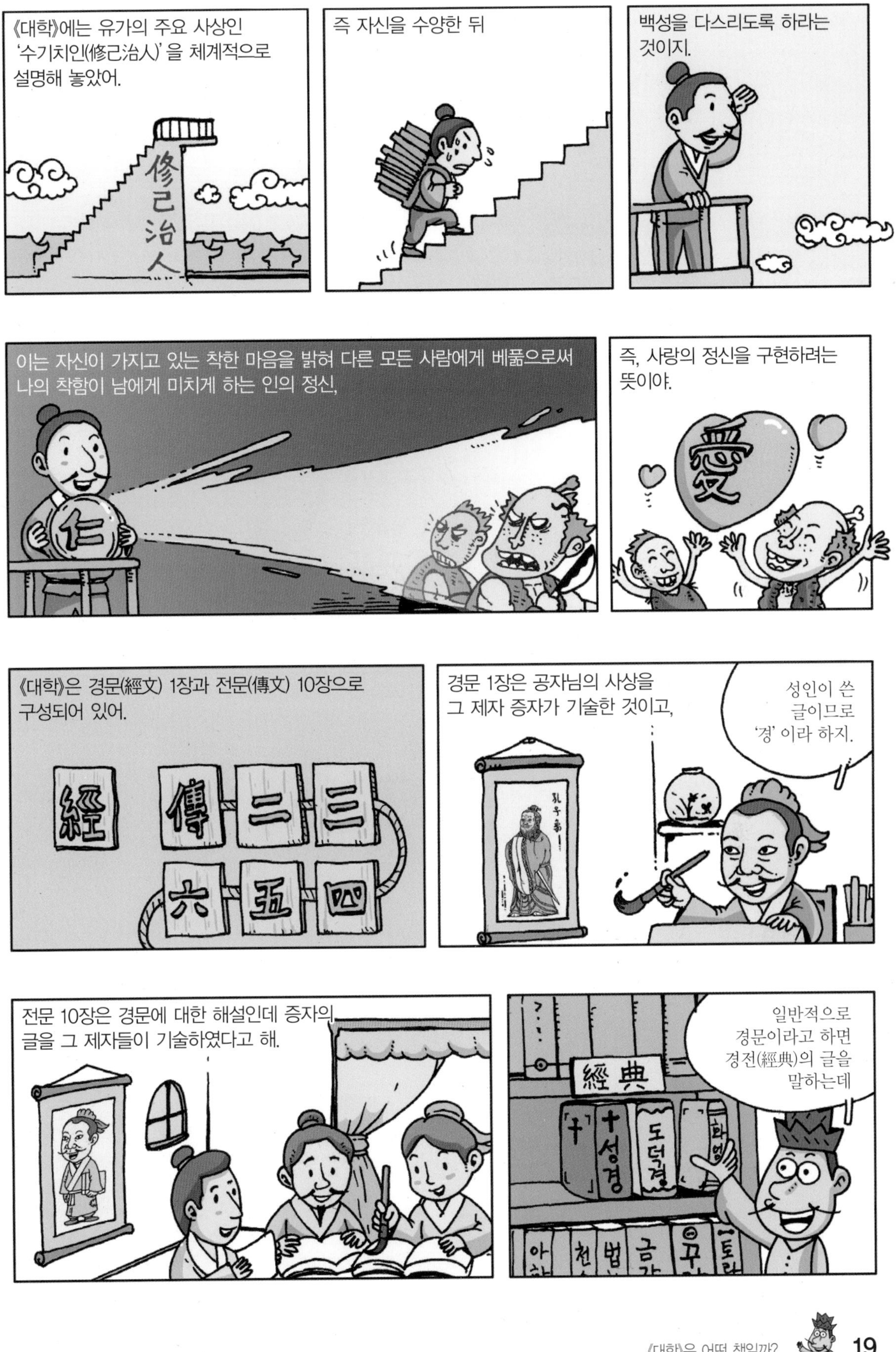
《대학》에는 유가의 주요 사상인 '수기치인(修己治人)' 을 체계적으로 설명해 놓았어.
修己治人
즉 자신을 수양한 뒤
백성을 다스리도록 하라는 것이지.
이는 자신이 가지고 있는 착한 마음을 밝혀 다른 모든 사람에게 베풂으로써 나의 착함이 남에게 미치게 하는 인의 정신,
仁
즉, 사랑의 정신을 구현하려는 뜻이야.
愛
《대학》은 경문(經文) 1장과 전문(傳文) 10장으로 구성되어 있어.
經 傳 二 三 四 五 六
경문 1장은 공자님의 사상을 그 제자 증자가 기술한 것이고,
성인이 쓴 글이므로 '경' 이라 하지.
전문 10장은 경문에 대한 해설인데 증자의 글을 그 제자들이 기술하였다고 해.
일반적으로 경문이라고 하면 경전(經典)의 글을 말하는데
經典
성경
도덕경
법

유학에 있어서 경전은 뜻이 달라.
글자가 하나 다르지?
經
典
經
傳
경전이란 것은 '경(經)'과 '전(傳)'이라는 두 가지 책을 말하는 거야.
경
전
경(經)이란 것은 성인이 저술한 것이야.
나도 성인(成人) 인데….
주민등록증
나성인
00시00구00동
00구청장
성인이란 지혜와 도덕이 뛰어나고 사물의 이치에 통달한 사람을 말해.
전(傳)은 현인의 글로, 경서를 알기 쉽게 해석한 책이야.
이런 걸 주석서라고 하지.
주석
註釋
동방18현
여기에서 현인은 재주와 덕을 겸비한 사람을 말하지.
최치원
설총
정몽주
조광조
이황
《대학》도 이렇게 경문과 전문으로 나뉘어져 있는 거지.
경문
전문
책의 전체 내용을 살펴보면 이른바 3강령 8조목으로 구분하여 써 있어.
大學
명명덕
신민
지어지선
격물
치지
성의
정심
수신
제가
치국
평천하

3강령의 첫 번째 강령은 '명명덕(明明德)' 이야.
밝고 밝은 덕?
3 綱領
1. 明明德
명명덕을 한글로 풀어보면 '밝은 덕을 밝힌다' 라고 할 수 있어.
明 明德
대학
이 내용은 우선 자신에게 있는 밝은 덕을 밝히기를 요구하는 거야.
그리고 두 번째는 신민(新民) 이야.
친민이잖아!
이건 나도 안다구!
親民
신민을 한글로 풀이해 보면 '백성을 새롭게 한다' 라고 할 수 있어.
여기에서 친은 신으로 생각해줘.*
親 新
자신의 덕을 밝혔다면 그 백성들 또한 덕을 밝히게 할 수 있도록 해야 한다는 뜻이야.
마지막 세 번째 강령은 지어지선(止於至善)으로
止於至善
'지극히 착한 곳에 이르러 그곳에 머무른다' 는 뜻이야.
이것은 자신의 밝은 덕으로 백성들을 새롭게 하였으면,
德
그 새로워진 착한 곳에 계속 머물면서 착한 행동만 해야 한다는 거야.
德
아울러 8조목도 설명해 볼게.
격물
치지
성의
정심
수신
제가
치국
평천하

*고대 한자에 親은 新과 같은 뜻으로 쓰였다.

첫째는 격물(格物)로 사물에
대하여 바르게 안다는 뜻이야.
똥인지 된장인지 ..?
사물에 대한 이치를 바르게 연구하도록 요구하는 거야.
먹어봐
둘째는 치지(致知)로
앎을 끝까지 한다는 뜻.
앎
국내산
앎
지식을 배우고 깨우쳐
내 마음속에 모르는 일이 없도록
해야 한다는 것이야.
앎
앎
셋째는 성의(誠意)로 마음속에
뜻을 성실히 하여 자신을 속이는
일이 없도록 요구하는 것이지.
성실
넷째는 정심(正心)으로
뜻을 성실히 하여
마음을 바로잡으라는
뜻이고
다섯째 수신(修身)으로 몸을
닦는다는 뜻이야.
쓱쓱
이거 말구….
마음이 바른 뒤에야 내 몸을
닦을 수 있잖아.
여섯째는 제가(齊家)로 내 몸을
닦은 후에 집안을 편안하게
잘 다스릴 수 있다는
뜻이고
家
일곱째, 치국(治國)으로 집안을
편안하게 잘 다스려서
나라를 다스릴 수 있도록
하며,
여덟째, 평천하(平天下)로 이렇게 집안과 나라를
잘 다스려서 천하를 평화롭게 하기를 요구하고 있어.
이것이 대학의
8조목이야!

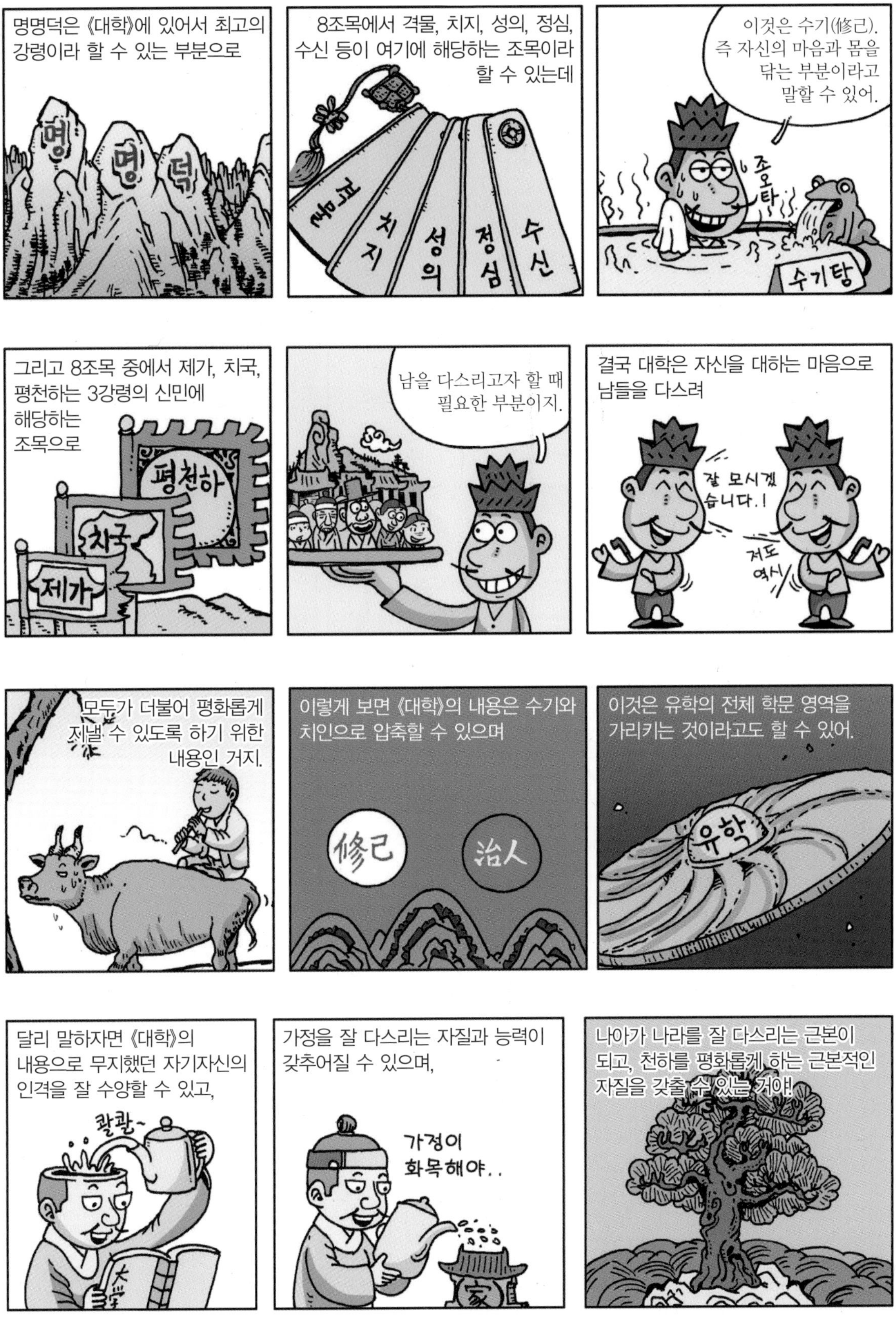
명명덕은 《대학》에 있어서 최고의 강령이라 할 수 있는 부분으로
명
명
덕
8조목에서 격물, 치지, 성의, 정심, 수신 등이 여기에 해당하는 조목이라 할 수 있는데
격물
치지
성의
정심
수신
이것은 수기(修己). 즉 자신의 마음과 몸을 닦는 부분이라고 말할 수 있어.
조오타
수기탕
그리고 8조목 중에서 제가, 치국, 평천하는 3강령의 신민에 해당하는 조목으로
평천하
치국
제가
남을 다스리고자 할 때 필요한 부분이지.
결국 대학은 자신을 대하는 마음으로 남들을 다스려
잘 모시겠습니다.!
저도 역시
모두가 더불어 평화롭게 지낼 수 있도록 하기 위한 내용인 거지.
이렇게 보면 《대학》의 내용은 수기와 치인으로 압축할 수 있으며
修己
治人
이것은 유학의 전체 학문 영역을 가리키는 것이라고도 할 수 있어.
유학
달리 말하자면 《대학》의 내용으로 무지했던 자기자신의 인격을 잘 수양할 수 있고,
콸콸~
가정을 잘 다스리는 자질과 능력이 갖추어질 수 있으며,
가정이 화목해야..
家
나아가 나라를 잘 다스리는 근본이 되고, 천하를 평화롭게 하는 근본적인 자질을 갖출 수 있는 거야!

자, 그럼 이제부터 《대학》이라는 책이 어떻게 나왔는지 볼까?
도서 판매기
논어
맹자
대학
중용
《대학》은 본래 《예기》라는 경전 속에 짧게 기록되어 있었어.
우린 원래 한가족.
대학
중용
예기
《예기》라는 경전은 예란 무엇이며 어떻게 실천할 것인가를 적어 놓은 책이야.
총 49편으로 구성되어 있어.
곡례
단궁
왕제
월령
그중에 《대학》에 해당하는 부분은 《예기》 제42편인데
대학
42
내용은 짧지만 그 뜻이 함축되어 있어서 이해하기가 쉽지 않았어.
이해 안되는 녀석이야.
대학
42
그래서 서기 25년 후한(後漢) 때 정현이란 사람이
쉽고 편하게 배울 수 있도록 해야겠어.
《예기》의 글귀를 일일이 풀어서 주해*를 달았어.
諸侯無故
大夫無故
(주해) 이 말의 뜻
아무런 연고 없
소와 양을 죽이
이후 630년경 당나라 때 이르러 공영달이란 사람이
아직도 약간은 어려워….
唐
예기
정현 주해
글귀를 재해석하여 좀더 상세하게 풀어 놓았지.
하지만 아직 대학은 독립된 책은 아니었어.
예기
곡례
대학
왕제

*주해(註解) – 쉽게 풀어서 설명한 글.

여기서 잠깐! 당나라 때의 시대 분위기를 알아볼까?
唐
위진 남북조
수
당나라 (618~907)
오대십국
송
사실 당나라 때만 하더라도 유학이 잘 알려지지 않았어.
저는 유학자입니다.
유학 간다구? 어디로?
험~
다 늙어서 무슨 유학이야.

위진 남북조 시대에 노장사상이 발전했고
산다는건 좋은 거야~
인도로부터 불교가 들어와 성행하자
수입산
자연히 유교는 쇠퇴하게 된 거지.
당시 흥행하던 사상은 바로 불교였어!
당나라의 수도인 장안은 중국 서쪽 지방과 서아시아 제국인 사라센국의 여러 사신과 상인이 자주 교류하던 곳이었어.
이러한 시기에 당나라는 매우 국제적이며, 개방적으로 인도에서 전해온 귀족적 불교문화를 꽃피우고 있었지.
어머! 멋져부러~
현종 대에 이르자
백성을 위한 정치를 하리라!
정치를 잘해서 백성들이 잘 살게 되고 평화로워졌지.
태평성대일세 태평성대야~
그러나 오만해진 현종은 말년에 흥청망청해지고
나도 좀 즐겨보자구!
양귀비라는 미인에게 빠져 정치에 관심이 없어졌어.
오빠랑 놀까?

전국 각지에는 탐관오리가 득세하였고
꽥꽥
꽥꽥
백성들은 가난에 허덕이며 민심도 흉흉했지.
여기 있으면 굶어 죽겠어….
이때 변방 절도사로 있던 안록산(이란계 돌궐족)이 난을 일으키자 수많은 민란이 잇달아 일어났어.
나라 사정이 이같이 되자 당시 사대부들은
이건 모두 현실을 외면하는 불교 때문이오!
그 혼란과 모순을 유학을 통해서 바꾸고자 했어.
쿵
儒
송나라 때에 비로소 유학이 다시 일어나기 시작했지.
폴짝
당
오대십국
송
송나라 때 《자치통감》이라는 역사서를 지은 사마광(司馬光)이
자치통감
《예기》에서 《대학》에 해당하는 내용을 따로 분리하여
대학
월령
곡례
왕제
단궁
예 기
《대학광의(大學廣義)》를 만들었어.
비로소 《대학》이 한 권의 책으로 분리된 거지!

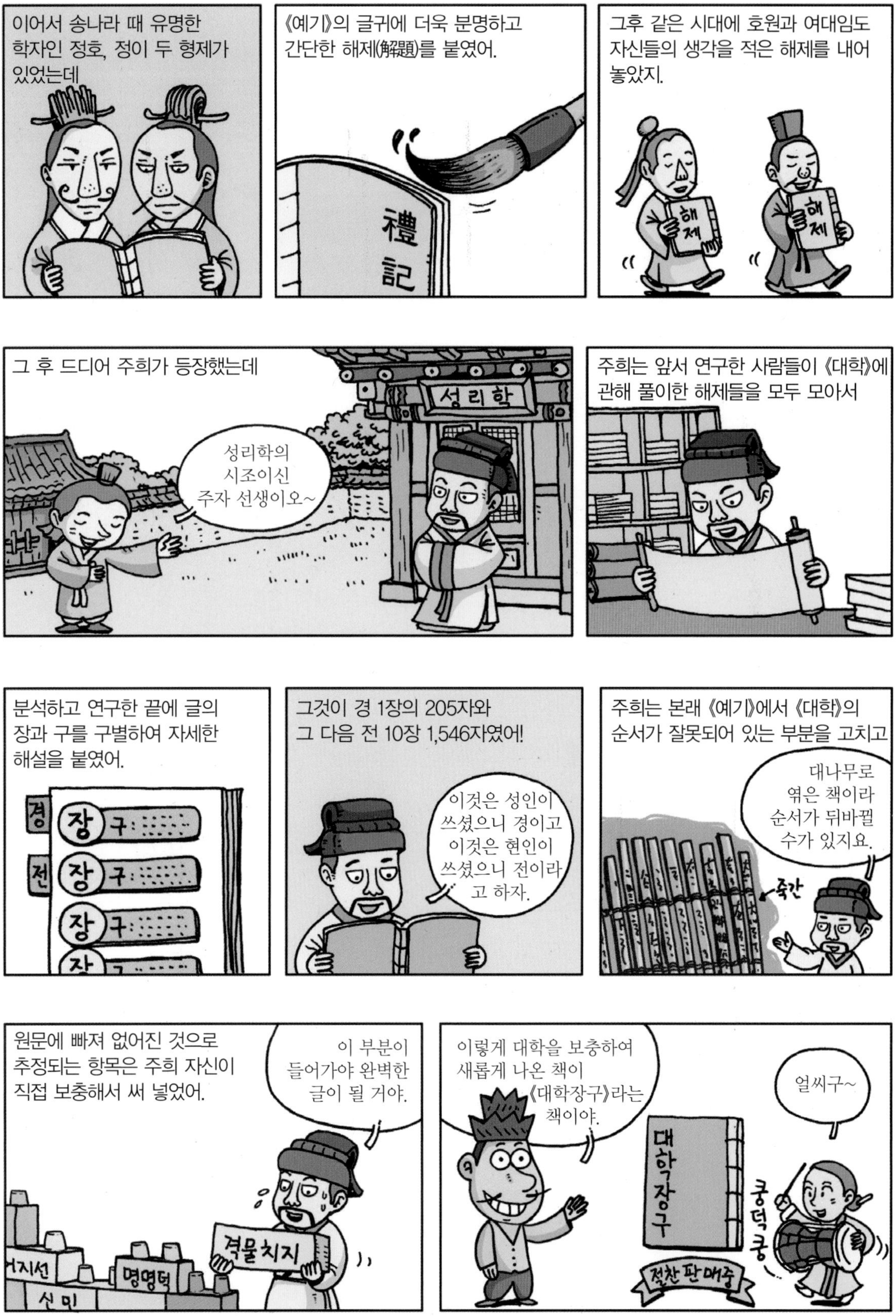
이어서 송나라 때 유명한 학자인 정호, 정이 두 형제가 있었는데
《예기》의 글귀에 더욱 분명하고 간단한 해제(解題)를 붙였어.
禮記
그후 같은 시대에 호원과 여대임도 자신들의 생각을 적은 해제를 내어 놓았지.
해제
해제
그 후 드디어 주희가 등장했는데
성리학
성리학의 시조이신 주자 선생이오~
주희는 앞서 연구한 사람들이 《대학》에 관해 풀이한 해제들을 모두 모아서
분석하고 연구한 끝에 글의 장과 구를 구별하여 자세한 해설을 붙였어.
경
전
장
구
그것이 경 1장의 205자와 그 다음 전 10장 1,546자였어!
이것은 성인이 쓰셨으니 경이고 이것은 현인이 쓰셨으니 전이라고 하자.
주희는 본래 《예기》에서 《대학》의 순서가 잘못되어 있는 부분을 고치고
대나무로 엮은 책이라 순서가 뒤바뀔 수가 있지요.
죽간
원문에 빠져 없어진 것으로 추정되는 항목은 주희 자신이 직접 보충해서 써 넣었어.
이 부분이 들어가야 완벽한 글이 될 거야.
격물치지
명명덕
지선
신민
이렇게 대학을 보충하여 새롭게 나온 책이 《대학장구》라는 책이야.
대학장구
절찬 판매중
얼씨구~
쿵덕쿵

《대학장구》란 책은 《대학》을 배우는 사람에게 꼭 필요한 책이야.
물론 명나라 때 사상가 왕양명이란 사람은 이렇게 말했지.
주자가 고쳐놓은 《대학장구》를 배우면 안 된다!
예기
양명학
회원모집
《대학》은 원래부터 들어 있었던 《예기》의 내용으로 배워야 한다!
예기는 어려운데..
예끼놈!
예기

하지만 이 의견은 받아들여지지 않았는데
대학장구를 보지 맙시다~
근본을 배우자
주자 선생이 이미 완벽한 체계를 만들어 놓으셨는데 어떻게 바꿔?
주자가 《대학장구》를 정리하면서 보충한 내용들이 이미 금과옥조*로 여겨졌기 때문이야.
오! 나의 위대한 참고서 《대학장구》여!
껄껄껄~

*금과옥조(金科玉條) – 금과 옥 같은 법률이라는 뜻.

당나라 이전의 유학이 주로 《시경》, 《서경》, 《역경》, 《춘추》, 《예기》의 오경을 중심으로 공부하는 체계였다면
시경
서경
예기
춘추
역경
위진 남북조
수
당
송나라 이후에는 《논어》, 《맹자》, 《중용》, 《대학》의 사서를 중심으로 공부하는 체계로 바뀌게 되지.
논어
맹자
대학
중용
송
원
명
청

유학자들이 공부하는 사서 중에서 《논어》와 《맹자》를 제외하고는
맹자
논어
《대학》과 《중용》은 모두 주자가 편집주해한 《대학장구》와 《중용장구》로 공부하였으니
《대학장구》 한 권 주세요!
대학장구
중용장구
주희
송나라 이후에는 바야흐로 주자학의 시대인 거야.
朱子學

그럼 주자학이란 뭘까?
주자가 만든 학문이겠지 뭐.
너무 쉬워.
주자학은 중국 남송시대 때 주희가 기존의 유학을 새롭게 정리해 놓은 것을 말해.
주희를 높여서 주자라고 부르는 거야.
나는 견자라고 불러다오.
주자
견자
당시 유학은 쇠퇴하고 불교와 도교가 번성하였고
불교
도교
유학은 너저분하고 자질구레한 자구 해석에만 빠져 있었어.
에~ 그래서 가설 라무네…
동어반복
지리멸렬
자질구레
너저분
고리타분
그래서 주희는
지금 시대를 밝히려면 공자와 맹자의 근본사상을 살려야 해!
공맹
주희는 유학의 근본사상을 이(理)와 기(氣)라는 새로운 차원에서 밝히고자 했는데
理
氣
이것을 신유학이라고 하지.
新
이로써 송나라는 유학이 부흥하는 나라가 된 거야!
송나라 인종 황제 때는 황제가 과거에 급제한 사람들에게 주자가 편집한 《중용장구》와 《대학장구》를 직접 주었어.
당시 주자학의 위치를 알 만하지?
공부해라.
대학장구
내건?
이후 《대학장구》와 《중용장구》는 사대부 사이에 유학의 기본 경전이 되었지.
대학
중용

《대학》의 내용은 중국 역사상 가장 총명한 저술이라고 학자들이 말하고 있지.
중국 근대정치가이며 혁명지도자인 쑨원은
중국에는 외국의 정치가가 보지 못한 가장 체계적인 정치 철학이 있다.
삼민주의
위정자들이 반드시 보고 습득해야 할 밝은 철학이 들어 있음을 말한 거지.
자, 그럼 지금부터 '대학' 이라는 책이름에 대해서 알아볼까?
넌 왜 이름이 우리랑 같은 거야?
국립대학
사립대학
의과대학
군대
대학
후한 때 정현이라는 사람은
자신의 책 《정목록(鄭目錄)》에서 다음과 같이 말했어.
"'대학' 이라 함은 그 박학(博學)으로써 정치를 해야 한다."
박학이란 넓고 큰 학문을 말하는 것으로 '대학' 이라는 학문 자체가 자신의 덕을 밝혀 천하를 다스리고자 하는 학문이기 때문에 넓고 큰 학문이라는 뜻이야. 이와 같은 큰 학문으로써 정치를 행한다면 천하 모든 백성들을 잘 다스릴 수 있다는 뜻이겠지.
대학
둘째 당나라 때 두우라는 사람이 말한 것으로 그가 쓴 책 《통전(通典)》에 실린 내용이야.
通典
杜佑
'대학' 이라 함은 순임금 시대의 학교 명칭이다.
대학
셋째는 송나라 때 주자가 말한 것으로
'대학' 이라 함은 《대학》에서 사람을 가르치는 법이다.

이것은 바로 '대인지도(大人之道)', 즉 '성인, 군자, 대인이 되기 위한 길을 밝히는 학문'이라는 것을 느꼈을 거야.
이와 같이 《대학》에 대해 학자들의 의견이 분분해도
일반적으로 사서를 배우는 순서는 다음과 같아.
우선 《대학》을 통해 유학에 입문을 하고
대학
빵빵~
그 다음 과정으로 《논어》를 읽었으며
논어
그 다음으로 《맹자》를 읽었지.
맹자
그리고 《중용》을 읽어 유학의 전체 도를 깨우쳤다고 해.
중용
유학을 하는 초학자들은 이와 같은 과정으로 학문을 배웠지,
동서학당
사서
대학 논어 맹자 중용
오경
시경 서경 예기 춘추 주역
송나라 이후 《대학》은 원나라, 명나라, 그리고 청나라에 이르기까지
자유론
대학
유학자들에게 가장 널리 애독되었던 기본 서적 중 하나였다고 보면 돼.
초서에 왈 초국은 무이위보 오 유선을~
서당개 출신

앞서 말했듯이, 《대학》의 근본사상은 수기치인이야.
수기
치인
즉 자신이 먼저 지(知)와 덕(德)을 닦아
덕
왁스
그것을 바탕으로 백성을 다스리고자 하는 것이야.
民
지
덕
이와 같은 일은 자기 자신의 수양으로 인하여 생긴 덕으로
사회 전체에 영향을 주고자 하는 것이며,
나아가 인류 전체에 영향을 주고자 하는 것이야.
덕
그러므로 학문을 하는 초학자들이 반드시 가져야 할 마음가짐으로써 가장 처음 배우는 입문서라고 할 수 있지.
지금 우리가 사는 사회는 물질문명이 발달해 모든 것이 편리해졌어.
그렇지만 우리들 마음이 행복해진 것은 아닌 것 같아.
아… 외롭다.
물질문명이 발달한 만큼 사람들의 마음은 가난해졌으니까.
우리 주변에는 많은 사람들이 자신의 착한 성품을 잃어버리고 점점 이기주의적이고 개인주의적으로 변해가고 있어.
덕
덕

자신을 제외한 가족과 친척, 그리고 자신의 주변에 있는 모든 사람들까지
니 애비다!
나와는 별 상관없다는 식으로 생각하고 있어.
낳아준 거 외에 도와준 거 있어?
이러한 자신의 잘못된 생각과 가치관은 가족과 사회를 멀리하고
국가를 멀리하고, 나아가 국제 질서까지 어지럽힐 수 있는 일들을 서슴지 않고 행하게 해.
돈
핵
쯧쯧… 나만큼만 하지.
죽인다~
바로 《대학》을 읽지 않았기 때문이야!
정말?
대학
우리 모두 한번쯤 《대학》이라는 책을 읽고서 자신의 잘못된 점을 반성하고 고쳐 나간다면
大學
날 읽어봐!
반드시 올바른 가치관을 가질 수 있을 것이라고 확신해.
가치관
그리고 그렇게 함으로써 세상을 더욱 밝고 아름답게 만들어가는 대인의 길로 나아갈 수 있을 거야.
다음은 《대학》을 쓴 증자와 주자에 대해서 자세히 알아보자구.

제2장 증자와 주자는 누구일까?

제2장
증자와 주자는 누구일까?
《대학》은 원래 《예기》라는 경전에 짧은 글로 수록되어 있던 것으로
예기
우린 원래 한가족..
대학
중용
공자의 제자 증자가 지었다고 해.
하지만 오늘날 많은 사람들이 애독하는 《대학》은
大學
주자의 해설이 포함되어 있는 《대학장구》를 말하는 거야.
대학장구
얼씨구~ 좋다.
고로 작가가 두 명이 되는 셈이지. 그래서 두 분 모두를 소개할까 해.
On Air
대학 show
우선 증자 선생님을 모시겠습니다!
짝 짝 짝 짝 짝 짝

증자는 기원전 506년 노나라의 남무성에서 태어나 기원전 436년에 돌아가신 분이야.
그의 본래 이름은 삼(參)이었고,
증삼이라고 해요.
6년근
전 홍삼 이에요.
성인이 되는 관례를 치르고 나서 받는 이름, 즉 자(字)는 자여(子輿)였지.
자여
그는 본래 고대 하나라의 제후국인 증국(曾國)의 후예였어.
鄫
하
은
주
춘추전국시대
일찍이 하나라 6대 소강이라는 임금이
그의 둘째 아들 곡열에게 증(鄫)이라는 땅을 주어 그곳을 맡아 다스리게 했어.
잘 다스려 봐라.
땅문서
그 후 세월이 흘러 기원전 572년, 주변에 있던 주나라와 거나라가 증나라로 쳐들어와 수도가 함락되자
거
와
주
당시 세자였던 무는 노나라로 급히 달아났어. 지금의 중국 산동성 동쪽에 위치한 곳으로 노나라 양공 시절이었어.
노
양공
이 밤중에 뉘슈?
그 후 달아난 무는 언젠가는 함락된 증국을 다시 찾겠다는 일념으로
꽉
필승
자신의 성씨를 증국의 증(鄫)자에서 읍(邑)자를 떼어버리고 증(曾)씨로 바꾸었어.
세월이 흘러 세자 무의 세대에서 몇 세대가 지난 후에 증점(曾點)이 태어났어.
응애~

이 사람이 바로 증자의 아버지야.
삼의 나이 16세가 되던 해에 그의 아버지는
지금 초나라에 공자님이 계신다고!
노나라일보
공자, 초나라 초빙강의
지금 당장 초나라로 가서 선생님의 가르침을 받도록 하여라.
네, 아버지.
기원전 490년 증삼은 아버지의 명을 받들어 공자를 찾아가 그의 문도가 되었어.
문도란 제자를 말하지.
어릴 때부터 효성이 지극했던 증삼은
갓난애가 아비를 업다니..
집안이 넉넉하지 못하여 평소 낡고 해진 옷을 입고 다녔어.
구제 패션
네가 패션을 아는구나!
그게 아닌디….
그리고 자신이 직접 밭을 갈며 농사를 지어야 했지.
걸그럭 걸그럭
어느 날 증삼이 다 해진 옷을 입고 밭을 갈고 있는 걸 노나라의 왕이 보게 되었어.
경운기가 있었으면…
?
저 사람은 왜 해진 옷을 입고 밭을 갈고 있느냐?
저자는 공자의 문도인 증삼이라고 하는데
헐리우드 패션이냐?
집안이 가난하여 스스로 농사를 짓는다고 합니다.
흐음….
샥
저자에게 읍을 하나 줄 터이니 옷을 꿰매 입으라 하라!
이왕이면 신도시쪽으로…
네이~
휙

읍(邑)이란 주나라 때 생긴 제도로 땅을 '우물 정(井)자 형태로 나눈 한 부분을 뜻하지.
횡재한 셈이지!
분양권
그런데 증자는 정중히 사양하고 받지 않았어.
이건 선생께서 요구한 것이 아니고
무시 하는 건 아니죠?
노군께서 선생께 주겠다는 것입니다. 그런데 왜 받지 않으시는 겁니까?
허허허….
남에게 무엇인가를 받은 사람은 그것을 준 사람에게 공연히 머리 숙여 공손한 마음을 갖게 되고 또한 두려운 마음을 갖게 됩니다.
그리고 남에게 무엇인가를 준 사람은 자신도 잘 알지 못하는 사이에 거만해질 수밖에 없지요.
아네…
비록 상대가 나에게 무엇인가 주면서 전혀 거만하게 행동하지 않더라도
내가 그걸 받고 어찌 두려운 마음을 갖지 않을 수 있겠습니까?
예예..
결국 증자는 그것을 받지 않았다고 해!
대단한 친구로군!
훗날 공자가 증자가 행한 이 말을 듣고는
그랬단 말이냐? 껄껄껄….
증삼이 행한 대로 하면 자신의 절개와 지조를 보전할 수 있을 것이다!
증삼
자공
안회
자로

집안이 가난했지만 증삼은 어려서부터 어머님을 지극한 정성으로 섬겼으며
어머님의 뜻을 거역하는 일은 한번도 없었다고 해.
북극곰이 먹고 싶구나.
그의 어머니 또한 자식을 사랑하는 마음이 더욱 깊었어.
공부하느라 몸이 허하지?
어머니 절 위해서!
북극곰탕
어느날 증삼이 집에서 멀리 떨어져 있는 산으로 나무를 하러 갔는데
좀 무겁네
갑자기 집에 손님이 찾아왔어.
엄머…
어머니는 아들도 없고 돈도 없어 손님을 대접할 수가 없었지.
여긴 배달도 안 되는데….
짜장 반점
마음이 다급해진 어머니는 한 가지 방법을 생각해 냈어.
예부터 어머니와 아들의 혈맥은 통한다고 했지!
딱
자신의 손가락을 깨물어 상처를 낸 거야.
앙~
이때 산에서 나무를 하고 있던 증삼은
헉…! 갑자기 왜 손이 아프지??
분명히 이건 집에 무슨 일이 생긴 거야!
쌩
어머니! 손이 왜 그러세요?
쾅
정말 오는구나!
조금 전에 손님이 오셨는데 네가 돌아오질 않아서 내 손가락을 깨문 거란다.
호호호…

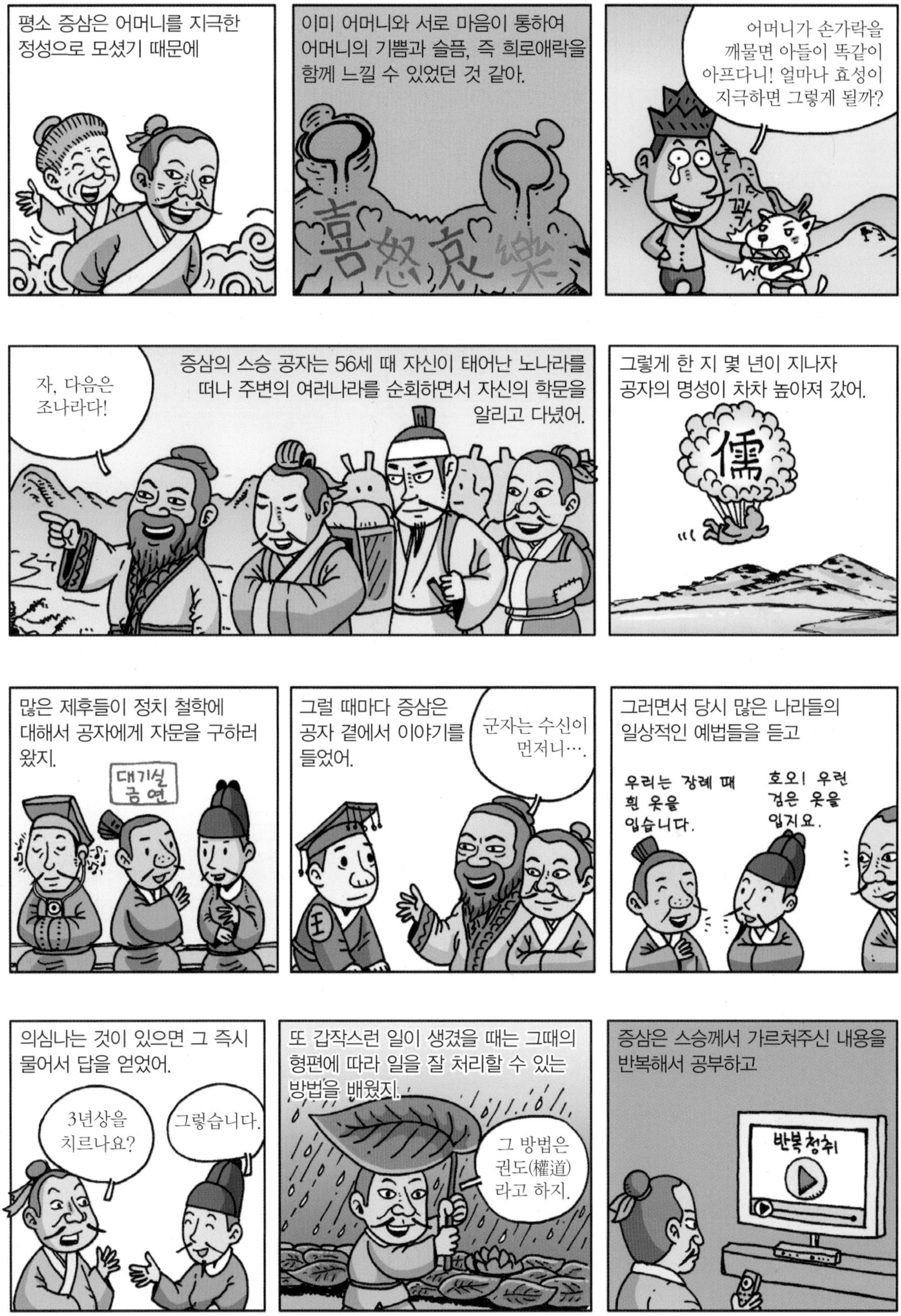
평소 증삼은 어머니를 지극한 정성으로 모셨기 때문에
이미 어머니와 서로 마음이 통하여 어머니의 기쁨과 슬픔, 즉 희로애락을 함께 느낄 수 있었던 것 같아.
喜怒哀樂
어머니가 손가락을 깨물면 아들이 똑같이 아프다니! 얼마나 효성이 지극하면 그렇게 될까?
꽉
증삼의 스승 공자는 56세 때 자신이 태어난 노나라를 떠나 주변의 여러나라를 순회하면서 자신의 학문을 알리고 다녔어.
자, 다음은 조나라다!
그렇게 한 지 몇 년이 지나자 공자의 명성이 차차 높아져 갔어.
儒
많은 제후들이 정치 철학에 대해서 공자에게 자문을 구하러 왔지.
대기실 금연
그럴 때마다 증삼은 공자 곁에서 이야기를 들었어.
군자는 수신이 먼저니….
王
그러면서 당시 많은 나라들의 일상적인 예법들을 듣고
우리는 장례 때 흰 옷을 입습니다.
호오! 우린 검은 옷을 입지요.
의심나는 것이 있으면 그 즉시 물어서 답을 얻었어.
3년상을 치르나요?
그렇습니다.
또 갑작스런 일이 생겼을 때는 그때의 형편에 따라 일을 잘 처리할 수 있는 방법을 배웠지.
그 방법은 권도(權道)라고 하지.
증삼은 스승께서 가르쳐주신 내용을 반복해서 공부하고
반복청취

스승께서 대답해 주신 내용은 반드시 이치를 깨달을 때까지 궁리하는 열의를 보였다고 해.
흠….
훗날 이웃 제나라에서 증삼의 가치를 알고 그를 초빙했고
증삼을 모셔오라!
예이~…
오늘날의 장관급인 경(卿)의 벼슬을 주려고 했지만 증삼은 이를 공손히 거절했어.
卿
그리고 말하길
만약 다른 사람이 주는 봉급을 받으면 그 사람의 일을 열심히 해야 합니다.
그러나 저는 늙은 부모님을 봉양해야 하므로 차마 어버이를 멀리하고 남의 일을 열심히 할 수 없지요.
자네의 효심은 대단하네..
증삼은 부모님이 돌아가신 후에도 늘 부모님을 생각하며 살아생전 부모님께 다 하지 못한 것을 후회하며 눈물지었다고 해.
자, 그럼 증자의 철학관에 대해서 살펴볼까?
졸졸졸~
첫째, 우주에 대해서 '하늘은 둥글고 땅은 네모나다' 란 생각을 가지고 있었어.
이것을 하늘 천(天), 둥글 원(圓), 땅 지(地), 네모 방(方), 즉 천원지방 사상이라고 해.
지구는 둥근데….
면적은 항상 네모지!
곰인중개사
미분양 오피스텔
급매물
그리고 그는 천지 만물이 서로 음(陰)과 양(陽)이라는 두 요소의 성질로 이루어졌다는 음양사상을 가지고 있었어.

즉 세상의 모든 사물들의 생성은 음과 양에서 비롯된다고 보는 견해야.
양
음
둘째, 사람이 행해야 할 법도, 즉 윤리에 대한 생각이나 생활 태도는
윤리
살아계실 때 부모님께 효도를 다하고
많이 드세요!
오냐~
또 돌아가시면 장례를 극진하게 치러야 한다는 생각을 가지고 있었어.
그리고 돌아가신 후에는 제사를 극진히 모셔야 한다고 생각했지.
그는 훗날 제자에게 이렇게 말했어. 효자가 부모를 섬길 때에는 무엇보다도 부모님을 즐겁게 해 드리고, 부모님께서 하신 말씀을 어기지 않으며
와구와구
부드러운 말과 온화한 얼굴빛을 하여 부모님을 즐겁게 해 드리며,
으이구 내새끼~
부모님의 잠자리와 거처하시는 곳을 항상 편안하게 해 드리며
또 맛있는 음식으로 정성을 다하여 봉양해야 한다 하였어.
또 부모께서 자신을 사랑해 주시면 기뻐하며 항상 잊지 말고,
웃는 게 더 무서워
혹 부모님께서 미워하여도 결코 부모님을 두려워하거나 원망하지 말아야 한다.

만약 부모님께 허물이 있으면
부드러운 음성으로 간청해야 한다.
어머니….
흥
그는 평소에 말하길
큰 지혜를 가지고 있는 사람은 잔재주를 부리지 않는다.
다시 말하면, 자신의 작은 재주로 남을 현혹하지 않는다는 말이야.
이것은 사람이 비록 겉으로 어리석게 보일지라도
아둔한 녀석.
허허…
내면에는 큰 뜻을 품고 있기 때문에 함부로 가벼이 보아서는 안 된다는 뜻이야.
헉! 있을 때 잘할걸….
증자 자신 역시 평소 둔한 것처럼 보였지만
흥. 내 맘도 모르고….
허허허
항상 하나로 꿰뚫어보는 지혜를 가지고 있었다고 해.
부모님은 너무 걱정 말게나.
부모님 걱정
징~
하루는 공자가 제자들을 모아놓고 말하길
太
나의 도는 하나로써 일관한다*.
제자들은 그 말의 참뜻을 몰라 골똘히 생각에 잠겼는데
뭔 말이래?
인터넷에도 없어.
논어

*吾道一以貫之

증자가 홀로 일어나 말하길
굿!
선생님의 도는 충서(忠恕)일 뿐입니다.
충서지도(忠恕之道)란 바로 공자의 중심사상이라고 할 수 있지.
충서지도
'충' 이라는 것은 '자신의 모든 것을 다하는 것' 이고
'서' 라는 것은 자기 자신을 뒤로 미루고 남을 위하는 것을 말해.
즉 충서지도란 남의 일에 대하여 이야기하지 말고
자신의 일에 대하여 그 책임을 다하는 것이고
돌돌
다 가져가시오!
때로는 남을 대신하여 자신의 몸을 희생하려는 마음을 지니며 항상 자신은 남보다 뒤에 위치하라고 하셨어.
세 번째로 그가 평소 벗을 어떻게 사귀었는지 살펴보면,
친구
君子以文會友
군 자 이 문 회 우
以友輔仁 이라~
이 우 보 인
군자는 글로써 벗을 만나고 벗으로써 인을 돕는다라고 하였지.
이것은 군자는 학문을 하고, 서로 토론하는 것으로써 벗을 모으고
百一分토론
제가 찬성하는 이유는.
반대측
찬성측

그 모인 벗들 가운데 선한 행동을 보고 본받아 행함으로써 덕을 쌓는다는 뜻이야.
당신을 따르겠소!
짝짝
여기에서 덕이란, 자신의 마음을 바르게 하여 어진 행위로 남에게 은혜를 베풀어
그에게 이익이나 도움이 되도록 하는 일이지.
지구를 살리자
네 번째, 그가 평소 가지고 있었던 배우고 가르침에 대한 생각을 살펴보면 오일삼성오신(吾日三省吾身)이라 하여
吾日三省吾身
다음과 같이 매일 자신을 세 번 반성해야 한다고 하였어.
오늘 하루도 남을 위해 충성되게 하였는가?
또 오늘 하루도 친구를 사귀는 데 신의를 가졌는가?
그리고 오늘 하루도 배운 것을 익혔는가?
이 세 가지로 스스로를 반성했다고 해!
자신의 결점을 살펴서 잘못된 것이 있으면 바르게 고쳐나가야 한다는 것이지.
그는 교육 환경에 대해서도
푸른색을 물들이면 푸른빛이 나고, 노란색을 물들이면 노란빛이 나니,
물감이 바뀌면 그 빛깔도 역시 바뀐다.
이렇게 교육환경을 상당히 중요하게 생각하였지.

아이가 학교에 가서 가장 중요한 것이 어떤 선생님을 만나느냐이듯
가정은 가장 중요한 교육장소이며 아이들에게 가장 많은 영향을 끼치는 곳이라는 의미지.
증자는 공자가 돌아가신 후에 노나라에서 유가(儒家)의 후계자였던 것으로 생각해.
유학을 널리 알리겠소!
그는 평소 스승께서 가르쳐 주신 내용을 후대 학자들에게 전해주기 위해 많이 노력했던 것 같아.
유
儒
우리 공자님에 대해 말씀드리자면…
그는 우매하고 아둔한 사람들에게 학문에 임하면 먼저 스스로 그 밝은 도를 찾아 깨우쳐야 하고
도
뎅
또 그 도를 깨우친 다음 바로 사회를 번영하게 하고,
궁극적으로 인류를 평화롭게 하는 새로운 사람으로 태어나야 함을 강조했어.
인류
다음은 주자에 대해서 알아보기로 할까?
朱子
1130 ~ 1200
송나라 때 사람인 주희(朱熹)는 증자가 이야기한 내용을 1,751자의 글로 편집 정리하여 《대학장구》를 쓴 분이야.
이것은 증자가 죽고 1500여 년 지난 뒤의 일이지.
증자
주자

《대학장구》는 《예기》에 있는 원문의 글을 취해서 훼손되어 빠진 부분을 보충하고 설명한 책으로
진국만 모았죠!
예기
대학장구
《대학》을 유학의 경전인 사서오경의 반열에 올린 사람이 바로 주희야.
이 책 네 권은 꼭 읽어야 합니다!
베스트셀러
대학
중용
논어
맹자
주자는 1130년 중국의 남송 시대 때 태어났어.
중국 남쪽 복건성 우계현에서 태어났지.
이 시대는 밖으로는 몽골의 위협을 받던 때였고, 안으로는 불교, 도교가 유행하고 있었어.
몽
道
道可道非常道
그의 본래 이름은 희(熹)였고 자는 원회(元晦), 또는 중회(仲晦)라 불렸어.
호는 회옹(晦翁), 운곡산인(雲谷山人)이라고 했지.
이름도 많네..
그의 조상은 대대로 안시성의 휘주무원이라는 곳에서 살고 있었대.
좀 잘사는 집안이었지.
그의 아버지 주송은 관직에 몸담고 있었는데
당시의 재상이었던 진회라는 사람과의 의견충돌 끝에
관직에서 물러나 복건성 우계현으로 가게 된 거야.
거기서 내가 태어난 거지.
휙
흥
응애~

주희는 열네 살 때 아버지가 돌아가신 후
스승을 만나 학문을 닦도록 하거라….
아버지!
당시의 유명한 학자 호헌, 유면지, 유자휘 등을 스승으로 모시고 유학을 배웠어.
그는 유학뿐만 아니라 불교의 선(禪) 사상과 도가의 노장(老莊)사상 그리고 병법까지 두루 배웠어.
유학
소림사
선 사상
병법
노장 사상
다 재밌네
닥치는 대로 공부할 뿐이고!
그러나 스물네 살에 이연평이라는 사람을 만나면서
어딜 헤매고 있는가?
다시 유학에 복귀하여 유가의 정통성을 계승하게 되었어.
유학
그는 장남헌, 여동래와 벗하며 학문을 나누었고
육상산이란 사람과 학문적으로 대립하면서 자신의 학문을 키워 나갔지.
그는 19세에 진사라는 벼슬에 급제하였고,
1200년 71세로 세상을 떠날 때까지 여러 관직을 거쳤어.

하지만 9년 정도만 현직에 있었고 나머지는 명예직이었기 때문에
명예직이니 할 일이 없군.
명예
주 희
하루의 대부분을 학문을 연구하는 데 전념했지.
연구중
그는 평생 많은 책을 남겼는데
주자어류
주역
앞서 말한 《대학장구》 이외에도 《중용장구》, 《논어집주》, 《맹자집주》와 같은 주해서를 많이 편찬하였어.
사서에 관한 글을 모두 썼지요.
하하하.
대학 장구
중용 장구
논어 집주
맹자 집주
그로부터 시작하여 유학은 사서를 중심으로 전개되었기 때문에
사서
주자가 편찬한 사서는 최근까지 학교 교육에서 널리 사용되었지.
사서는 필수예요.
주자의 《대학장구》는 공자 사후 1500년이 지난 11세기 후반에 등장한 새로운 유학이라 할 수 있어.
끙차
신유학
만세!!
신유학은 북송오자(北宋五者), 즉 이전 북송 시대의 다섯 명의 철학자, 주돈이, 정호, 정이, 장재, 소옹의 영향을 많이 받았어.
외세의 위협과 불교, 도교의 발전 속에서 유학을 지키려고 태어난 것이 바로 성리학이지.
주돈이
정호
정이
장재
소옹

공자가 유학의 개념을 인(仁)에서 구하고자 했다면,
仁
주희의 신유학은 사물의 본성과 근본원리를 이해하는 '격물치지'에서 도를 구하고자 했어.
격물치지
그래서 주희의 학문을 '인간본성과 사물의 이치를 밝히는 철학', 즉 성리학(性理學)이라고 말하는 거지.
성리학
性理學
당시 과거 응시자들은 반드시 주희의 책을 보았다고 해.
필독서코너
대학장구 -주자
중용장구 -주자
논어집주
맹자집주
이렇게 주희의 해석서는 정통한 유학서로 간주되었고 이런 경향은 송나라 이후 원나라, 명나라를 거쳐 청나라까지 이어져 왔어.
정통
송
원
명
청
그러면서 주희의 저서들은 유가의 훌륭한 업적으로 인정받게 되었지.
청나라의 강희황제(1712년) 때에 이르러서는 공자를 모시는 사당에 공자와 그 제자 외에 주희를 나란히 모셨어.
짝 짝 짝~
어떤 유학자도 받지 못한 영예를 누린 셈이지.
앞에서 말한 것처럼 주자는 평생 많은 책을 남겼는데 그가 직접 저술한 책과 더불어 이미 있는 책에 해석을 덧붙인 책이 무려 80여 종이나 된다고 해.
바쁘다, 바빠!
슥슥~
게다가 지인들과 나눈 편지만 해도 2천 편에 달한다고 해.
그리고 그의 사상을 담은 대화록도 140편 정도가 남아 있지.

주희는 죽을 때까지 붓을 놓지 않은 걸로 유명한데
71세의 나이로 생애를 마치던 그해 3월까지 《대학장구》에 들어 있는 '성의장(誠意章)'을 고치고 있었대.
그렇게 보면 그가 《대학》에 얼마만큼 지극한 정성을 쏟아 부었는지 짐작할 수 있지?
네~
그는 죽기 전 조정의 신하들에게 미움을 받기도 했으나
주희의 학문은 모두 거짓이오!
읽어나 봤어?
후에 다시 그의 학문이 인정되어 왕이 직접 시호를 내려 태사 휘국공이란 품계로 추증*되었다고 해.
수고했네.
휘국공
성은이 망극하여 이다….
주자
大学之道
자, 지금까지 《대학》에 대한 기본 소개를 모두 마쳤어!
와~1교시
끝!
본래 《대학》이란 내용이 동양철학에 대한 학문이기 때문에 이해하기 힘든 부분이 있을 거야.
하지만 본론으로 들어가면 재미있는 내용이 많이 나오니까 인내심을 가져 줘!
뜨거
부글부글~
자, 그럼 본론의 내용을 하나씩 살펴보기로 할까?

*추증 – 나라에 공이 있는 벼슬아치가 죽은 뒤에 품계를 높여주는 일.

유학의 역사

1. 유학이란?

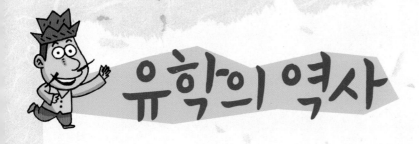

유학儒學은 공자의 가르침을 근본으로 삼는 학문입니다. 유학이라는 한자를 풀이해 보면 "부드럽고, 스며들며, 젖어들어 불어나다."라는 뜻인데, 즉 학문의 도를 익혀 남에게 부드럽게 대하고, 또 올바른 이치에 젖어들 수 있도록 자신의 도를 전하는 것이라는 뜻입니다. 결국 자신의 몸을 수양해서 다른 사람을 편안한 곳으로 이끌어 간다는 의미가 들어 있는 것이죠. 그럼 유학의 역사는 어떻게 될까요?

▲ 공자는 '대성(大聖)'으로 불리는데 그를 모시는 사당이 중국과 대만, 한국 등 곳곳에 세워져 있다. 사진은 타이베이의 공자를 모시는 사당.

2. 유학의 흐름

유학의 역사를 살펴보면 크게 세 단계로 나눌 수 있습니다. 기원전 136년 한나라 무제 때 유학이 국교가 된 것을 기준으로 그 이전의 유학을 원시유학, 유학을 국교로 정한 한나라 이후 당나라 말기까지 이르는 시기를 전통적 유학 그리고 당나라 이후 송나라에서 명나라를 거쳐 청나라 말기까지를 신유학으로 구분합니다.

시대	춘추시대 ~ 전국시대 (기원전 500년경 ~ 기원전 200년경)	한나라 ~ 당나라 (기원전 130년경 ~ 서기 900년경)	송나라 ~ 청나라 (서기 900년경 ~ 서기 1900년경)
분류	**원시유학**	**전통적 유학**	**신유학**

▲ 공자 초상

▼ 증삼은 공자 사후 유학 교단을 이끌어 후에 '증자'로 추존되었다.

가) 원시유학(춘추시대~전국시대)

춘추시대 말 공자에 의해 창시되었으며, 인간중심적이고 도덕적인 '인의仁義사상'을 주장하였습니다. 공자는 《시경詩經》과 《서경書經》을 편찬하여 예禮(《예기禮記》), 악樂(《악기樂記》)을 제정하였고, 《역경易經》을 주석註釋하였으며, 《춘추春秋》를 지었습니다.

이 여섯 가지를 '육경六經'이라 합니다. 또 공자가 죽은 후 그의 제자들이 스승님과 문답했던 내용을 정리하여 한 권으로 엮은 책이 바로 《논어論語》입니다.

공자 말씀 = 《논어》

증자曾子는 공자 이후 노나라의 유학 교단을 이끌어 가는 동시에 공자의 손자 자사子思를 가르쳐 유학의 계통을 잇게 하였습니다.

자사에게서 가르침을 받은 사람이 맹자孟子로, 그는 '성선설(性善說 ; 사람의 본성은 선천적으로 착하나 나쁜 환경이나 물욕으로 악하게 된다는 학설)'을 통하여 공자의 '인의사상'을 심화시키는 한편, 정치적으로는 왕도정치를 주장했습니다. 그의 왕도정치는

"인애仁愛만이 백성들의 민심을 얻고 천하를 다스릴 수 있다." 라 하여 공자의 도덕정치를 더욱 구체화시켰습니다. 한편 맹자보다 50년 뒤에 태어난 순자는 맹자와는 생각이 달라 "사람의 본성은 타고난 그대로는 선善해질 수 없다."는 '성악설性惡說'을 주장하기도 하였습니다.

공자로부터 시작된 원시유학은 도덕적 질서와 예법禮法의 질서로써 사회의 안정을 기하려는 인도주의人道主義 사상이었습니다. 맹자의 성선설과 순자의 성악설 또한 모두 인간 성품의 선악문제에 초점을 둔 철학으로 이때까지 유학은 인간 개인의 성품과 그 수양에 관심을 두었습니다.

▲ 유학을 흔히 '공맹사상'이라 할 정도로 유학에 있어 맹자의 영향력은 지대하다. 그가 주장한 '왕도정치'는 그 실현 가능성을 떠나서 역대 제왕의 이상이 되었다.

나) 전통적 유학(한나라~당나라)

기원전 136년 한나라 무제는 오경박사五經博士제도를 두었습니다. 오경이라 함은 《시경》, 《서경》, 《역경》, 《춘추》, 《예기》의 다섯 가지 경전을 가리키는 말입니다.

한나라 때에는 공자의 가르침이 요堯·순舜·우禹·탕湯·문文·무왕武王과 같은 성왕의 도에 그 바탕을 두고 있음을 찬양하고 공자가 정리한 육경 중 〈악〉을 제외한 오경을 백성들에게 가르치게 하였으며, 유학을 국교로 삼았습니다.

후에 위진남북조 시대에 접어들면서 무위자연을 노래하는 노장사상과 인도에서 건너온 불교가 성행하기도 하였으며, 경전을 해석함에 있어서 노장사상의 색채가 가미되기도 하였으나, 당나라로 접어들면서《오경정의五經正義》라는 주해서가 등

▼ 무제는 유학을 바탕으로 국가의 기틀을 다져 북방은 물론 고조선과 서역까지 진출하여 중국을 명실상부한 동북아 종주국으로 만든 인물이다.

장하여 그 동안 잘못된 경전의 해석들을 표준화시키려고 노력하였습니다.

*무위無僞 : 인위人爲적인 것을 부정한다는 뜻이며, 천지자연의 이치에 그대로 따른다는 의미이다.

*《오경정의》 : 중국의 당나라 공영달 등이 칙명으로 제작하여 653년에 반포한 오경의 정통 공인 주해서.

다) 신유학(송나라~청나라)

서기 960년, 송나라로 접어들면서, 전통적 유학에서 중시한 경서의 가르침보다는 유학의 참된 정신이 공자와 맹자의 사상 자체에 있음을 밝히는 데 노력하였습니다.

1127년 남송 시대의 주희, 즉 주자는 유학의 경전인 오경을 대신하여 《논어》와 《맹자》 그리고 《중용》과 《대학》 사서를 유가의 경전으로 존중하였으며, 인간 본성이 천지만물의 근원인 '이理'와 '기氣'에서 출발한다는 새로운 신유학의 개념을 정립하여 《사서집주四書集註》를 편찬하였습니다.

성리학 : 성性 = 이理 ➡ 사람의 본성은 천명(천리)이라고 생각함.
정情 = 기氣 ➡ 사람의 정감은 기운을 통해 일어난다고 생각함.

*주자의 이기론 : 천지만물의 근원은 이理이다. 이것은 순수하고 참된 지극한 착함이다. 사

람의 본성은 이理를 가지지만[性卽理], 동시에 육체를 형성하는 데 있어서는 물질적인 기氣를 가지게 된다. 사람은 기에 의해서 욕심을 가지게 되는데, 욕심을 억제하고 본성인 이理로 되돌아가야 한다는 이론.

이러한 주자의 신유학은 처음에는 사람들이 멀리 하였으나, 후에 사대부들의 지지를 얻어 원나라 때는 신유학이 국교로까지 자리 잡게 되었습니다.

명나라 때에는 주자의 신유학에 대항하여 왕양명에 의해 양명학陽明學이 일어났습니다. 양명학에서는 "이理는 마음 밖에 있는 것이 아니라 우리의 마음이 곧 이理이다."하여 심즉리心卽理를 주장하였습니다.

▲ 주자학과 달리 양명학은 그다지 큰 사회적 변화를 불러오지 못하였다. 왕양명 초상.

양명학 : 심心 = 이理 ➡ 사람의 마음이 천리天理라고 생각함.

유학의 마지막 단계는 실학을 특징으로 하는 청대 유학이라고 할 수 있습니다. 청나라 때에 접어들면서 양명학을 비판하고, 주자의 신유학은 유지는 하였으나 엉성하고 어설프다고 하여 배척하였으며, 과거 한나라의 전통적 유학으로 복귀하려는 움직임이 크게 일어났습니다. 옛 문헌들에서 증거를 찾아 경서를 설명하고 실제 증명하려는 고전연구가 활발히 이루어졌는데, 이러한 실증적인 고전연구를 고증학考證學이라고 불렀습니다.

고증학 : 옛 문헌에서 증거를 찾아 전통으로 복귀함.

제3장
명명덕(明明德)
- 배우는 사람은 맑고 밝은 덕을 밝혀야 한다
德
명명덕
자, 이제 본문으로 들어왔어!
슉-
경문
이제부터 본문에서는 경문과 전문을 살펴보도록 할게!
경문
전문
경문은 공자의 글이고 전문은 증자의 글이라는 건 아까 얘기했지?
그새 까먹은 건 아니겠지?
내용 중에 이해하기 힘든 부분은 정자나 주자의 해석을 알아보고
그건 이런뜻
이건 요뜻
그래도 잘 모를 때는 역대 유학자들이 풀이한 내용도 살펴볼게.
그래도 잘 모를 경우는요?
대학
대학
음… 그럼 옛날식으로 해 볼까?
허걱!

북송 때 성리학자 정호, 정이 형제가 말하길
우리 둘을 합해 정자라고 불러.
정호
정이
《대학》은 공자의 제자들에게 전해진 글이고, '학문을 처음 배우는 사람들이 덕(德)을 밝혀나갈 수 있는 문'이라고 하였어.
대학
덕
그렇다면 '덕'을 밝히는 것이란 무엇일까?
원자력?

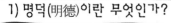

1) 명덕(明德)이란 무엇인가?

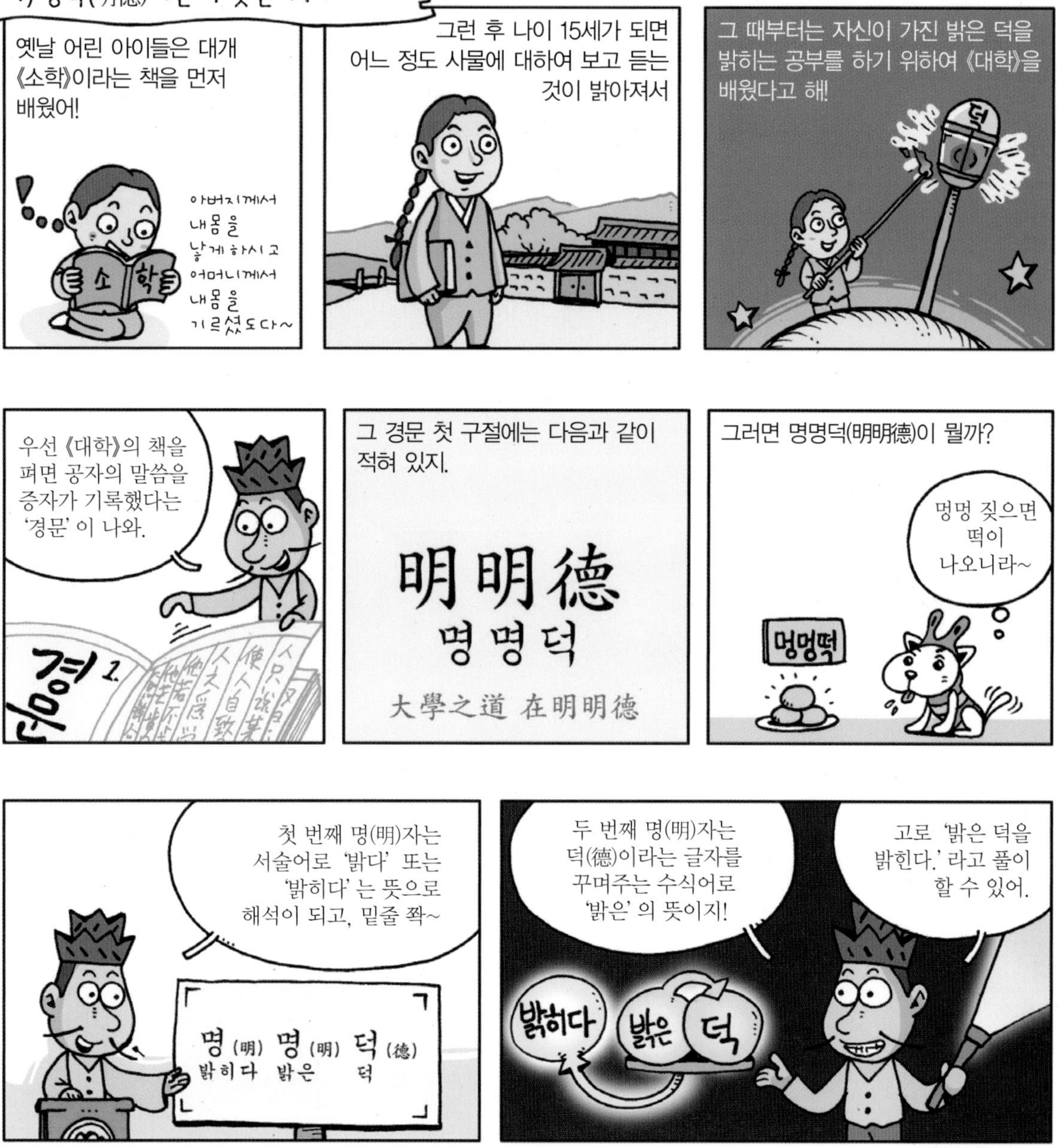
옛날 어린 아이들은 대개 《소학》이라는 책을 먼저 배웠어!
소학
아버지께서 내몸을 낳게하시고 어머니께서 내몸을 기르셨도다~
그런 후 나이 15세가 되면 어느 정도 사물에 대하여 보고 듣는 것이 밝아져서
그 때부터는 자신이 가진 밝은 덕을 밝히는 공부를 하기 위하여 《대학》을 배웠다고 해!
덕
우선 《대학》의 책을 펴면 공자의 말씀을 증자가 기록했다는 '경문'이 나와.
경문 1.
그 경문 첫 구절에는 다음과 같이 적혀 있지.
明明德
명명덕
大學之道 在明明德
그러면 명명덕(明明德)이 뭘까?
멍멍 짖으면 떡이 나오니라~
멍멍떡
첫 번째 명(明)자는 서술어로 '밝다' 또는 '밝히다'는 뜻으로 해석이 되고, 밑줄 짝~
명(明) 명(明) 덕(德)
밝히다 밝은 덕
두 번째 명(明)자는 덕(德)이라는 글자를 꾸며주는 수식어로 '밝은'의 뜻이지!
고로 '밝은 덕을 밝힌다.'라고 풀이 할 수 있어.
밝히다
밝은
덕

이 글귀는 《대학》이라는 책에서 가장 중요한 부분을 차지하며,
또 독자들이 가장 우선적으로 이해하고 넘어가야 할 부분이야!
처음에 나오는 말치고 중요하지 않은 것이 없지!
경1장 명명덕
정자께서 '밝은 덕'이라는 것을 풀이하시길
"밝은 덕이란, 사람이 태어날 때 하늘로부터 받는 것으로,
비록 속은 텅 비어 있지만, 그것은 영험스럽고, 어둡지 않아서 모든 일에 앞뒤가 들어맞는 근본적인 해결력을 갖추고서, 만 가지 일에 대응할 수 있는 것"이라고 하셨어.
다시 말하면, 밝은 덕이란 사람이 태어날 때 이미 하늘로부터 부여 받은 '천부지성(天賦之性)'을 말하는데,
천부지성은 지극히 착하고 조금도 사리사욕이 없는 것이야!
天
한치의 부끄러움도 없어요!
어때? 이해할 수 있겠어?
아직 감이 안 와요.

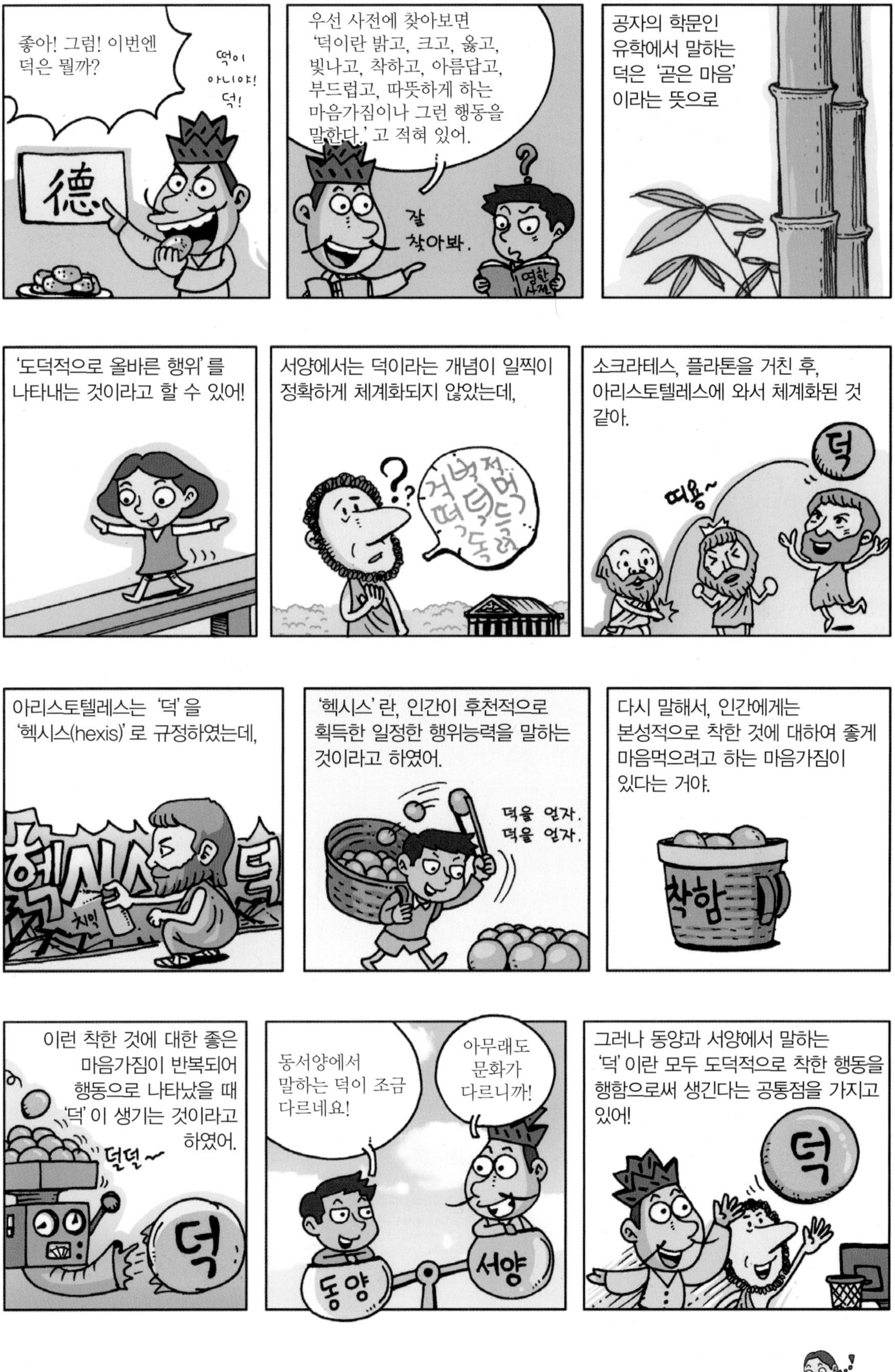

좋아! 그럼! 이번엔 덕은 뭘까?
덕이 아니야! 덕!
德
우선 사전에 찾아보면 '덕이란 밝고, 크고, 옳고, 빛나고, 착하고, 아름답고, 부드럽고, 따뜻하게 하는 마음가짐이나 그런 행동을 말한다.' 고 적혀 있어.
잘 찾아봐.
옥편 사전
공자의 학문인 유학에서 말하는 덕은 '곧은 마음' 이라는 뜻으로
'도덕적으로 올바른 행위' 를 나타내는 것이라고 할 수 있어!
서양에서는 덕이라는 개념이 일찍이 정확하게 체계화되지 않았는데,
소크라테스, 플라톤을 거친 후, 아리스토텔레스에 와서 체계화된 것 같아.
떠용~
덕
아리스토텔레스는 '덕' 을 '헥시스(hexis)' 로 규정하였는데,
헥시스 덕
치익
'헥시스' 란, 인간이 후천적으로 획득한 일정한 행위능력을 말하는 것이라고 하였어.
덕을 얻자. 덕을 얻자.
다시 말해서, 인간에게는 본성적으로 착한 것에 대하여 좋게 마음먹으려고 하는 마음가짐이 있다는 거야.
착함
이런 착한 것에 대한 좋은 마음가짐이 반복되어 행동으로 나타났을 때 '덕' 이 생기는 것이라고 하였어.
덜덜~
덕
동서양에서 말하는 덕이 조금 다르네요!
아무래도 문화가 다르니까!
동양
서양
그러나 동양과 서양에서 말하는 '덕' 이란 모두 도덕적으로 착한 행동을 행함으로써 생긴다는 공통점을 가지고 있어!
덕

자! 그럼 이와 같은 덕을 어떻게 밝힐 수가 있을까?
밝혀?
GAS
우선 하늘로부터 부여 받았다는 착한 성품을 그대로 간직하고 있는지 혹은 아닌지 살펴보아야 해!
그래서 자신의 마음속에 맑고 깨끗한 성품이 그대로 간직되어 있다면 그것을 간직하고,
만약에 맑고 깨끗한 성품이 부족하거나 하나도 없다면 그것을 바로 채워 넣어야 한다는 거야.
할인
착한성품
즉 덕을 밝히기 위해서는 실천을 해야 한다는 얘기지.
텅 비었구만.
덕을 밝히는 것을 거울에 비교해 볼까?
거울아 거울아
거울에 먼지가 앉으면
먼지가!
깨끗한 수건으로 닦아내야 하지.
슥슥~
그렇다고 거울을 한 번만 닦으면 다 끝나나? 아니지!
솔솔솔~
얼마 지나지 않아 거울에 먼지가 앉으면 또 닦아내야 해!
먼지가!
이와 같이 덕을 밝히는 것도 쉬지 않고 정성껏 해야 한다는 거야!
덕을 밝혀줄까?
불교에서 '심시명경(心是明鏡)' 이라 하여 '마음은 밝은 거울과 같이 한다.' 라고 하듯이 항상 깨끗하고 맑음을 유지해야 한다는 거지!

주자는 제자들에게 '명덕(明德)'에 대해서 말하길
하늘이 사람과 물건에게 부여하는 것을 명(命), 즉 명령이라 말한다.
命
사람과 사물이 하늘로부터 받은 것을 성품[性]이라 말한다. 또 한 몸의 주인이 되는 것을 마음[心]이라 말한다.
性
心
하늘에서 주신 명(命)은 빛나고 밝으며, 바르고 큰 것으로
命
이것을 밝은 덕(明德)이라고 부른다.
라고 했어.
삑
밝은 명령, 성품. 어려운 단어들이 나왔지?
끙.....
자, 이 그림을 보면 좀 더 쉽게 이해가 될 거야.
밝은 명령
밝은 덕
밝은 성품
밝은 덕을 사람이 받은 것이 성품이 되는군요!
그래 맞아! 성품은 바로 마음이라는 큰 그릇에 넣어 둔다고 해!
주자가 말하길
마음과 성품은 구별이 있다.
"신비스럽고 밝은 것은 마음이고, 그 마음속에 가득 차 있는 것은 성품이다.

마음은 곧 성품을 담는 큰 그릇과 같은 것이다."라고 하셨어.
큰 그릇에 물건을 담아 두었다가 필요할 때 끄집어내어 사용하듯이
히히…
토종꿀
성품 역시 마음이라는 큰 그릇에 담아 두었다가 끄집어내어 사용한다는 거야.
예를 들어 자식이 부모에게 효도하고, 신하가 임금에게 충성하는 것은
마음이라는 큰 그릇에서 밝은 성품을 끄집어내어 사용하는 대표적인 경우지.
그럼! 마음은 구체적으로 어떤 것일까?
자식이 어버이를 섬길 때에는 효도가 필요하다는 것을 알고,
진지라도 제대로 잡수셨을까?
얼른 가야지.
임금님을 섬길 때는 충성으로 섬긴다는 것을 알고 있는 것은 곧 마음이라는 거야.
충성을 다해야겠다.
마음은 사물을 대하였을 때
어떻게 행동해야 한다는 것을 알고 있기는 하지만 아직 실천하지 않은 상태라고 볼 수 있어.
이에 비해 성품은 마음이란 큰 그릇에 담아놓고 필요할 때 끄집어내어 사용하는 것과 같다고 하였어.
많이 드세요~♥
전하! 어서 피하십시오!
그러므로 마음속에 알고 있는 내용을 행동으로 실천하는 것을 성품이라고 할 수 있어!

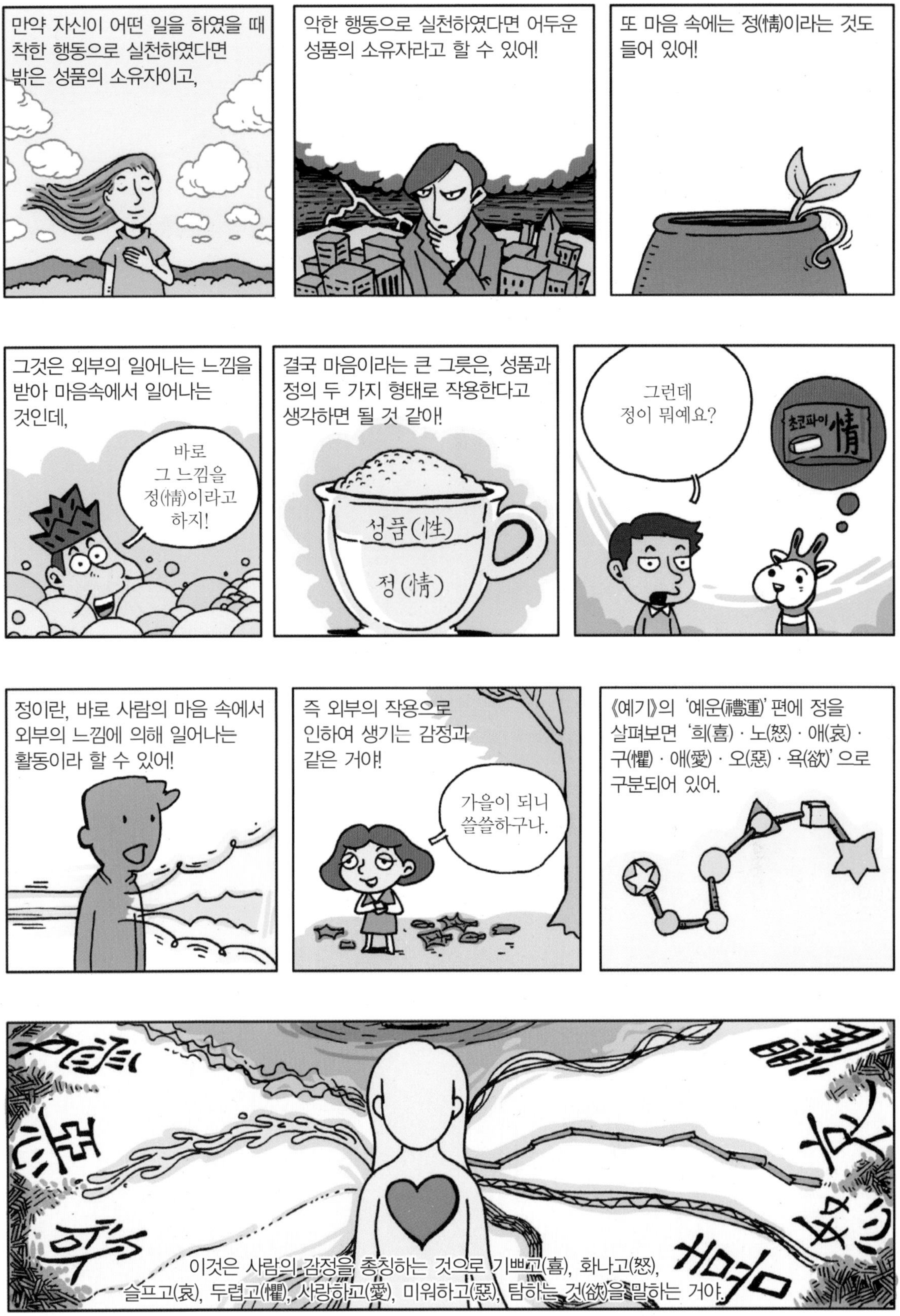

만약 자신이 어떤 일을 하였을 때 착한 행동으로 실천하였다면 밝은 성품의 소유자이고,
악한 행동으로 실천하였다면 어두운 성품의 소유자라고 할 수 있어!
또 마음 속에는 정(情)이라는 것도 들어 있어!
그것은 외부의 일어나는 느낌을 받아 마음속에서 일어나는 것인데,
바로 그 느낌을 정(情)이라고 하지!
결국 마음이라는 큰 그릇은, 성품과 정의 두 가지 형태로 작용한다고 생각하면 될 것 같아!
성품(性)
정(情)
그런데 정이 뭐예요?
초코파이 情
정이란, 바로 사람의 마음 속에서 외부의 느낌에 의해 일어나는 활동이라 할 수 있어!
즉 외부의 작용으로 인하여 생기는 감정과 같은 거야!
가을이 되니 쓸쓸하구나.
《예기》의 '예운(禮運)' 편에 정을 살펴보면 '희(喜) · 노(怒) · 애(哀) · 구(懼) · 애(愛) · 오(惡) · 욕(欲)'으로 구분되어 있어.
이것은 사람의 감정을 총칭하는 것으로 기쁘고(喜), 화나고(怒), 슬프고(哀), 두렵고(懼), 사랑하고(愛), 미워하고(惡), 탐하는 것(欲)을 말하는 거야.

사람들은 이 세상에 태어날 때 누구나 하늘로부터 부여받은 밝은 성품이 있다고 하였어.
그러나 이러한 성품은 사람이 태어날 때 타고난 기운에 따라 모두 다르지!
다시 말하면 그 받은 기운의 강약에 따라 그 받은 성품에도 차이가 있다는 거야!
그러므로 혹 어떤 사람은 태어나면서 기운을 강하게 받아서 밝은 성품을 많이 받을 수도 있고,
휙!
또 어떤 사람은 태어날 때 기운이 약해서 밝은 성품을 많이 받지 못할 수도 있어.
휘청~
그러나 기운이 강하거나 약하거나 밝은 성품을 많이 지닌 사람이나 적게 지닌 사람을 막론하고,
살아가면서 욕심을 많이 부려 좋지 못한 행동을 한다면
밝은 성품은 점점 어두워지게 돼.
반대로 욕심을 버리고 착한 행동을 하면
성품은 점점 밝아지지.

그러므로 자신의 덕이 어두워졌다고 실망할 필요는 없어!
밝은 덕은 우리가 일상 생활하는 동안 언제든지 실천해서 채울 수 있는 거야.
덕
주자가 말하길
밝은 덕은 쉬는 때가 없으며,
×2
일상생활에서 피어 나타난다고 했어.
예를 들면 어린아이가 우물에 빠지려고 하는 것을 보았을 때 가만히 있을 사람이 있을까?
다아아~
…….
안 돼애애애!
옳지 않은 것을 보면 미워하거나 부끄러워하겠지?
야
또 어진 사람을 보면 공경하고, 착한 일을 보면 감탄하고, 좋아하지.
이런 생각들이 모두 일상생활에서 피어나오는 밝은 덕이야.
그러므로 비록 지극히 악한 사람이라 할지라도
이같은 착한 생각을 하나씩 자신의 것으로 만들어 나간다면 반드시 덕을 밝힐 수 있다는 거야.

일찍이 맹자는 인간의 본성에 대하여 다음과 같이 말했는데
인의예지가 바로 사단지성*인 것이다.
주자는 이 '사단지성'을 '밝은 덕'이라고 말하였어.
이것이야말로 밝은 덕입니다.
인 의
맹자의 사단지성은 첫째, 가여운 사람을 보면 측은히 여기고 불쌍히 여기는 마음을 누구나 갖는다는 측은지심(惻隱之心),
둘째, 잘못한 짓을 보면 미워하거나 잘못한 것에 대하여 부끄러워할 줄 아는 마음을 갖는다는 수오지심(羞惡之心),
셋째, 남에게 사양하고 양보하는 마음을 갖는다는 사양지심(辭讓之心),
나눔의
전재산 기부
넷째, 옳고 그름을 판단하는 마음을 갖는다는 시비지심(是非之心)이야.
you Win!
법
정리하자면 주자는 가여움을 아는 마음과 염치를 아는 마음과 겸손을 아는 마음과 선과 악을 판단할 수 있는 마음들이 모두 밝은 덕이라고 정의했고
인 의 예 지
이와 같은 것들이 사람이 태어날 때 부여받은 밝은 성품이라고 했어.
밝은 성품

*사단지성(四端之性).

자~! 밝은 성품에 대한 주자의 말을 잘 알겠지?
500W
이와 같은 밝은 성품은 사람의 마음에 따라 수시로 변할 수 있다고 했지?
네.
비록 자신이 밝은 성품을 가득히 받고 태어났다고 할지라도
외부의 물욕들로 인하여 자신도 모르는 사이에 밝은 성품이 점점 어두워질 수 있다는 거야.
잠깐! 여기에서 욕심쟁이 영감님의 우화를 소개할게!
욕심쟁이 영감님
옛날 어느 고을에 욕심쟁이 영감님이 있었는데
다 내거야.
실수로 천 냥이 든 돈 자루를 잃어 버렸어.
끄아악!!!
그래서 영감님은 돈 자루를 찾아 주는 사람에게는 사례금으로 반을 나누어 주겠다고 약속하였어.
사랑하는
돈자루를 찾습니다!
일지매
이 소문은 고을마다 퍼져 산 너머 마을까지 전해졌어.
산 너머 마을에는 나무꾼이 살고 있었지.
남는 건 힘밖에 없시유.
분실지점
오래전부터 홀어머님을 모시며, 산에 가서 나무을 해다가 팔아서 겨우 끼니를 이어가는 사람이었어.
그래도 빚은없어유~
부동산 : 없음
부양가족 : 1명
저축 : 0원
신용 D 등급

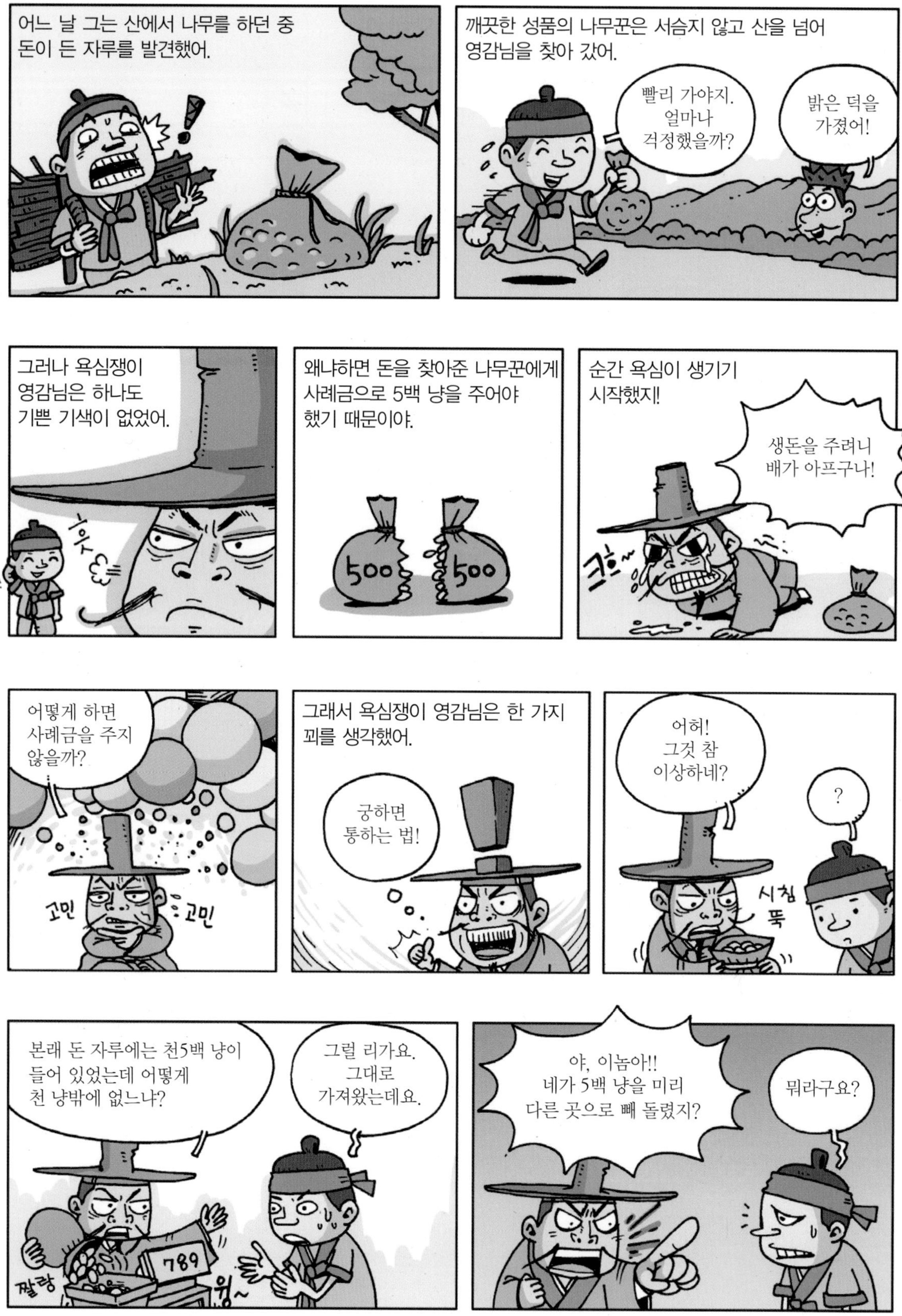
어느 날 그는 산에서 나무를 하던 중
돈이 든 자루를 발견했어.
깨끗한 성품의 나무꾼은 서슴지 않고 산을 넘어
영감님을 찾아 갔어.
빨리 가야지. 얼마나 걱정했을까?
밝은 덕을 가졌어!
그러나 욕심쟁이 영감님은 하나도 기쁜 기색이 없었어.
흥
왜냐하면 돈을 찾아준 나무꾼에게 사례금으로 5백 냥을 주어야 했기 때문이야.
500
500
순간 욕심이 생기기 시작했지!
생돈을 주려니 배가 아프구나!
크흐~
어떻게 하면 사례금을 주지 않을까?
고민
고민
그래서 욕심쟁이 영감님은 한 가지 꾀를 생각했어.
궁하면 통하는 법!
어허! 그것 참 이상하네?
?
시침 뚝
본래 돈 자루에는 천5백 냥이 들어 있었는데 어떻게 천 냥밖에 없느냐?
그럴 리가요. 그대로 가져왔는데요.
789
짤랑
휘~
야, 이놈아!! 네가 5백 냥을 미리 다른 곳으로 빼 돌렸지?
뭐라구요?

물에 빠진 사람을 건져 주었더니만 보따리 내놓아라 하는 식이야!
그래서 자신은 절대 훔치지 않았다고 변명해 보았지만 현상금을 주지 않으려는 욕심쟁이 영감님은 전혀 들으려고 하지 않았어.
시끄럽고!! 관아로 가서 법대로 하자!
그래서 하는 수 없이 이 일을 해결하기 위하여 관아로 가게 되었지.
백성을 위한 포도청
사또는 자초지종 얘기를 듣고
오호… 그래?
욕심쟁이 영감님에게 물었지.
자루에 돈이 얼마나 들어 있었느냐?
분명 천5백 냥이 들어 있었습니다요!
눈물연기
억울 합니다..
그러자 사또가 판결을 내리기를
영감님의 돈 자루에는 천5백 냥이 들어 있었으니
이것은 영감님의 돈 자루가 아닌 것 같소! 도로 나무꾼이 가져가도록!
다음 사건~
예엣? 뭐라고요?
헉!
결국 욕심 많은 영감님은 자신의 욕심을 억제하지 못하여 나머지 재물까지도 모두 잃어버리는 화를 입게 된 거야!

밝지 못한 성품을 호수에다 비유를 한다면,
사람들의 잘못된 행동으로 인하여 호수의 물이 혼탁해져서 물고기가 살 수가 없게 되어 버린 것과 같은 거야.
더러워서 못살겠네.
예전과 같이 다시 회복하려면 더러워진 오물을 걷어내고 불순물을 말끔히 제거한 다음
더 이상 오염이 되지 않도록 끊임없이 노력할 때 가능해질 수 있어!
어두워진 자신의 덕을 밝히는 것도 바로 이와 같은 노력이 필요한 거지.
좋아! 그럼! 이제! 덕을 밝히는 방법을 찾아볼까?
덕을 밝혀나가는 방법은 두 가지가 있다고 해!
첫째는 만약 자신에게 밝지 못한 덕이 있으면 이것을 밝은 덕으로 채우고 넓혀 나가는 방법이야.
이것은 자신에게 부족한 점이 있으면 그 부족한 것을 채우고 넓혀서 가득 채우라는 의미지.
덕
인생마라톤
자~! 그럼 문제를 맞혀봐! 위에서 부족한 것을 채우라고 했는데 구체적으로 어떤 것일까?
글쎄? 음~ 맹자께서 말씀하신 사단지성?
맞았어! 바로 인의예지의 마음이야! 그것을 마음속에 가득 채우라는 뜻이야.

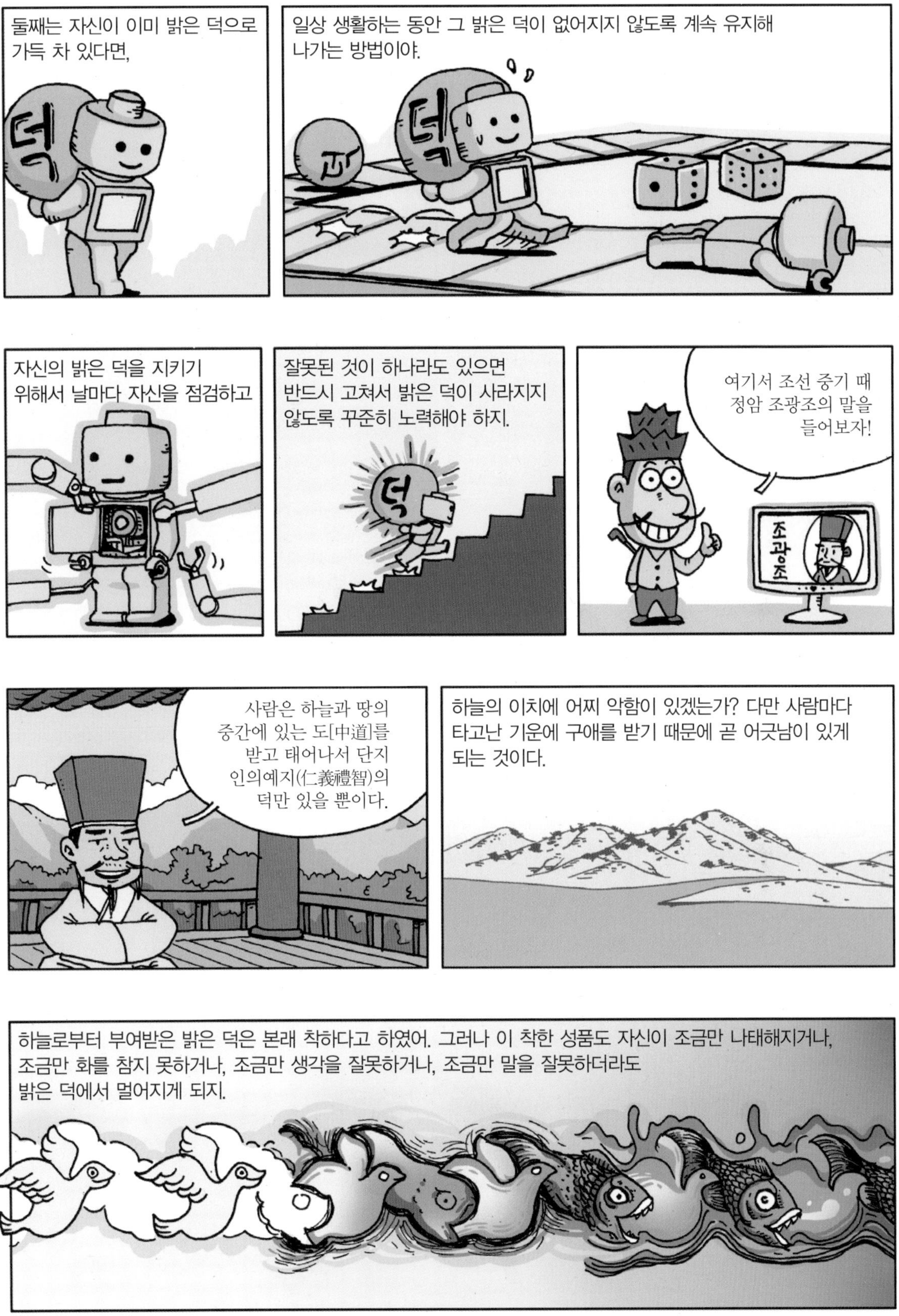
둘째는 자신이 이미 밝은 덕으로 가득 차 있다면,
덕
일상 생활하는 동안 그 밝은 덕이 없어지지 않도록 계속 유지해 나가는 방법이야.
덕
자신의 밝은 덕을 지키기 위해서 날마다 자신을 점검하고
잘못된 것이 하나라도 있으면 반드시 고쳐서 밝은 덕이 사라지지 않도록 꾸준히 노력해야 하지.
덕
여기서 조선 중기 때 정암 조광조의 말을 들어보자!
조광조
사람은 하늘과 땅의 중간에 있는 도[中道]를 받고 태어나서 단지 인의예지(仁義禮智)의 덕만 있을 뿐이다.
하늘의 이치에 어찌 악함이 있겠는가? 다만 사람마다 타고난 기운에 구애를 받기 때문에 곧 어긋남이 있게 되는 것이다.
하늘로부터 부여받은 밝은 덕은 본래 착하다고 하였어. 그러나 이 착한 성품도 자신이 조금만 나태해지거나, 조금만 화를 참지 못하거나, 조금만 생각을 잘못하거나, 조금만 말을 잘못하더라도 밝은 덕에서 멀어지게 되지.

정리해 보면, 일시적으로 편안함을 추구하여
나태해지거나 게을러지지 말아야 해. 그렇게 되면
어짊[仁]에 어긋나게 돼!
또 남을 포학하게 대하거나
매섭고 사납게 대하지
말아야 해.
아,
심심해.
義
퍽퍽
그것은 의로움[義]에 어긋나.
또 윗사람에게 아첨하거나
지나치게 공손한 것은
예[禮]에 어긋나지.
굽신굽신
마지막으로 간사하게 남을 속이거나, 겉으로만
그럴 듯하게 보이는 것은
슬기로움[智]에 어긋나는 거야.
곧 세상은
멸망할
것이오.
원래 밝은 덕이라는 것은 자신의
마음속에 꼭꼭 숨어 있어서
뚜렷하지 않고, 희미해!
그렇기 때문에 외부의 좋지 못한
강한 기운들이 자신의 마음속으로
들어와 밝은 덕을 쳐부수기 쉬워!
오늘날 많은 사람들 중에
착한 사람은 항상 적고
착하지 못한 사람은 많은 것은
善
惡
바로 외부의 좋지 못한 강한
기운이 마음속에 들어와서
밝은 덕을 쳐부쉈기 때문이야.
그렇기 때문에 항상 자신의
마음속에 들어 있는 밝은 덕을
강하게 만들어야 하는데
덕
그러기 위해서는
끊임없이 덕을
밝혀야만 가능하지.
德

2) 밝은 명령을 돌아본다.

자, 이번엔 밝은 덕에 대한 전문을 한 번 읽어 보자!
전문에 나오는 이 말은 원래 《서경》의 '상서편(商書篇)' 에 나오는 내용을 옮긴 거야.
서경
이것은 덕을 밝히기 위하여 '밝은 명령을 돌아본다.'는 뜻으로
命
옛 분들께서 주석한 말이 매우 좋으니, 항상 이것을 살펴본다는 뜻이지.
현인의 말씀
옛 성인들의 말씀이나 현인들께서 해석해 놓은 글은 사람들 마음에 와닿기 때문에
친구가 멀리에서 찾아오면 좋지 않겠는가?*
좋다!

*유붕자원방래 불역열호(有朋自遠方來 不亦說乎)
– 《논어》 학이(學而)편.

이를 가까이 하여 항상 마음속에 두고 살펴야 한다고 했어.
즐겨찾기 추가!
추가 즐겨찾기
그분들이 밝혔던 덕을 끊임없이 생각해 잊지 않고,
자신의 마음속에 항상 간직하여서 덕을 기르는 데 활용한다는 뜻이야.
또 '돌아본다.'는 뜻은
그게 아니라!
홱ㅡ
사람이 고요하게 있을 때, 자신이 행한 일들을 돌이켜본다는 뜻이며,
움직일 때는 자신의 행동이 옳은 것인지를 돌이켜본다는 뜻이야.

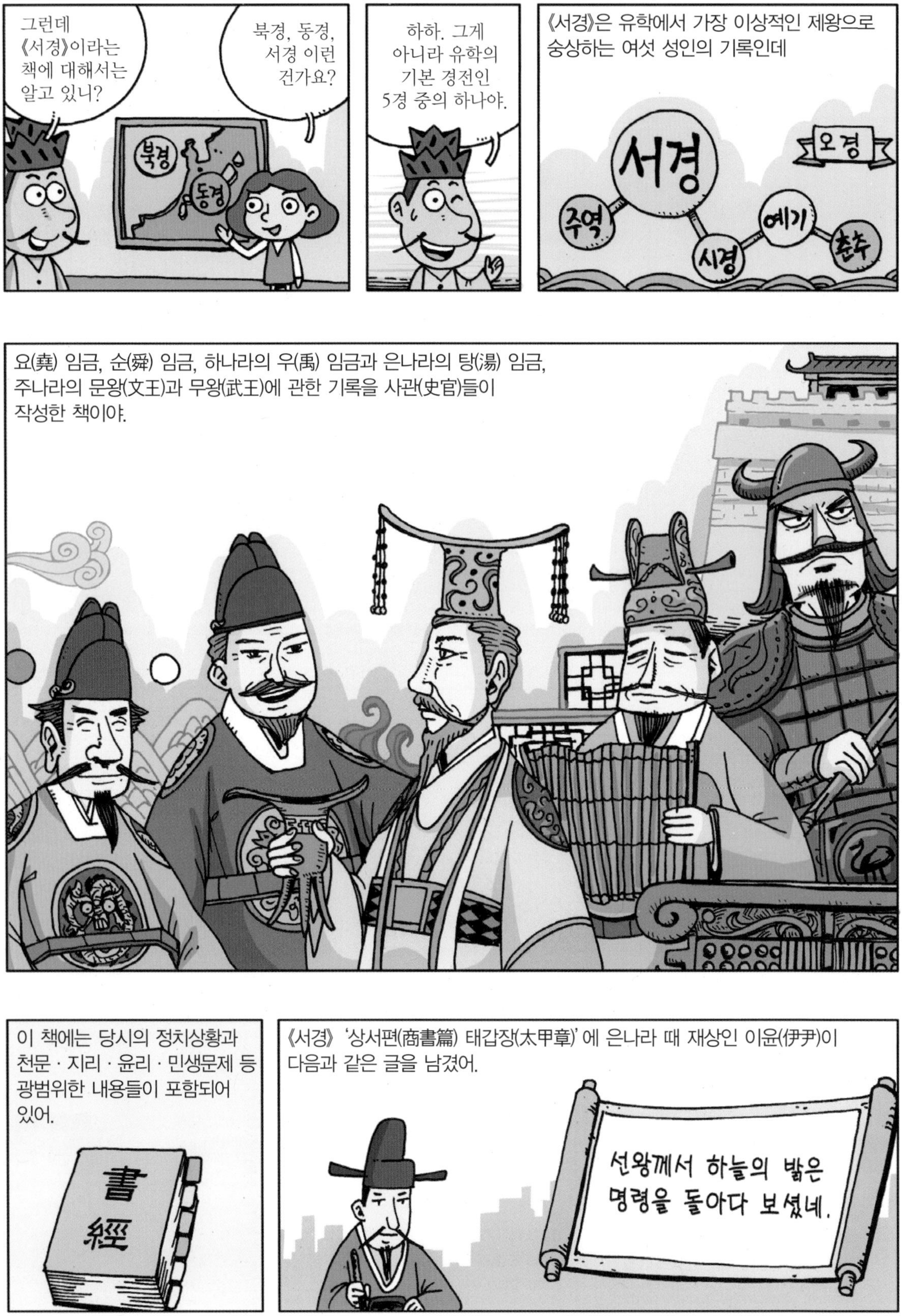
그런데 《서경》이라는 책에 대해서는 알고 있니?
북경, 동경, 서경 이런 건가요?
북경
동경
하하. 그게 아니라 유학의 기본 경전인 5경 중의 하나야.
《서경》은 유학에서 가장 이상적인 제왕으로 숭상하는 여섯 성인의 기록인데
서경
오경
주역
시경
예기
춘추
요(堯) 임금, 순(舜) 임금, 하나라의 우(禹) 임금과 은나라의 탕(湯) 임금, 주나라의 문왕(文王)과 무왕(武王)에 관한 기록을 사관(史官)들이 작성한 책이야.
이 책에는 당시의 정치상황과 천문 · 지리 · 윤리 · 민생문제 등 광범위한 내용들이 포함되어 있어.
書經
《서경》 '상서편(商書篇) 태갑장(太甲章)'에 은나라 때 재상인 이윤(伊尹)이 다음과 같은 글을 남겼어.
선왕께서 하늘의 밝은 명령을 돌아다 보셨네.

이것은 하늘이 모든 사람들에게 밝은 덕을 주었는데,
明德
그 당시 사람들이 그 밝은 덕을 소홀히 하고 또 더럽혀서 덕이 어두워져 버렸다는 거야.
德
그러나 다행히 선왕인 탕 임금만이
성탕, 태을 이라고도 하지.
그 밝은 덕을 매 순간마다 살피고 또 돌아보아서 덕을 밝혔다는 거야.
ON
OFF
옳거니!
그래서 날로 성스러워지고, 날마다 덕이 높아져서 만백성이 받드는 성스러운 군주가 되었다고 해!
와
와
태갑장에서 '태갑'이란, 탕 임금의 아들 태갑을 가리키는 것으로
옛날 탕 임금을 도와 하나라 걸왕을 물리치고 은나라를 세웠던 어진 신하 이윤이 탕 임금의 아들 태갑에게 말한 내용이야!
명심하겠네.
선왕처럼 훌륭한 임금님이 되소서!
아버지의 뒤를 이어 훌륭한 임금이 되도록 하기 위하여 선왕이신 탕 임금의 훌륭한 덕을 태갑에게 깨우쳐 주고자 지은 글이지!
은나라를 세운 탕 임금은 하나라 마지막 왕인 걸 왕을 물리치고 백성을 해방시킨 성군이야!

당시 하나라 마지막 왕 걸 왕은 악독하고 탐욕스러웠어.
심심한데 뭐 재미난 거 없을까?
그리고 말희라는 여인에게 빠져 보석과 상아로 장식한 요대라는 궁전을 짓고, 옥으로 만든 침대에서 밤마다 쾌락에 빠졌지.
전망대
비디오방
노래방
피시 방
레스토랑
피자 집
패스트푸드
중국요리점
아하하하
호호호~
요대
사우나
1층 스포츠
지하수영장
YODAE
걸왕의
백성들을 돌보기는커녕 도리어 백성들에게 무거운 세금과 부역으로 고혈을 쥐어짜는 횡포를 부렸어.
너그들이 다내밥이여
주륵
가난해진 백성들이 왕을 원망하는 소리는 날로 높아만 갔으며,
충성스런 신하들은 왕에게 호소하다가 모두 죽임을 당하였어.
서쪽 지방을 다스리던 탕 왕은
이것은 하늘의 뜻이로다!
백성들의 요구에 따라 군대를 이끌고 걸 왕의 궁으로 쳐들어갔지.

그렇게 폭군 걸 왕을 내쫓고 하나라 백성들을 해방시켰어.
湯
당시만 해도 신하가 임금을 벌하는 것은 있을 수 없는 도리라 여겼지만,
마음속에 아직도 응어리가 있어.
탕 왕이 걸 왕을 내쫓은 것은 하늘의 명령이었다는 거지.
만백성들의 뜻이 곧 하늘의 뜻이기에 탕 왕은 그들을 도우려고 하늘의 밝은 덕을 밝혔다는 거지.
그는 백성들을 해방시킨 후 세금을 줄이고, 굶주린 백성들을 위로하는 선정을 베풀어 그 덕이 날로 높아만 갔어!
덕
이것이 탕 왕께서 밝은 덕을 매순간 살피고 또 돌아보아 그 덕을 밝혔다는 것이야!
어때? 이해하겠어? 내용이 너무 어렵나? 처음이니 좀 어려울 거야.

3) 스스로 밝은 덕을 밝힌다.
자~! 그럼! 밝은 덕은 누가 밝혀야 할까?
남들이 나에게 밝혀주는 것일까? 아니면 내가 밝혀야 할까?
정답은 바로 우리 모두가 스스로 그 덕을 밝혀야 한다는 거야!
특고압
22000V
어느 날 주자의 제자들이 스승께 여쭈길
스승님! 밝은 덕은 누가 밝히나요?
스스로 덕을 밝히는 것은 또한 스스로 자신을 새롭게 한다는 거야.
모두가 스스로 자기의 덕을 밝히는 것이다.
비상구
그리고 새로워진 자신으로 하여금 주위의 사람들도 새롭게 할 수 있다는 거야!
다시 태어난 것 같아요~♪
스스로 덕을 밝혀 나가는 사람을 우리는 군자(君子), 또는 대인(大人)이라고 불러!
그렇지 못하고 자신의 욕심에 얽매어서 구애되는 사람을 소인(小人)이라고 부르지.
우리는 때때로 바쁜 일상생활을 살다 보면 자신의 부족한 면을 잘 모르고 지나치는 경우가 많아!
빨리빨리
잘만 가는구만!
빵 빵
붕~!
우리 스스로가 자신에게 너무나 익숙해져 있기 때문이 아닐까 생각해!

가끔 우리는 남들이 자신의 잘못된 점을 지적해 줘도 인정하지 않거나 변명을 하며,
내가 한 거 아냐!
난! 단지 누웠을 뿐이고!
원래 자신의 타고난 기질이 그렇다고 말하는 경우가 있어!
난 원래 나쁜 놈이야. 꼽냐?
행님
귀여운 것.
그것은 하늘이 자신에게 부여해 준 밝은 명령을 모르기 때문에 할 수 있는 말이야!
넌 사실 발레리나야.
정말?
밝은 명령을 알았다면 스스로 덕을 밝힐 수 있었겠지.
덕을 밝힐 줄 모르는 사람은 그저 눈앞에 보이는 이로움만을 취하려고 해!
다 내거!
그러다 보니 어리석고 부질없는 물욕들로 인하여 마음속이 굳어져 버려서
으아아아
바르지 못한 행동들을 서슴지 않고 행하게 되지.
이런 사람들은 평생을 살아도 덕을 한 번도 밝히지 못하는 소인이 되는 거야!
이제 우리는 스스로 덕을 밝혀야 한다는 걸 알았어!
만약 우리 주변에 이같은 사람들이 있다면 그들에게 알려줘야겠지?
이렇게 하는 것이 바로 스스로 덕을 밝히는 것이야.
덕
또 그것이 우리가 스스로 새로워지는 길이기도 해!

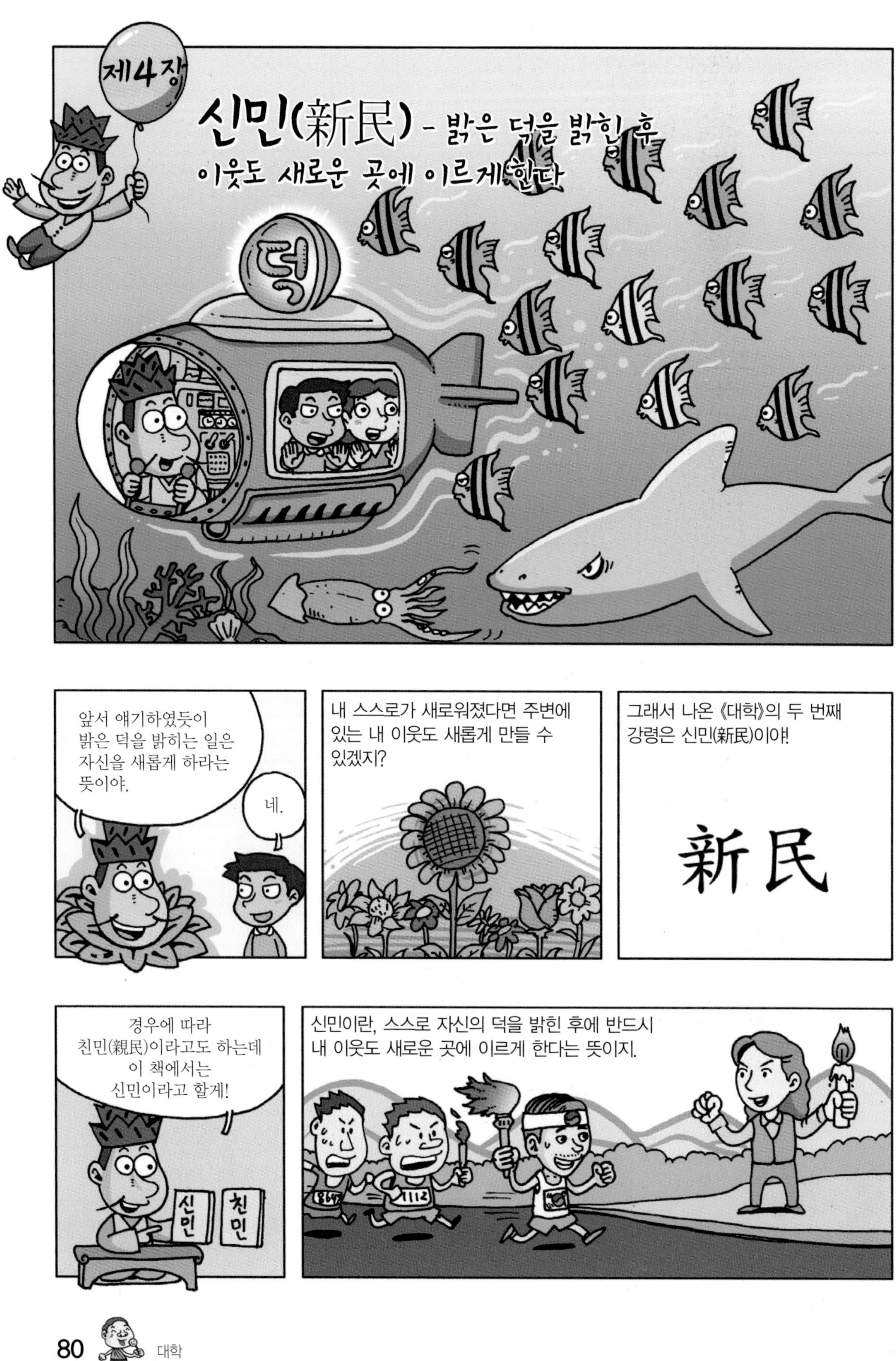
제4장
신민(新民) - 밝은 덕을 밝힌 후
이웃도 새로운 곳에 이르게 한다
덕
앞서 얘기하였듯이 밝은 덕을 밝히는 일은 자신을 새롭게 하라는 뜻이야.
네.
내 스스로가 새로워졌다면 주변에 있는 내 이웃도 새롭게 만들 수 있겠지?
그래서 나온 《대학》의 두 번째 강령은 신민(新民)이야!
新民
경우에 따라 친민(親民)이라고도 하는데 이 책에서는 신민이라고 할게!
신민
친민
신민이란, 스스로 자신의 덕을 밝힌 후에 반드시 내 이웃도 새로운 곳에 이르게 한다는 뜻이지.
1112

전문에서 말하길 은나라 탕 임금의 세수 대야에 다음과 같은 글귀가 새겨져 있다고 해!
MADE IN CHINA
"구일신 일일신 우일신(苟日新 日日新 又日新) – 진실로 날마다 새롭게 했거든, 나날이 새롭게 하고 또 날로 새롭게 하라."
苟日新 日日新 又日新
이것은 탕 임금께서 매일 세수할 때 자신의 얼굴을 비추어 보면서
잘 생겼어~
苟日新 日日新 又日新
반성하고 끊임없이 새로워질 것을 다짐했다는 뜻이야.
매일매일 새롭게!

1) 진실로 날마다 새롭게 하라.(苟日新)

"진실로 날마다 새롭게 하라"고 한 것은 사람이 자기의 마음을 세척해서
웅 웅
자신이 지니고 있는 악함을 버리라는 것이야.
惡
목욕을 통해 몸의 때를 씻어버리는 것과 같지!
윽...
탕 임금께서 세수 대야에 글을 새겨 세수할 때마다 그 글귀를 보고 진실로 하루를 반성하고
苟日新 日日新 又日新
또 지나간 일 중 잘못된 것이 있으면 그 즉시 고쳐서 스스로를 새롭게 하였듯이
땅 땅
우리들 자신 또한 그렇게 해야 해.
나도 새롭게 해야지.
하루한끼만
그게 한끼냐?

잠깐! 여기에서 중요한 것은 바로 '진실로' 라는 뜻을 가진 '진실로 구(苟)' 자야!
苟
진실로의 의미는 '거짓이 없고 바르게' 라는 뜻인데,
진 실 truth 眞 實
요즘 사람은 대충대충 하는 버릇 때문에 날마다 새롭게 하기가 힘들지.
노세 노세~ 젊어서 노세~
사람들은 자신의 몸에 있는 때는 씻을 줄 알면서도
아아~
쏴아
자신의 마음속은 사사로운 욕심으로 가득 차 오염되어 있어도 씻어낼 줄 몰라!
이것은 외모만 중요하게 생각하고 마음과 성품은 가볍게 여기는 것이 아닐까?
내마음이에요.
보석이야!
그러므로 '진실로 새롭게 한다'는 것은
뻥
옛날에 자신이 가지고 있던 오염된 것을 모두 떨쳐 버리고
바르게 하여 날마다 새롭게 하기를 끊임없게 하라는 뜻이야!
쑥쑥 쑥~
다음은 자신의 과거의 잘못을 떨쳐버리고, 새로운 사람으로 변모하여 남을 도와준 얘기야!
PLAY
옛날 어느 고을에 홍바람이라는 도둑이 살고 있었어.
바람기는 없어요.
그는 이 고을 저 고을 부잣집을 찾아다니면서 값비싼 귀중품들만 귀신같이 모조리 훔쳐갔어.
바람같이 날아다니기 때문에 홍바람이지!

그렇게 훔친 재물은 헤아릴 수도 없이 많았으며, 자신만이 아는 깊은 산속 동굴에 꽁꽁 숨겨두었지!
제가 미술에 조예가 있죠.
어느날 밤 그날도 변함없이 도둑질을 하고 돌아오고 있었는데
탁
갑자기 배가 고파진 거야.
헉… 쪼르륵 소리….
쪼르륵~
그래서 어느 한적한 초가집 부엌으로 들어갔어.
선비놈의 집이군….
그런데 웬일인지 쌀은 커녕 간장 한 방울도 없지 뭐야?
무슨 집구석이 쌀 한 톨 없어?
텅~
살려줘~
홍바람은 할 수 없이 아무것도 먹지 못하고 그 집을 나서야만 했어.
차역승상장하야~ 이기하장이니~ 니라니라니라~
도대체 어떤 대단한 놈이기에?
홍바람은 마당을 살금살금 걸어 나와 방안을 엿보았어.
흠….
맹자왈~
꾸르르르르르륵!
아녀자의 도리를 다하지 못하여 서방님을 굶주리게 하니 죄송합니다!
무슨 말씀이오! 다 내가 부족하기 때문이외다!

세상에 이렇게
아름다운 부부가
다 있다니….
나는 뭐지….
홍바람은 훔친 재물 중에
엽전 300냥을 그 집 마당에
놓고 왔어.
홍바람은 남을 도와주었다는
것만으로 괜히 기분이 좋아졌어!
이런 기분
처음이야~!
다음 날 아침. 그는 남을 도와주었다는 마음에
조금은 우쭐해서 마을 저잣거리로 나갔어.
룰루~
뭐지?
웅성웅성~
그런데 이게 웬일이야?
어젯밤에 그가 도와주었던
선비가 방*을 써 붙여 놓은 거야!
어젯밤 우리집
마당에 300냥
두고 간 사람은
찾아가시오!
뜨아~
이게 어떻게
된 거야?

*방(榜) – 오늘날 광고같이 담장에 붙여놓아 여러 사람에게 알리는 글.

홍바람이 그 방을 보고 곧 바로
그 선비집으로 달려갔어.
헐레벌떡
사실 그건
제가 드린 겁니다.
일종의
기부활동이죠.
기부활동?
너냐?
그냥
쓰세요
이유 없이 남의 돈을
받는 것은 있을 수 없는
일이오! 그리고 우리집을
염탐하다니…
스토커 아니오?
사실… 그 돈은
제 돈이 아니고
훔친 겁니다.
그러니 그냥
쓰셔도 됩니다.
뭐요?
그러면
도둑!
뭣이!
저는
도둑..
나보고 훔친 돈을
쓰란 말이오?
그럼 더더욱 받을 수
없소!
선비를
모욕하다니!
버럭!
부인, 그 돈을
당장 가져오시오!
저…
서방님….

아니? 부인
어떻게 된 일이오!
한 냥이 모자라지
않소?
299
아침에 먹을 것이 없어서
그만 한 냥을 빼내어
양식을 마련했습니다.
죄송합니다. 서방님!
임금쌀
어쩐지 오늘 아침이
달콤하면서
씁쓸하더라니….
허허허…
이게 다 나의
불찰이오.
잠시만 기다려
주시오.
주섬 주섬
선비는 방으로 들어가 자신이 그토록 소중하게 여기며 읽던 책들을 모두 보자기에 싸서
거리로 팔러 나갔던 거야. 이 광경을 옆에서 지켜본 홍바람은 크게 뉘우쳤어.
저런 걸 누가 사
희귀도서전
특별할인판매
엽전 한 냥 때문에
소중한 책까지 팔다니….
대인이시다!
그래서 곧장 훔쳤던 재물들을 모두 주인에게 돌려주고 관가에 가서 자수를 했지.
이 많은
명품들은
다 누구 것이오?
아마도
고위층
갑부집에서….
그 후 죗값을 모두 치르고 세상 밖으로 나온 홍바람은 새 사람이 될 수가 있었어.
다시는 죄를
짓지 마시오.
감사합니다.
국산 콩두부
자신의 과거 잘못된 행동에 대하여 깊이 뉘우치고, 새사람이 되기 위해서 매일같이 남을 도우는 일을 했다고 해.
사랑의 쌀 나누기
어서
오세요
임금쌀

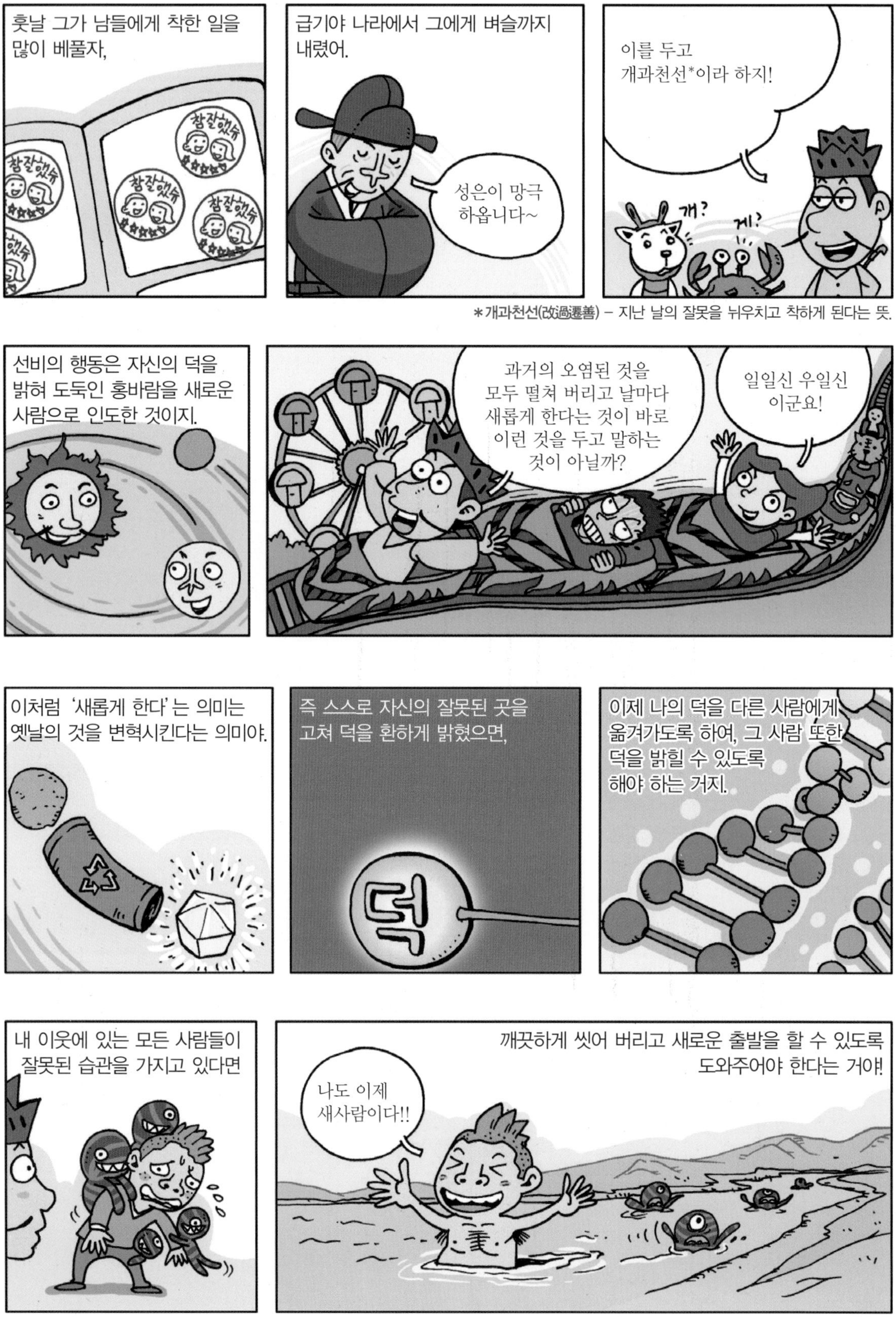
훗날 그가 남들에게 착한 일을 많이 베풀자,
참잘했슈
급기야 나라에서 그에게 벼슬까지 내렸어.
성은이 망극 하옵니다~
이를 두고 개과천선*이라 하지!
개?
게?
선비의 행동은 자신의 덕을 밝혀 도둑인 홍바람을 새로운 사람으로 인도한 것이지.
과거의 오염된 것을 모두 떨쳐 버리고 날마다 새롭게 한다는 것이 바로 이런 것을 두고 말하는 것이 아닐까?
일일신 우일신 이군요!
이처럼 '새롭게 한다'는 의미는 옛날의 것을 변혁시킨다는 의미야.
즉 스스로 자신의 잘못된 곳을 고쳐 덕을 환하게 밝혔으면,
덕
이제 나의 덕을 다른 사람에게 옮겨가도록 하여, 그 사람 또한 덕을 밝힐 수 있도록 해야 하는 거지.
내 이웃에 있는 모든 사람들이 잘못된 습관을 가지고 있다면
깨끗하게 씻어 버리고 새로운 출발을 할 수 있도록 도와주어야 한다는 거야!
나도 이제 새사람이다!!

*개과천선(改過遷善) – 지난 날의 잘못을 뉘우치고 착하게 된다는 뜻.

경문에 "재신민(在新民), 즉 백성을 새롭게 하는 데에 있다."라고 하였어.
在新民
돌잔치 회갑
군자떡집
이것은 이미 스스로 자기의 덕을 밝혔으면 마땅히 남에게 미치게 해야 한다는 뜻이야!
떡을 나눕시다!
덕을 밝히지 못한 사람들을 측은히 생각하는 마음이 나의 밝은 성품이며
쏴아~
으헤헤
나를 태워 저들을 밝히리라!
그 성품으로 다른 사람들을 새롭게 하는 것이 곧 자신의 덕을 밝히는 것이기도 하다는 거야.
앞에서 은나라 탕 임금이 하나라 마지막 왕인 걸 왕을 몰아냈다고 했지?
뻥
당시에는 신하가 된 사람이 임금을 내치는 적이 없었다고 해.
축
임금과 제후와의 대화
신하가 왕이 되다니 말이 되는 소린가?
그러게 말야.
건배~
이 일을 가만히 두면 후세 사람들이 탕 임금을 본받아 임금을 내칠까봐 두려웠던 거지.
쿠데타 탕 임금에게 배웠어요~
쾅-
그래서 당시 탕 임금의 신하인 중훼(仲虺)라는 사람이
내가 변호를 해야겠군.
탕 임금이 그럴 수밖에 없었던 까닭을 글로 적어 밝혔어. "탕 임금은 그 높은 덕을 새롭게 해서 처음과 끝이 한결같이 해서 곧 날마다 새로워졌다."

새롭고
또 새롭게!
이것을 풀이해 보면 나라를 다스리는 사람은 자신의 덕을 새롭게 함으로써 모든 백성들이 저절로 따라오게 되고,
만약 다스리는 사람의 뜻이 자만으로 가득 차 있다면 모든 백성들이 그를 떠난다는 것이야.
퉤
다시 말하면 임금 자신이 날마다 새로워져야 백성도 새로워진다는 뜻이지.
마음을
정갈히…
비록 하늘의 뜻으로 폭군을 내쫓고 백성을 해방시킨 왕일지라도 그 백성들을 위하여 날마다 은혜와 덕을 베풀지 않으면
백성을 위해 항상 덕을 베풀겠습니다
오늘날 말로 쿠데타*를 한 거나 마찬가지가 되는 거지.
쿠데타가
아니라
혁명이라
니깐….
그러므로 군자가 '덕을 밝히는 것'[明德]과 '백성을 새롭게 함'[新民]은 떨어질래야 떨어질 수 없는 것으로,
본바탕에서
일어나게 하는
자연스러운 현상과
같은 것이라고
할 수 있어!

*쿠데타 – 프랑스어 coupd' Etat로 정권을 잡으려고 폭력을 일으켜 정계에 생긴 변동을 말함.

다시 말하면 군자가 '밝은 덕을 천하에 밝힌다.'는 뜻은
군자의 밝은 덕이 만천하 백성들을 새롭게 하도록 함으로써 가능하다는 거야.

2) 새로워지는 백성을 진작시킨다.(作新民)

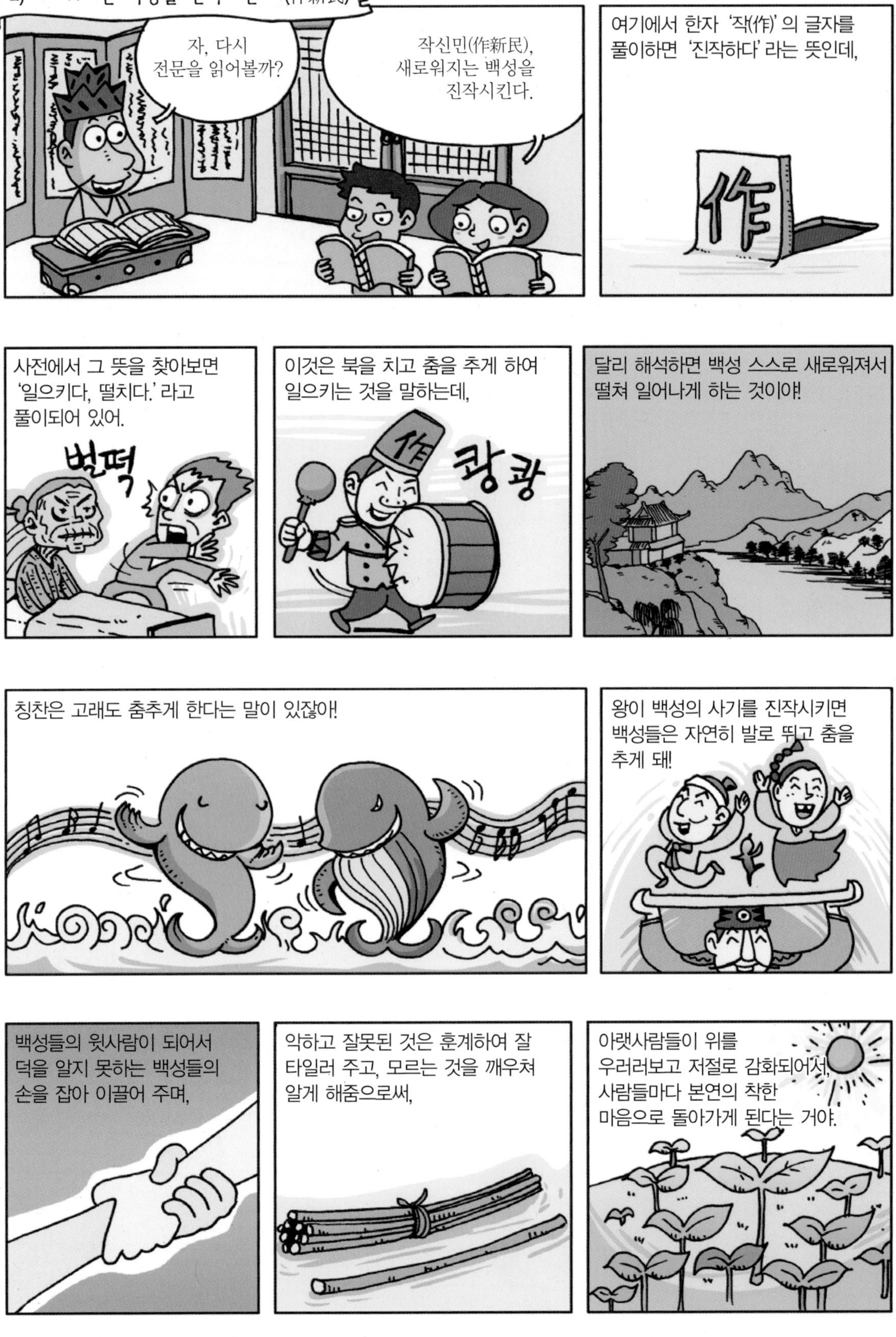
자, 다시 전문을 읽어볼까?
작신민(作新民), 새로워지는 백성을 진작시킨다.
여기에서 한자 '작(作)'의 글자를 풀이하면 '진작하다'라는 뜻인데,
作
사전에서 그 뜻을 찾아보면 '일으키다, 떨치다.'라고 풀이되어 있어.
벌떡
이것은 북을 치고 춤을 추게 하여 일으키는 것을 말하는데,
作
쾅쾅
달리 해석하면 백성 스스로 새로워져서 떨쳐 일어나게 하는 것이야!
칭찬은 고래도 춤추게 한다는 말이 있잖아!
왕이 백성의 사기를 진작시키면 백성들은 자연히 발로 뛰고 춤을 추게 돼!
백성들의 윗사람이 되어서 덕을 알지 못하는 백성들의 손을 잡아 이끌어 주며,
악하고 잘못된 것은 훈계하여 잘 타일러 주고, 모르는 것을 깨우쳐 알게 해줌으로써,
아랫사람들이 위를 우러러보고 저절로 감화되어서, 사람들마다 본연의 착한 마음으로 돌아가게 된다는 거야.

송나라 말 때 성리학자 허겸이 말하길
신민(新民)은 '스스로 새로워지는 백성'이라 할 수 있다. 이는 백성의 마음에는 모두 착한 마음을 가지고 있어
조금이라도 착한 마음이 나타나게 되면, 이것이 곧 스스로 새로워지는 기틀이 된다.
新
야호-!
그러므로 그 새로워지려고 하는 것을 따라서 더욱 힘을 내도록 용기를 북돋우어 주는 것이 곧 '진작시킨다.'는 의미이다.
진작
다음은 《서경》 '주서편(周書篇)'의 '강고장(康誥章)'에 나오는 내용이야. 군왕이 백성들을 어떻게 진작시키는지 알 수 있지!
新民
은나라의 마지막 왕은 주 왕이라고 하는데
이 나라는 내 거다!
포악하기 그지없었지.
하나라 걸 왕과 비슷한 놈이지.
백성들은 과중한 세금과 노역에 시달려 가난에 허덕이는데 자신은 달기라는 미녀에게 빠져 주지육림*을 즐기는 등 악행을 일삼았어!
주지육림
한우

* 주지육림(酒池肉林) – 술이 못을 이루고 고기가 숲을 이루었다는 뜻으로 호화롭게 잘 차린 술잔치를 비유하는 말임.

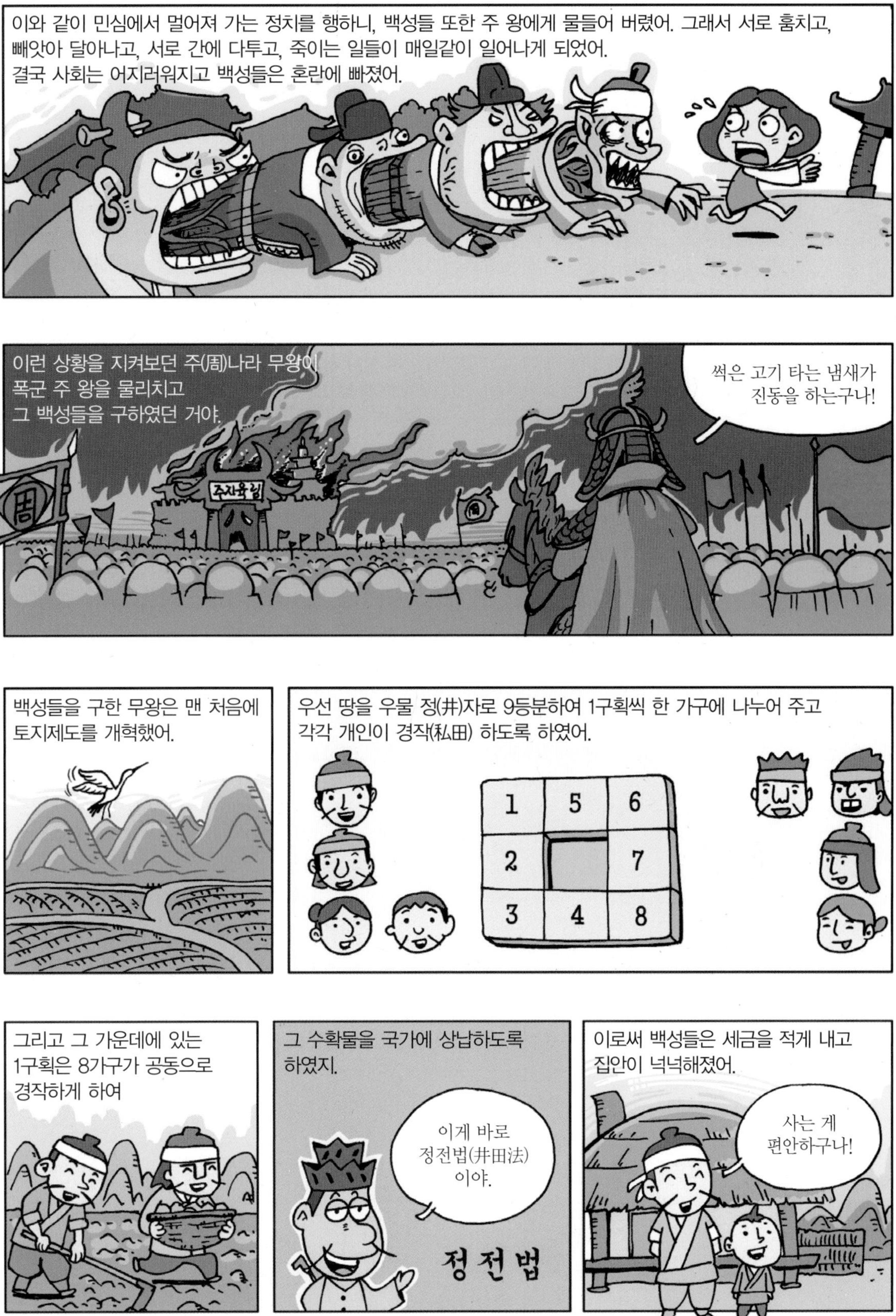
이와 같이 민심에서 멀어져 가는 정치를 행하니, 백성들 또한 주 왕에게 물들어 버렸어. 그래서 서로 훔치고,
빼앗아 달아나고, 서로 간에 다투고, 죽이는 일들이 매일같이 일어나게 되었어.
결국 사회는 어지러워지고 백성들은 혼란에 빠졌어.
이런 상황을 지켜보던 주(周)나라 무왕이
폭군 주 왕을 물리치고
그 백성들을 구하였던 거야.
썩은 고기 타는 냄새가 진동을 하는구나!
周
주지육림
백성들을 구한 무왕은 맨 처음에
토지제도를 개혁했어.
우선 땅을 우물 정(井)자로 9등분하여 1구획씩 한 가구에 나누어 주고
각각 개인이 경작(私田) 하도록 하였어.
1 5 6
2 7
3 4 8
그리고 그 가운데에 있는
1구획은 8가구가 공동으로
경작하게 하여
그 수확물을 국가에 상납하도록
하였지.
이게 바로 정전법(井田法) 이야.
정전법
이로써 백성들은 세금을 적게 내고
집안이 넉넉해졌어.
사는 게 편안하구나!

또 학교를 세워 글을 모르는 백성들을 가르쳤어.
학교
大
징병제도와 부역이 없어지고, 백성들은 시기를 맞추어 농사를 지을 수 있게 되었어.
농사달력
망종
망종이라! 씨 뿌리는 날이군!
이른바 평화로운 태평성대가 이어졌던 거야.
임금이 백성들을 진작시킴이 이와 같음으로 백성들은 임금의 밝은 덕을 위로 받들고,
또한 바르고 곧게 행동하여, 옛날의 악한 습속들을 버리고 자연히 착한 곳으로 옮겨갈 수 있도록 하니
이것을 일러 백성들을 새롭게 진작시킨다고 말할 수 있었던 거야!
《시경》 '대아편(大雅篇)' 의 문왕 시에 보면
주나라가 비록 오래된 나라이기는 하나, 문왕에 이르러서 자기의 덕을 새롭게 하여 모든 백성에게까지 미치게 하였다.
이것은 주나라가 비록 후직*으로부터 시작된 오래된 나라이기는 하나,
주

*후직(后稷) – 주(周)나라 시조로 원래 이름은 기(棄). 무왕의 15대 조상임.

문왕 때에 이르러 성스러운 덕이 생겨났으며, 날마다 새로워져서 백성들의 풍속이 크게 변했다는 의미야.
문왕이요?
문왕은 무왕의 아버지인데, 앞서 무왕이 정전법을 시행하고 학교를 세워 백성을 새롭게 하였다고 하나 이미 아버지인 문왕 때부터 시행하였다고 해.
아버지.
허허...

동서고금*을 통틀어 백성들을 흥이 나도록 진작시킬 수 있는 방법이 뭘까?
슉슉
백-성
그 방법을 찾아서 이번엔 과거로 가보자!
어디로요?
TIME MACHINE
그리스를 대표하는 철학자 소크라테스!
하하하….
와아~

*동서고금(東西古今) – 동양이나 서양 및 옛날과 지금을 말함.

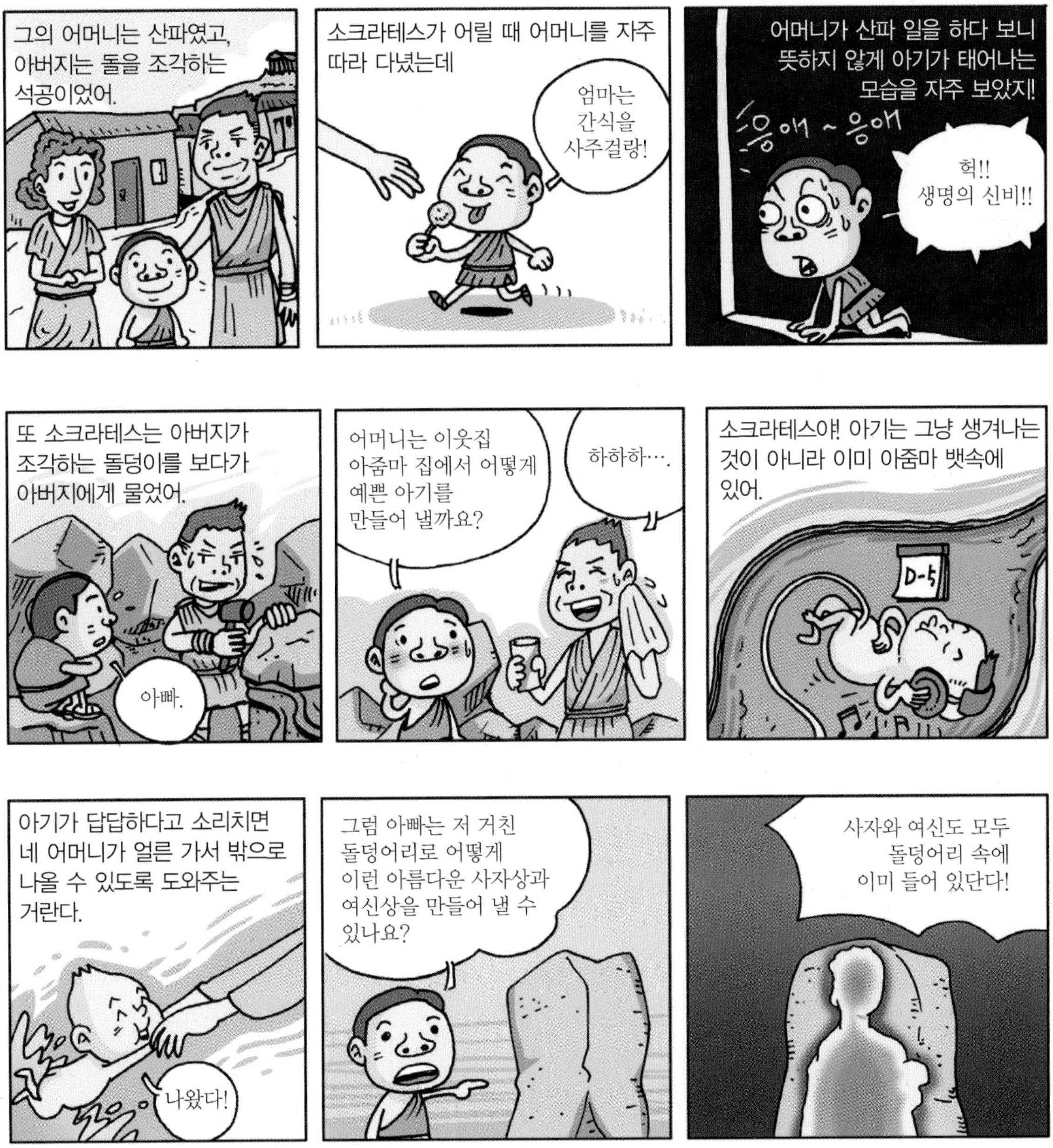

그의 어머니는 산파였고, 아버지는 돌을 조각하는 석공이었어.
소크라테스가 어릴 때 어머니를 자주 따라 다녔는데
엄마는 간식을 사주걸랑!
어머니가 산파 일을 하다 보니 뜻하지 않게 아기가 태어나는 모습을 자주 보았지!
응애~응애
헉!! 생명의 신비!!
또 소크라테스는 아버지가 조각하는 돌덩이를 보다가 아버지에게 물었어.
아빠.
어머니는 이웃집 아줌마 집에서 어떻게 예쁜 아기를 만들어 낼까요?
하하하….
소크라테스야! 아기는 그냥 생겨나는 것이 아니라 이미 아줌마 뱃속에 있어.
D-5
아기가 답답하다고 소리치면 네 어머니가 얼른 가서 밖으로 나올 수 있도록 도와주는 거란다.
나왔다!
그럼 아빠는 저 거친 돌덩어리로 어떻게 이런 아름다운 사자상과 여신상을 만들어 낼 수 있나요?
사자와 여신도 모두 돌덩어리 속에 이미 들어 있단다!

그들이 돌 속에서 답답하다고 울부짖고 자유롭게 해달라고 요구를 하니
나는 그들의 요구를 들어주려고 돌을 다듬는단다! 그러면 이처럼 훌륭한 모습을 드러내게 되지!
어린 소크라테스는 아버지께서 하신 말씀을 머릿속에 잘 기억해 두었어.
그가 어른이 되어 수많은 제자들이 따르는 위대한 스승이 되었을 때,
다른 사람에게 무엇을 가르치려고 애쓰기보다는
난 내가 모른다는 것을 알 뿐이외다.
산파술
그 사람이 스스로 무지에서 깨어날 수 있도록 자연스럽게 이끌어 내 주었다고 해!
영차
나라를 다스리는 임금 또한 이래야 하지 않을까?
백성들을 '이렇게 해야 한다! 그렇게 하면 안 돼!' 라고 하기보다는
포도청
세금납부
군역필!
음주금지
반항금지
뭐여?
그들이 요구하는 것이 무엇인지를 먼저 알아내어 그들을 도와주는 조력자가 됨으로써
전 그냥 배가 고프다구요.
쌀이 필요한 거군.
스스로 새로워지려는 백성들을 더욱 진작시킬 수 있을 거야.

한국의 유학

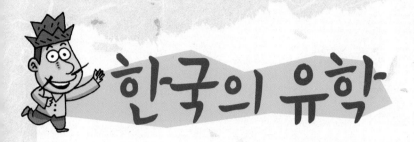

우리나라에 유학이 들어온 시기는 명확하지 않으나 대략 기원전 3세기경 위만조선으로부터 한사군이 설치되는 과정에서 부분적으로 전래되었다고 전합니다.

1. 삼국 시대

▲ 오사카 왕인 박사의 사당.

고구려 372년, 소수림왕 때에 국립대학인 태학太學을 세워 상류계급의 자제들을 교육했다는 기록이 있습니다. 또한 백제는 일찍부터 한문漢文을 사용하여 《백제본기百濟本紀》, 《백제신찬百濟新撰》, 《서기書記》 등의 역사서를 편찬하였으며, 4세기 후반부터는 유학이 본격적으로 성행하여 일본에까지 전파되기도 하였습니다. 대표적인 학자로 아직기阿直岐와 왕인王仁을 들 수 있는데, 13대 근초고왕 때 아직기는 일본에 유학을 전하고 일본 왕자의 스승이 되었으며, 14대 근구수왕 때의 왕인은 《천자문》과 《논어》를 일본에 전하고 그곳에서 왕실의 스승이 되었습니다.

신라는 삼국 중 가장 늦게 유학을 받아들였습니다. 22대 지증왕 때 유교를 본격적으로 받아들이기 시작했는데 당시 임금이나 남편 또는 신분이 높은 사

람 등이 죽으면, 그 신하와 아내, 종들이 뒤따라 스스로 목숨을 끊거나 강제로 죽임을 당하는 '순장제도'를 유교의 뜻에 따라 금지하였습니다. 또 신라의 화랑들이 《시경》, 《서경》, 《예기》 등을 배울 것을 하늘에 맹세한 내용이 기록된 돌(임신서기석)이 발견됨에 따라 신라의 화랑도 역시 유학의 영향을 받아 효제충신孝悌忠信을 수행한 것으로 짐작할 수 있습니다.

*효제충신孝悌忠信 : 어버이에 대한 효도, 형제끼리의 우애, 임금에 대한 충성과 벗 사이의 믿음을 통틀어 이르는 말.

2. 고려 시대

▲ 안향 초상.
그를 모시는 서원이 바로 영주 풍기의 소수서원이다.

고려 태조 때는 학교를 창설하여 교육의 기틀을 마련하였고, 17대 인종 때는 태학을 만들었습니다. 이곳에는 문·무신 5품 이상의 자제와 3품 이상의 문·무신 증손의 자제가 입학할 수 있었다고 합니다. 경전을 가르치는 박사와 조교 등의 교관을 두고 《논어》《효경》 등 유학의 필수교본과 함께, 《주역》, 《주례》, 《서경》, 《시경》, 《춘추》 등을 가르쳤습니다.

1289년에는 고려 말 문신인 안향安珦이 원나라에서 《주자전서朱子全書》를 들여옴으로써 신유학인 주자학이 전래되었습니다.

3. 조선 시대

유학은 조선 시대에 들어와 전성기를 맞이했습니다. 사회 전반에 걸쳐 유교의 영향이 미치지 않은 곳이 없었습니다.

4대 세종 때부터 9대 성종 때까지 모든 문물제도가 유교식으로 정비되었습니다. 선조 때에는 많은 유학자가 배출되었으며, 퇴계 이황과 율곡 이이의 사단칠정이기론변四端七情理氣論辨을 거쳐 학문적 최고의 정점을 이루었으며, 신유학의 황금기를 이루었습니다.

▲ 퇴계 이황.

*사단칠정론 : 사단과 칠정에 대한 이기론적 해석을 중심으로 한 학설.

*이기론 : 우주현상과 인간의 도덕실천 문제를 이와 기로써 설명한 형이상학적 이론.

17세기 후반부터 서로 간의 논변을 지양하고 유학의 본래의 뜻을 찾아 실천하려는 움직임이 일어났습니다. 22대 정조 때 나라를 부유하게 하고 백성을 넉넉하게 하려는 목적으로 실학사상이 등장하였으며, 박제가와 정약용 등이 활발히 활동하였습니다.

19세기에 접어들면서 세도정치가 시작되어 실학파의 활동이 다소 부진해지자 다시 성리학이 일어났으나 서양학문의 세력이 날로 확장되어 갔습니다. 이후 조선의 성리학은 바른 학문의 도통을 지키고 사악한 학문을 배척한다는 위정척사운동을 전개하였으나 실효를 거두지 못하고 근세 개화 혁신기로 넘어가게 되었습니다.

*세도정치 : 조선 후기 총신 또는 척신이 국왕의 신임을 받아 국정을 장악하였던 일종의 신임정치.

제5장 지어지선(止於至善) - 한 치의 사욕도 없는 선의 경지에 머무른다

善
모든 사람이 모범적이고 착하게 행동하기를 갈망하며,
모범 모범
난 항상 성실해!
또한 그렇게 하기 위해서 열심히 공부하고 배운 것을 실천한다면!
실천
모든 사람들이 이렇게 살면 정말 좋겠지?
아름다운 세상이 되겠죠.
이번에 배울 내용은 《대학》의 세 강령 중에, 세 번째인 '지어지선' 이야.
삼강령
명명덕 신민 지어지선
한자를 풀이해 보면 머무를 지(止), 어조사 어(於), 지극할 지(至), 착할 선(善)이야.
止 於 至 善
'지극한 선에 이르러 머무른다, 또는 그친다.' 라고 풀이할 수 있는데,

이 글귀에서 '그친다(止)'는 것은 그 지극히 착한 데에 이르러 머무른다는 뜻이야.
좋구나~
다시 말하면 사람이 착한 행동을 하면 착하게 행동한 그 마음을 그대로 간직한 채 머물러 있어야 한다는 거야!
아~~
이러면 안되잖아!
즉 착한 행동의 더할 수 없는 경지야.
1
주자는
'그친다.'라는 것은 곧 지극한 곳에 이른 뒤에 그곳에 머물러야 함을 말하는 것이다.
이것은 지극한 착함에 이르지 못했으면 반드시 그곳에 이르도록 해야 한다는 의미지.
만약 이미 그곳에 이르렀다면 움직여 다른 곳으로 가서는 안 돼.
여기서 꾹 눌러 살아야지!
만약 사람의 행동이 지극히 착한 곳에 이르지 못했는데도 거기서 머무른다면 '그친다.'라고 말할 수 없다는 거야.
이 정도도 훌륭한 거지!
또 지극히 착한 곳에 이르렀지만 머물러 지키지 못하는 것 또한 '그친다.'고 말할 수 없다는 거지.
아차차차!!
그러므로 지극히 착함에 머무른다는 것은 착한 도리를 100% 다한다는 말이며,
항상 착함이 있는 그곳에 자기 자신을 머물러 있도록 해야 한다는 거야.
예를 들어 자식이 부모에게 효도를 하는 것도 함부로 해서는 안 되는 거지.
함부로요?

부모에게 정성을 다하지 못한다면 이것은 당연히 착하지 못한 것이지만
꼰대!!
또 그 효도함이 지나치게 되어도 바르지 못한 것이야.
밖에 나가면 건강에 해로워요.
그렇기 때문에 모자라지도 않고 남지도 않는 상태에 도달해서 그곳에 머물러 있어야 한다는 거야.
止
이것이 곧 지극히 착한 곳에 '그친다.' 또는 '머무른다.' 라고 할 수 있어.
이번엔 지극한 효도에 대한 옛날 얘기를 하나 해줄까?
전설의 고향
옛날 어느 고을에 할아버지 한 분이 살았어.
안녕 하슈~
박달 나무 마을
할아버지는 아들이 병으로 일찍 죽고 손자 셋하고 살고 있었어.
불효자식 용서하소서..
아들아!
할아버지는 어린 손자들을 친아들처럼 귀중하게 키웠어.
손자 3명은 무럭무럭 자라 모두 결혼을 했지.
그런데 할아버지가 점점 늙어가면서 한 가지 걱정거리가 생겼어.
이걸 어쩌나..
본래 할아버지 집에는 가보로 내려오는 아주 값이 나가는 보물이 있었는데, 이것을 누구에게 물려줄지 고민이 되었던 거야.
첫째 손자에게 물려주자니 행실이 좋지 못하여 올바른 곳에 사용할 것 같지 않고,
아하하하하~
17년

둘째 손자 역시 곧 팔아서 좋지 못한 곳에 써버릴 것만 같았고
가는 거야!
막내 손자에게 물려주자니 위로 두 형들이 가만 있지 않을 것 같았어!
고민하고 고민하던 중 할아버지는 한 가지 꾀를 낸 거야!
옳거니!
할아버지는 자신의 보물을 뒷산 박달나무 밑에 묻어두고,
집에 돌아와 병이 난 것처럼 꾸미고는 드러누워 버렸어.
이윽고 소식을 들은 큰손자와 며느리가 찾아왔지.
할아버지! 어디가 아프세요?
아이고 데이고~
큰 손자야! 지난밤 꿈 속에 산신령님이 나타나서 어린아이를 뒷산 박달나무 아래에 묻으면 내 병이 낫는다고 하더구나!
예?
큰손자와 며느리는 콧방귀를 뀌면서 자기네 집으로 돌아가 버렸어.
노인네가 드디어 노망이 나셨군….
이번엔 둘째 손자와 며느리가 찾아왔어.
아이고 둘째야~
둘째 역시 첫째 손자 내외와 마찬가지로 집으로 돌아가 버렸어.
요양원에 보낼까요?
고려장이나 시켜드려야 겠군!
얼마 후 막내 손자와 며느리가 찾아 왔지.
할아버지!!
얘기를 다 들은 막내 손자는 아무 말이 없는데 며느리가 이렇게 말하는 거야!
우리 아기를 그 나무 밑에 묻으면 틀림없이 할아버지 병환이 나을 수 있겠지요?

그 말을 듣는 순간 할아버지는 내심 놀라면서도
막내야! 너 땡잡았구나!
겉으로는 태연하게 말했어.
꼭 낫는다고는 할 수 없지만 꿈 속에서 산신령님께서 그렇게 하라고 하셨으니 효험이 있을 거야!
이 말을 들은 셋째 손자며느리는 남편을 설득했어.
우리는 젊으니 자식은 또 낳으면 되지 않겠어요? 할아버지를 살리도록 해요!
끄덕
하는 수 없이 셋째는 삽을 들고 뒷산으로 올라갔어.
아들아, 미안하다.
한편 할아버지는 이러다가 정말 증손자를 죽이겠다는 생각이 들었어.
이것들이 정말 곧이 곧대로 하는 거 아닐까?
손자 내외의 동태를 살피니 정말로 땅을 파고 있었어.
저, 저런 융통성 없는 것들!!
숨어서 지켜보던 할아버지는 급히 달려가 말했어!
150km/h
할아버지!!
멈춰라!!
이 애는 묻지 말고 계속 땅을 파 보거라.
과연 그곳에는 일찍이 할아버지께서 묻어둔 보물단지가 나왔어!
할아버지께서 셋째 손자와 며느리에게 말하길
너희들이 이 할애비를 살리려는 효성에 하늘도 감동하여 이런 보물까지 내려 주시는구나! 부디 좋은 곳에 사용하거라!

막내 손자와 며느리는 할아버지를 집으로 모셔와 논밭도 사고, 집도 새로 지어 더욱 지극정성으로 할아버지께 효도하며 행복하게 살았다는 얘기야.
자신의 하나뿐인 아들을 죽이려고 하면서까지 할아버지를 살리려고 하는 이 효성이 바로 한 치의 사욕도 없는 착한 경지에 머물렀다고 할 수 있는 것이 아닐까?
자식된 사람이 이와 같은 마음을 항상 지니고 있어야
비로소 부모님께 지극한 효도를 했다고 할 수 있으며, 또한 지극히 착한 곳에 머무른다고 할 수가 있어!
주자의 제자들이 스승에게 여쭈기를
덕을 밝히는 데 있어서 모두 지극한 곳에 이르도록 해야 합니까?
그렇다! 덕을 밝히는 것이든 백성을 새롭게 하는 것이든 모두 그 지극한 곳에 이르도록 해야 한다.
지극히 착하다는 것은 착한 것의 극치에 이르는 것을 말하는 것으로 반드시 몸소 실행하여 그 극치에 이르도록 해야 한다.
여기에서 몸소 실행하는 것이 '뽀인트' 되겠다.
실천
선행을 말하는 건가요?
그렇게 간단한 건 아니지. 남을 도와주는 것으로 예를 들어 설명해 볼게!
어떤 부자가 길을 가다 굶주린 사람에게 먹을 것을 주었다면
맛 없는 거, 너나 먹어라.

이것은 굶주린 사람에게 한 번 착함을 행한 것이야.
평생 처음으로 한번 좋은 일 했다.
기분 굿~
또 식량이나 돈을 주는 것도 한 번 착함을 행한 것이지.
이제 난 착한 사람이야!
요양원
너무 생색을…
불우이웃돕기
사실은 나쁜놈
하지만 그렇게 해서 착한 사람이 되는 걸까?
'지극히 착하다'는 것은 굶주린 사람들이 필요로 할 때는 언제든지 도와줌으로써 비로소 지극히 착한 곳에 머무른다고 할 수 있어!
어진 행동이라는 것은 여러가지 상황에 따라 다를 수가 있어.
굶주린 백성들에게 빵을 줄 수도 있고,
아픈 사람들에게 약을 나누어 줄 수도 있어.
또 고통 받는 백성들을 위하여 그것을 근본적으로 해결할 수 있는 정책을 고안해낼 수도 있어.
백성을 살리는 길은 무엇인가….
이 모두가 백성들을 도와주기 위한 착한 행동이라 할 수 있어!
어질고 착한 행동도 꼭 한 가지만을 고집한다면, 배가 한쪽 방향으로만 항해하는 것과 같아.
어짊이란 모든 상황에 따라 착함을 행하는 것이 다르기 때문이야.
그렇지만 비록 어떤 상황이 달라졌다 하더라도 '지극함'은 변하지 않는 거지.

이것은 어떤 상황에서도 착함을 끊임없이 이어지게 한다는 뜻으로
그 지극히 착한 곳에 계속 머물러 있도록 해야 한다는 것이야.
인간의 사사로운 욕심은 착함과는 정반대가 되므로, 그것은 밝은 덕을 소멸시키지.
다시 말해서 자신의 욕심이 커지는 만큼 밝은 덕은 어두워진다는 거야.
그러므로 자신의 마음속에 터럭 만큼도 사사로운 욕심을 가지고 있다면, 이것은 지극한 착함에 머물지 못하게 된다는 뜻이며,
자신의 욕심을 끊어 없애는 것이 곧 지극히 착한 곳에 머무르는 과정이라 할 수 있어.

1) 지극한 이치에 머무르는 바로다.

자, 다음 구절을 볼까?
방기천리 유민소지
(邦畿千里 惟民所止)
임금의 도성 천 리는 오직 백성들이 머무르는 곳이다.
이것은 《시경》 '상송편(商頌篇) 현조시(玄鳥詩)' 에 나오는 내용이야!
시경
글귀에서 '머무른다.'는 곧 거처한다는 뜻으로,
뭐여?
사물이나 대상이 일에 따라 각각 그 마땅한 곳에 머물러야 한다는 뜻이야!
은나라 때 탕 임금이 거처하는 사방 천 리를 임금의 도성이라고 불렀어.
도성

도성은 땅의 중앙 부분에 위치하고 있었기 때문에 사방에 뿔뿔이 흩어져 있던 백성들이 탕 임금의 도성 안으로 들어와서 살고 싶어 하였던 거야.
오랑캐의 보호도 받을 수 있고
도둑으로부터 보호받을 수도 있지.
그렇기 때문에 백성들이 지극히 머물러야 할 곳은
바로 탕 임금이 거처하는 도성 안이라고 하여 그 마땅함을 말하는 것이야.
이렇게 모든 것들은 자기가 있어야 할 곳에 있어야 한다는 거지.
서당개
서당
전문에 "면만황조 지우구우(綿蠻黃鳥 止于丘隅), 아름답게 노래하는 저 꾀꼬리 나무숲 우거진 산의 언덕에 그쳐 있네."라고 하였어.
이것 역시《시경》 '소아편(小雅篇) 면만시(綿蠻詩)' 에 나오는 내용이야.

산은 평화롭고 봉우리는 높으며, 나무는 울창하고, 숲은 무성하다.
새들이 쉬고 싶을 때 알아서 찾아와서 그 보금자리를 만드니,
그 또한 사물이 마땅한 곳에 머물러 있기 위해서라는 거야.
그래서 일찍이 공자는 "꾀꼬리는 하나의 미물인데도 불구하고 오히려 머물러야 할 곳을 알고 있는데, 하물며 사람이 만물의 영장이 되어서 그 머물러야 할 바를 알지 못하면 되겠는가?"라고 했지.
꾀꼴~~ 꾀꼴~~
또 전문에 "목목문왕 어집희경지(穆穆文王 於緝熙敬止) 덕이 깊고 원대하신 문왕이시여 아! 끊임없이 빛나시고 경건하게 그치셨네."라는 글귀가 있어.
이것은 《시경》 '대아편(大雅篇) 문왕시(文王詩)'에 나오는 내용이야.
이 글귀의 뜻은 문왕께서, 임금이 되었을 때는 어진 마음으로 선정을 베풀어 백성들을 돌보아
그 정치를 행함에 있어 어짊에 머무셨고,
신하였을 때는 아랫사람으로서 윗사람에게 복종하고 또한 공경함에 머무셨다고 해!

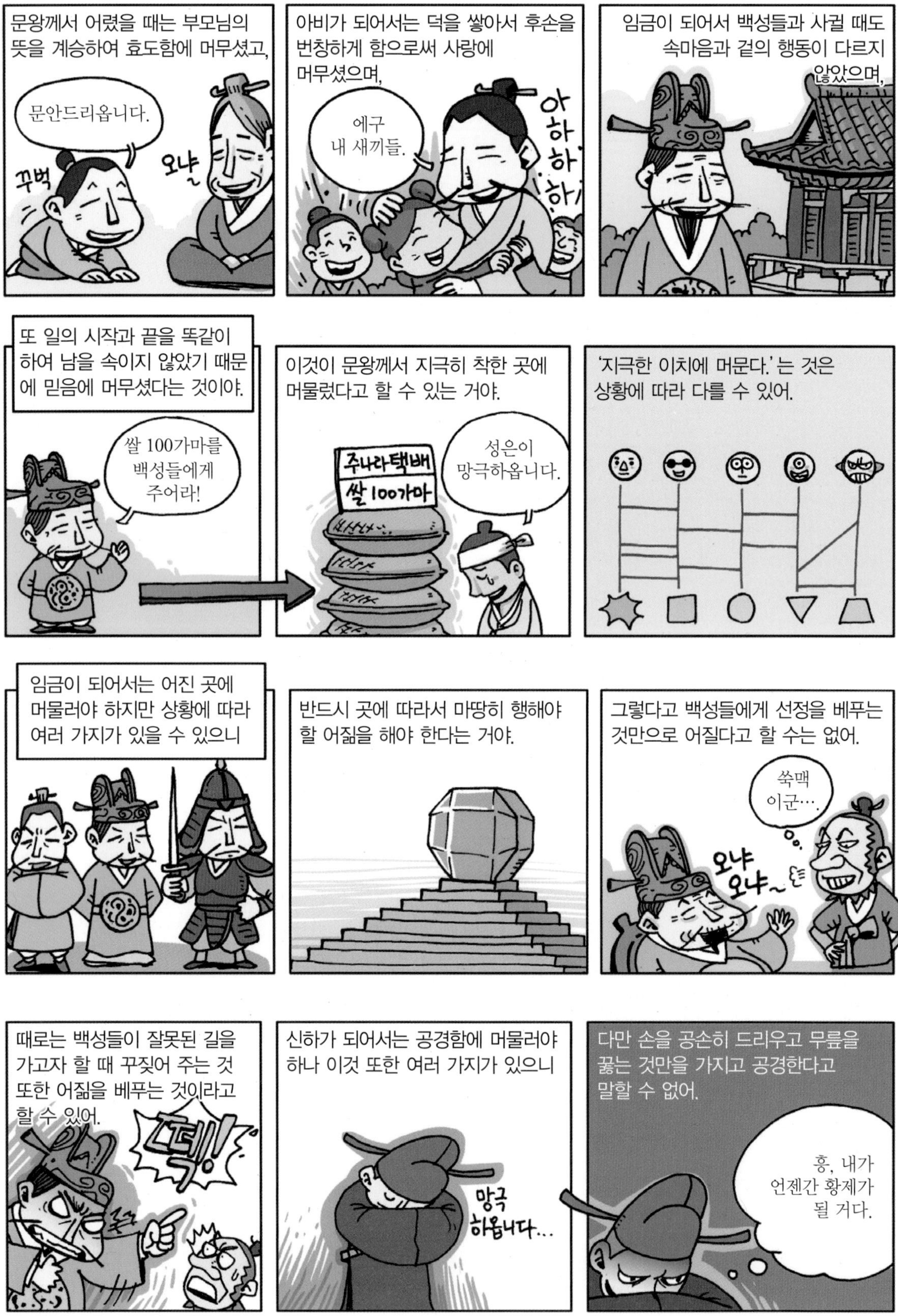
문왕께서 어렸을 때는 부모님의 뜻을 계승하여 효도함에 머무셨고,
문안드리옵니다.
꾸벅
오냐
아비가 되어서는 덕을 쌓아서 후손을 번창하게 함으로써 사랑에 머무셨으며,
에구 내 새끼들.
아하하하
임금이 되어서 백성들과 사귈 때도 속마음과 겉의 행동이 다르지 않았으며,
또 일의 시작과 끝을 똑같이 하여 남을 속이지 않았기 때문에 믿음에 머무셨다는 것이야.
쌀 100가마를 백성들에게 주어라!
이것이 문왕께서 지극히 착한 곳에 머물렀다고 할 수 있는 거야.
주나라택배
쌀 100가마
성은이 망극하옵니다.
'지극한 이치에 머문다.'는 것은 상황에 따라 다를 수 있어.
임금이 되어서는 어진 곳에 머물러야 하지만 상황에 따라 여러 가지가 있을 수 있으니
반드시 곳에 따라서 마땅히 행해야 할 어짊을 해야 한다는 거야.
그렇다고 백성들에게 선정을 베푸는 것만으로 어질다고 할 수는 없어.
쑥맥 이군….
오냐 오냐~
때로는 백성들이 잘못된 길을 가고자 할 때 꾸짖어 주는 것 또한 어짊을 베푸는 것이라고 할 수 있어.
떽!
신하가 되어서는 공경함에 머물러야 하나 이것 또한 여러 가지가 있으니
망극하옵니다…
다만 손을 공손히 드리우고 무릎을 꿇는 것만을 가지고 공경한다고 말할 수 없어.
흥, 내가 언젠간 황제가 될 거다.

때로는 바른 말을 하는 것도
윗사람을 공경하는 것이야.
그러시면 아니되옵니다!
그러므로 만약 한 가지만을 고집하면
지극한 이치에 머물 수가 없는 거지!
다음은 조선 시대 때 퇴계 이황이
단양군수로 있을 때의 일화를
소개할게!
나도 젊었을 땐 잘 나갔었지.
잘생기고 마음씨 너그럽고 글도 누구보다도 잘하는
퇴계 선생에게 은근히 마음을 두고 접근한
기생이 있었다고 해!
기생은 선생 앞에서 온갖 교태를 다 부려
환심을 사려고 했지.
흥!
찰칵
기생은 맛있는 음식과 옷을
지어 바치고 진귀한 물건을
마련해 선생에게 바쳤으나
산삼주
청렴했던 선생은 이를 거절하고
받지 않았어.
공직자로서 뇌물은 받을 수 없소!
기생은 고심 끝에 선생을 모시는
이방에게 물었어.
선생이 좋아하시는 게 뭐요?
선생은 매화나무를 아주 좋아하신다오!
그러자 기생은 자신이 끼고
있던 옥 반지를 빼서 부리던
몸종에게 주며
세상에서 제일 아름다운 매화를 구해 오너라.
몸종은 전국을 돌며 매화나무를 찾았고
전국 매화나무 경연대회
121

옥보다 더 아름다운 매화나무를 구해 기생에게 가져다 주었어.
오오… 이것이야.
소첩의 마음을 조금이라도 헤아려 주시길 바랍니다.
….
이런 귀한 걸… 감사히 받겠소.
어머!
기생의 마음을 이미 알고 있는 선생은 그 매화를 관청 뜰에 심어서 감상했다고 해!
좋은 매화구려.
나의 마음을 알아주시다니….
이는 선생이 공직자로서 지극한 어짊에 머물러 그 직분을 다하면서
돈이나 뇌물이 아닌 나무를 받았을 뿐이고,
자기를 사모하던 기생의 마음을 최대한 위로할 수 있는 방법이었던 거지.
내가 갖지 않고 관청에 심었으니 그대의 마음도 위로하고 일석이조로다!
후에 고향인 경북 안동으로 돌아올 때 그 싹 하나를 가져와 도산서원 앞에 심고 가꾸었는데 지금도 그 나무가 꽃을 피우고 있지.
어때? 퇴계 선생의 지혜를 알 수 있겠니?
네!

이처럼 상황에 따른 도리를 아는 것은 중요해!
오토바이 전용
임금과 신하 간의 떳떳한 도리를 알고, 아버지와 자식 간의 떳떳한 도리를 알고, 부부지간의 떳떳한 도리를 알고, 어른과 어린아이 간의 떳떳한 도리를 알아서 이 모든 것이 지극한 데 이르도록 해야 하지.

2) 무늬와 색채에 빛나는 군자

전문에 "첨피기오 녹죽의의 유비군자 여절여차 여탁여마,
(瞻彼淇澳 菉竹猗猗 有斐君子 如切如磋 如琢如磨)
저 기수가의 물과 굽어진 언덕을 바라보니, 푸른 대나무 아름답고 무성하여라! 무늬와 색채에 빛나는 군자시여! 자른 듯 간 듯하시고, 쪼은 듯 연마한 듯하시네! "라고 하였어.
이 글은 《시경》 '위풍편(衛風篇)' 에 나오는 내용이야.

무슨 내용인지 알겠어? 전혀 모르겠지?
빨리 가르쳐 주세요!
덕이 많이 쌓인 위나라 무공*(武公)을 대자연의 늠름하고 의엿한 기상으로 비유하며 칭송해서 하는 말이야.
위나라 무공은 나이 90세가 넘어서도 부지런히 공부하고 덕을 많이 닦았다고 해!
노익장!

*위나라 무공은 기원전 500년경의 인물로 추정됨.

한번은 조정에 있는 공경대부*에서부터 말단 하위직 신하에게 말하길 조정에 있는 모든 사람들은 내가 아흔이 넘은 늙은이라 하여 버리지 말고
반드시 아침저녁으로 나의 잘못을 지적해 주면
내 마음속에 꼭 기억해서 내 스스로를 고치도록 노력하겠소!
예, 전하~

*공경대부 – 3공과 구경, 대부를 이르는 말로 고위직 벼슬아치를 뜻한다.

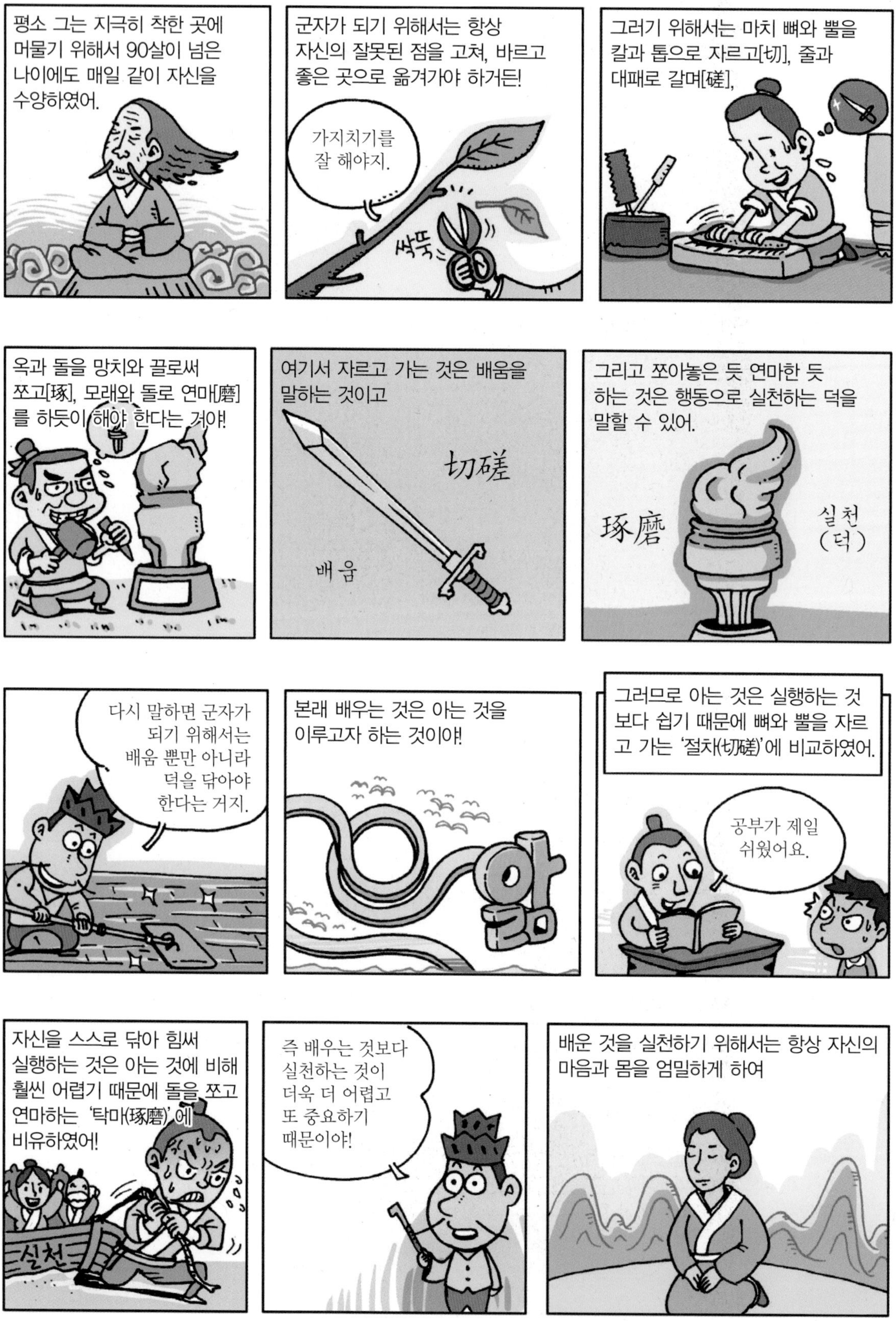

평소 그는 지극히 착한 곳에 머물기 위해서 90살이 넘은 나이에도 매일 같이 자신을 수양하였어.
군자가 되기 위해서는 항상 자신의 잘못된 점을 고쳐, 바르고 좋은 곳으로 옮겨가야 하거든!
가지치기를 잘 해야지.
싹뚝
그러기 위해서는 마치 뼈와 뿔을 칼과 톱으로 자르고[切], 줄과 대패로 갈며[磋],
옥과 돌을 망치와 끌로써 쪼고[琢], 모래와 돌로 연마[磨]를 하듯이 해야 한다는 거야!
여기서 자르고 가는 것은 배움을 말하는 것이고
切磋
배움
그리고 쪼아놓은 듯 연마한 듯 하는 것은 행동으로 실천하는 덕을 말할 수 있어.
琢磨
실천 (덕)
다시 말하면 군자가 되기 위해서는 배움 뿐만 아니라 덕을 닦아야 한다는 거지.
본래 배우는 것은 아는 것을 이루고자 하는 것이야!
앎
그러므로 아는 것은 실행하는 것보다 쉽기 때문에 뼈와 뿔을 자르고 가는 '절차(切磋)'에 비교하였어.
공부가 제일 쉬웠어요.
자신을 스스로 닦아 힘써 실행하는 것은 아는 것에 비해 훨씬 어렵기 때문에 돌을 쪼고 연마하는 '탁마(琢磨)'에 비유하였어!
실천
즉 배우는 것보다 실천하는 것이 더욱 더 어렵고 또 중요하기 때문이야!
배운 것을 실천하기 위해서는 항상 자신의 마음과 몸을 엄밀하게 하여

잘못된 곳이 있으면 반드시
자기를 엄중히 다스리고 고쳐 나가야
비로소 지극한 선에 머물 수 있다는 뜻이야!

이와 같이 배움에 있어서도 더욱
그 정밀한 곳에 이르게 해야 하고

금강석을 갈아서 광채가 나게 하듯이
정진해 나가야 비로소 지극히 착한
곳에 머무를 수 있다는 뜻이야.

3) 군자는 선왕의 어지심을 숭배한다.

이것은 《시경》
'주송편(周頌篇)
열문시(烈文詩)' 에 있는
내용이야!
전문에 "어희 전왕불망 군자 현기현이친기친 차이몰세불망야
(於戱 前王不忘 君子 賢其賢而親其親 此以沒世不忘也)
아! 앞의 임금님을 잊지 못하리로다. 군자는 선왕의 어지심을 숭배하고
선왕이 친하게 하시던 것을 자신도 친하게 여긴다.
그러므로 선왕이 세상을 마치셨어도 군자는 잊지 못하는 것이다."라고 하였어.

여기서 선왕이라고 한 것은
주나라의 문왕과 무왕을
가리키는 것인데,

두 임금께서 평상시에 백성들을
착하게 다스렸으므로 그 은덕을
잊지 못한 백성들이
칭송한 시라고
생각해!

이 내용은 옛 임금의 어지심을 본받아 뒤의 군자들이 그분들이 행한 것을 따르고,
또 선왕께서 창조하신 제도와 전통을 뒤의 군자도 따름으로써 그 전통을 계승하고 바꾸지 않겠다는 뜻이야.
다시 말하면 요 · 순 · 문 · 무왕과 같이 어진 성인군자를 숭배하고 그 빛난 행동을 본받는다는 뜻이야.
堯 舜 文 武
우리나라에도 요 · 순 · 문 · 무왕과 같은 분이 계시지. 누구인지 알아맞혀봐!
세종대왕이오!!
딩동댕~! 야~ 바로 맞혔어!
조선 시대 제3대 임금인 태종의 셋째 아들로 태어난 세종은 어렸을 때부터 부지런하며, 학문을 좋아했어.
그리고 의지가 굳어서 올바른 일은 어떠한 반대가 있더라도 실행했어.
백성을 위한 글을 만드시다니요!
거두어 주십시오~
과인은 백성을 위해 꼭 만들 것이오.
널리 백성을 사랑하시어 그 어짊을 베풀어 맹자가 주장한 왕도정치를 행하였어!

수해와 가뭄으로 인하여 허덕이는 백성들을 구휼하고, 관심을 가졌으므로
구호품
세종
구호품
세종
구호품
세종
조정 대신은 물론 백성들까지도 세종대왕을 숭배했지.
또 백성들이 잘 먹고 잘 살 수 있도록 농사법을 개발하고,
농사직설
신분과 혈통을 중시하기보다는 능력 있는 숨은 인재를 등용하는 데 힘을 썼어.
노비였던 내가 관직에 오르다니!
혼천의 제작
각종 서적을 편찬하고, 우리말인 '훈민정음'을 만들어 제정 반포하고, 백성들에게 유학을 장려했어.
? ? ? ? ? ? ?
한글
이렇게 세종대왕은 정치, 외교, 안보, 사회, 문화, 경제, 과학 등 나라의 전반적인 기틀을 안정시켜 놓았어.
지금까지 많은 사람들의 칭송을 받고 있으니 이것이야말로 오늘날 군자가 되고자 하는 사람들이 우러러 사모하여 본받아야 할 어지심이 아닌가 싶어.
帥

제6장 본말(本末)
- 군자는 본말을 알아야 한다

물유본말 사유종시 지소선후 즉근도의
(物有本末 事有終始 知所先後 則近道矣)
사물에는 근본과 끝이 있고,
일에는 마침과 시작이 있으니 먼저하고
나중에 할 바를 알면 곧 도에
가까우니라.
이번 장은 삼강령 팔조목에 속하지는 않지만
명명덕
신민
지어지선
격물
치지
성의
정심
수신
제가
치국
평천하
사물의 이치를 밝히고자 한다면 우선 사물의 근본과 끝을 알아야 하기 때문에 꼭 필요한 내용이야.
위의 말은 사물의 이치를 깊이 파헤치는 것이 덕을 밝히는 시작이라는 뜻으로, 즉 근본(本)이 되는 것이야.
그런 다음 덕을 밝혀서 백성들을 새롭게 하는 것이 끝, 즉 말(末)이라는 것이야.

만약 본말(本末)을 농사에 비유하면 밭을 갈아 씨를 뿌리고 김매고 거두어 들이는 것과 같은 것으로 일에는 반드시 머리(本)와 꼬리(末)가 있다는 것이야.
자기 자신의 덕을 밝히지 못하면 백성을 새롭게 할 수 없어!
훈장
이것은 자신의 '밝은 덕'을 밝히는 것이 곧 일의 시작이며,
덕
START
백성을 새롭게 하는 것이 일의 끝이기 때문이야.
백성
으엽!
만약 자신의 덕을 밝히지 않고 백성을 새롭게 하려고 한다면, 이것은 일을 시작하기도 전에 끝을 내려고 하는 것과 같은 거야!
불도 안 때고 밥 먹으려고 하는 거지.
공부 안 하고 시험치는 격이군요.
공자는 평소에 제자들에게 군자의 본말에 대해 다음과 같이 말했다고 해!
백성들에게 송사*를 듣는 일이야 내가 다른 사람들과 다를 바가 없다.

*송사 – 백성끼리 분쟁이 있을 때, 관부에 호소하여 판결을 구하던 일.

그러나 나는 반드시 백성들의 송사 자체가 없도록 할 것이다!
공자는 백성들이 억울함을 당했을 때 그 억울함을 하소연하기 위해 임금에게 올리는 송사의 글이 있으면 안 된다고 했어.
송사가 일어나지 않도록 노력해야 하는 법!

다시 말하면 성인은 백성들의 송사를 끊어 없애는 것이 아니라 송사를 하지 않아도 되도록 한다는 거야!
걱정할 것이 없으니 송사할 필요가 있나?
군자 자신의 뜻이 성실하고 마음이 바르면, 자연히 백성들이 그 군자에게 교화되고 감화되어서 송사를 하지 않게 된다는 거지.
우리도 더 이상 싸우지 말자구!!
원수지간
군자가 자신의 덕을 밝혀 미리 백성들을 새롭게 하는 것은 군자가 해야 할 일의 근본(시작)이 되는 것이고,
그 밝힌 덕을 백성들에게 미치게 하여 백성들로부터 송사를 없도록 하는 것은 군자가 행해야 할 일의 끝이라는 뜻이야.
주자는 부연해서 말하길
성인이 송사를 들음은 남들과 다를 것이 없으나,
마땅히 들을 송사가 없도록 행하기 때문이다.
여기에서 공자의 제자 자고(子羔)에게 있었던 얘기를 들려줄게.
옛날 성(成)나라 사람 중에 자기 형이 죽어도 상복을 입지 않는 사람이 있었어.
못된 놈…
넌 형님이 돌아가셨는데 슬프지도 않냐?
흥! 남 일에 신경쓰지 마쇼!
나원참..
때마침 자고가 성나라의 재상이 되어 그곳으로 온다는 소문을 그 사람이 들었어.
뭐! 정말이냐?
자고 재상님 취임식 내일 진시
띠용~

그러자 그 사람이 상복을 꺼내 입었다고 해.
형님~ 아이고 데이고~
자고 덕분에 정신차렸군!
왜 그 사람이 갑자기 상복을 입었을까? 궁금하지 않니?
자고란 사람이 그렇게 무서웠나요?
그것은 일찍이 자고가 자신의 어버이 상을 당하자,
삼년 동안 피눈물을 흘리며, 치아를 드러내고 웃지 않으니, 주위에서 군자들이 그를 칭송하며 '세상에 보기 드문 효자로다.'라고 말하였다고 해!
그래서 사람들은 자고의 이름만 들어도 부모님께 대하는 태도가 달랐다고 해!
나도 자고 같은 사람이 돼야지.
또 《논어》 '자로편'에 나오는 내용 중 이런 게 있어.
윗사람이 예(禮)를 좋아하면 백성이 감히 공경하지 않을 수 없고, 윗사람이 의(義)를 좋아하면 백성이 감히 굴복하지 않을 수 없으며, 윗사람이 신뢰(信)를 좋아하면 백성이 감히 진실하지 않은 사람이 없다."라고 하였어.
한 가지 더 이야기해 줄까? 다음은 군자의 본말을 잘 나타내고 있는 얘기야!
옛날 우(虞)나라와 예(芮)나라는 은나라 말엽 작은 제후국들이야.
우
예
한 번은 국경 부분에 있는 농토를 가지고 서로 자신들의 영토라고 다투다가
내 땅이야!
우리 땅 이라구!
재개발

해결되지 않자 문왕에게 중재를 받으러 갔어.
문왕께 물어보자!
우나라 왕과 예나라 왕이 문왕이 계신 주나라로 들어섰을 때였어.
문왕께서 네 코를 납작하게 해줄 거야.
누가 할 소릴!
주나라에 오신것을 환영합니다
때마침 농부들이 들판에서 밭을 갈고 있었는데
이런, 내가 모르고 밭고랑을 넘어갔군요.
허허허...
아이구 괜찮습니다. 오히려 밭을 갈아 주시니 고맙군요. 감사합니다.
하하하
아니, 내 땅을 침범했는데!
가만히 있다니?
먼저 가세요.
이거 죄송합니다. 먼저 가시지요.
두 왕은 주나라 백성들의 행동에 크게 감화되어 뉘우치고
이곳은 백성들조차 덕이 있구나!!
그 길로 곧장 자신들의 나라로 돌아와서 다시는 영토문제로 싸우지 않았다고 해!
반씩 나누어
사이좋게 지냅시다!
안녕히 가세요 -주나라-
이렇게 군자는 자신의 덕을 미리 밝혀 그것을 근본으로 삼고,
덕
자신들의 이득만 앞세우는 사람들을 교화시키는 것을 끝으로 삼는다는 거야.
덕
본받고 싶다.
그렇게 함으로써 일의 본말을 알 수 있는 거지.

성리학이란 뭘까?

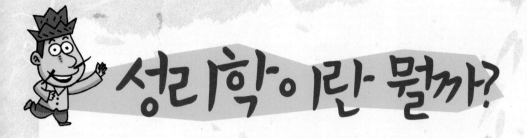

본래 성리학性理學이란 '성품 성性', '천리 리理' 로 풀이됩니다. 즉, 사람의 본래 성품은 하늘이 부여한 밝은 도리를 가지고 태어난다는 뜻입니다. 중국 송나라와 명나라 때 등장한 유학의 한 계통으로 인간 본래의 성품에 대하여 연구하는 학문으로서 크게 주자학파와 육왕학파陸王學派로 나누어집니다.

성리학	정자(정호, 정이) 주희	주자학파 ➡ 훗날 주자학으로 발전
	육구연, 왕양명	육왕학파 ➡ 훗날 양명학으로 발전

북송 시대 때, 정호와 정이라는 두 형제가 나타난 뒤에 성리학이 부흥되었으며, 당시 이것을 집대성한 사람이 남송 시대의 주희朱熹입니다.

주희는 《중용》이라는 책 앞머리의 '천명지위성天命之謂性' 이라는 글귀와 《맹자》에서 '성선性善' 이라는 글귀를 연결하여 "사람의 성품은 선하다."라는 근거를 천명天命에서 찾았으며, 하늘에서 부여한 밝은 명령, 즉 천명을 "하늘에서 부여한 밝은 도리"라고 하여 천리天理라고 표현하였습니다. 이후 "사람의 착한 성품은 하늘에서 부여한 밝은 도리", 즉 '성즉리性卽理' 를 주장하였습니다.

그는 사람의 성품은 하늘에서 부여한 밝은 도리와 같은 것이어서 착한 성품이 항상 존재하고 있다고 하였으며 또 기(氣), 즉 기운이 모이고 흩어지는 것에 의해 만물이 생

▲ 정호(왼쪽) 정이 두 형제를 합해 정자라 부른다.

성되거나 소멸된다고 보았습니다. 다시 말하면 사물에게는 기의 맑음과 흐림, 무거움과 가벼움에 따라서 서로 차이가 생기게 된다는 것입니다.

그래서 사람의 본성은 선하지만 기질에 따라 악한 성품으로 변할 수 있기 때문에 끊임없는 수양을 통해서 자신의 욕심을 없애는 과정에서 본래의 착한 성품을 지킬 수 있다는 것입니다.

▲ 주자 초상

좀 더 구체적으로 설명하면, 사람은 태어날 때 누구나 착한 성품을 가지고 태어나지만 성장하는 과정에서 서로가 다르게 변해 갑니다. 어떤 사람은 맑은 기운을 추구하여 본래 착한 성품을 더욱 빛나게 하는 한편, 어떤 사람은 흐린 기운을 받아들여 자신의 본래 착한 성품을 더욱 어둡게 만들죠.

그럼 맑은 기운은 무엇일까? 맑은 기운은 끊임없이 자신을 밝히는 공부를 함으로써 어떤 사물을 대하더라도 감정을 적절히 잘 조절할 수 있는 상태입니다. 또 행동함에 있어서 착하고 아름다운 쪽으로 행동함으로써 얻는 기운입니다. 반면 흐린 기운이란 자신의 몸을 수양하는 공부를 하지 않고, 사물을 대할 때 감정을 조절하지 못하고, 자신의 욕망에 사로잡혀서 스스로 하고 싶은 대로 행동하여서 모든 사람들이 싫어하는 악한 곳으로 치달음으로써 얻는 기운입니다. 그러므로 주자의 주장은 본래 하늘로부터 받은 착한 성품은 기의 발동여하에 따라서 악한 성품으로 변할 수 있기 때문에 기를 잘 다스림으로써 착한 성품을 보존해야 한다는 것입니다.

* 성性 = 이理 : 맹자가 말한 인간의 착한 본성은 가엽게 여기는 마음과 부끄러워하는 마음과 겸손한 마음과 옳고 그름을 판단하는 마음을 가지고 있기 때문이라고 함
* 정情 = 기氣 : 《예기》에 나오는 인간 감정의 총칭으로서 기쁘고, 성내고, 슬프고, 두려워하고, 좋아하고 미워하고, 무엇인가 가지고 싶어 하는 마음, 즉 희喜 · 노怒 · 애哀 · 구懼 · 애愛 · 오惡 · 욕欲을 말함

▲ 육구연(陸九淵)
주자가 유학의 경전을 열심히 읽어 자신을 수양하여 지적으로 심화시켜 나가야 한다고 강조한 것과는 달리, 그는 인간의 본심에 도덕적 실천을 중시한 사람이다. 사람은 모두 태어나면서부터 성인과 같은 마음을 가지고 있고, 더욱이 도덕적인 판단력과 감각, 즉 이치를 가지고 있다고 주장하였다.

앞서 주장한 주자와는 달리 당시 육구연이라는 학자는 '성즉리' 이론을 부정하고 사람의 마음속에는 본성性과 정감情이 분리되어 있는 것이 아니라 하나이며, 모두가 이理라고 주장하였습니다. 그는 사람이 태어날 때 성인과 같은 마음을 갖추고 태어나기 때문에 도덕적으로 판단할 수 있는 힘과 도리가 이미 마음속에 갖추어져 있다고 본 것이죠. 그래서 주자와는 달리 "사람의 마음이 곧 천리天理"라는 '심즉리心卽理'를 주장하였습니다.

마음心 = 천리理

훗날, 명나라의 왕양명이 육구연의 사상을 인정하고 '심즉리'를 받아들여 "마음의 본체는 본래 선과 악이 없는 것이지만, 선과 악이 나타나는 것은 뜻意의 작용 때문이다."라는 새로운 설을 만들어 양명학으로 발전시켰습니다.

우리나라에서는 정호, 정이 형제와 주자가 주장한 '성즉리'인 이학理學이 크게 발달하였으며, 육구연과 왕양명이 주장한 '심즉리心卽理'인 심학心學은 발달하지 못하였기 때문에 우리나라에서 성리학이라 하면 대부분 주자가 주장한 이학理學을 말합니다.

▲ 퇴계 이황과 함께 조선 시대 성리학의 두 거장이었던 율곡 이이.

제7장
격물치지(格物致知)
- 사물에 대한 이치를 연구하여
모르는 일이 없도록 한다
발굴
자! 3강령을 모두 마쳤어! 이제부터는 8조목으로 들어가는 거야!
와아~
그래서 이번 장은 8조목에서 첫 번째와 두 번째인 격물치지(格物致知)를 설명하려고 해!
격물치지
본래는 격물과 치지를 따로 분류하고 있으나 여기에서는 한꺼번에 묶어 설명하겠어!
이 장은 사물(대상)의 이치를 끝까지 연구해서 아는 것을 지극하게 하는 부분이야.
物
원래 '격물치지장'은 책장 자체가 누락되어 없어진 것으로 보고 있어.
툭
대학
격물치지
그래서 주자가 자신의 뜻을 보충하여 새로 삽입했다고 알려져 있지.

특히 주자는 이 장이 대학의 학문을 하는 사람이 절대로 소홀히 해서는 안 되는 부분이라고 강조했지.
전공필수!!
격물치지
우선 격물(格物)에 대해서 자세히 알아보도록 하자!
격물의 한자를 풀이해 보면 격(格)은 '바르게 하다, 바로잡다' 라는 뜻이고, 물(物)은 '만물' 로 풀이가 돼!
格物
이 뜻을 조합해 보면 '모든 사물을 바르게 알다.' 라는 뜻으로 풀이할 수가 있어.
그래서 격물이란, '사물의 이치를 끝까지 연구해서 사물에 대한 이치를 철저히 규명하여 한 점 의혹이 없게 한다.' 는 뜻이야!
만약 어떤 사물에 대하여 20%, 30%만을 연구하였다면, 이것은 격물이 아니야.
걱정 마세요! 바이러스에 감염될 확률은 1%도 안 됩니다.
반드시 100% 철저히 연구해서 그 이치를 끝까지 파헤쳐 나가야 비로소 격물이 될 수 있는 거야.
흑… 1% 때문에 내가 걸리다니… -_-
치지(致知) 역시 한자를 풀이해 보면 치(致)는 '끝까지 다하다, 궁구하다.' 라는 뜻이고,
지(知)는 '안다' 로 풀이가 돼!
안다
이것을 조합해 보면 '앎을 끝까지 구하다' 라는 뜻으로 해독할 수 있어.

주자는 치지에 대하여
다음과 같이 풀이했어.
치(致)는 끝점까지 추구한다는 의미이고, 지(知)는 아는 것이다.
이것은 지식을 의혹됨이 없는 끝까지 추구하여 그 이치를 안다는 뜻이야.
자, 그럼 이 두 단어 격물과 치지를 합하면
격물 치지
'모든 사물에 대하여 그 지극한 이치를 의혹됨이 없도록 하며, 내 마음속에 알지 못하는 것이 없도록 한다.' 라고 할 수 있어!
격물
치지
다음은 사물에 대하여 한 가지라도 의혹됨이 없고자 하는 일화를 소개할게!
삐룩~
조선 시대 유학자인 화담 서경덕은 송도삼절로 유명한 사람이야!
송도는 지금의 개성으로 그곳에는 뛰어난 것이 세 가지가 있다고 해서 붙여진 이름인데,
평양
개성
서울
박연폭포와 기생 황진이 그리고 화담 서경덕이야!
삐룩~
그가 어렸을 때 일이었어. 아지랑이 피어오르는 봄날에 그는 부모님의 명으로 나물을 캐러 뒷산 언덕으로 올라갔어.
냉이를 뜯어서 냉잇국을 해 먹을까?
그런데 어디에서 새소리가 나는 거야!
삐룩~
어?

때마침 종달새 한 마리가 땅에서 낮게 날아오르는 거였어.
허억~
화담은 이상해서 그 종달새만 바라보다가 해가 서산에 넘어간 줄도 몰랐어.
새는 높이 날아야 할 터인데, 왜 이렇게 낮게 날까?
할 수 없이 그날은 빈 바구니를 들고 집으로 돌아왔어.
아니, 왜 빈 손이냐?
아직 나물이 많지 않았습니다.
그의 어머니는 내심 이상하게 생각하였지만 꾸중은 하지 않았어.
생각이 많은 녀석이니 무슨 까닭이 있겠지.
다음날 화담이 또 나물을 캐려고 올라갔어. 그랬더니 종달새가 어제보다 더 높이 날고 있었어.
어라, 이놈 봐라?
삐룩—
화담은 하루종일 종달새를 지켜보다가 또 빈광주리만 들고서 집으로 돌아오고 말았어.
내일은 더 높이 날지 않을까?
다음 날 또다시 나물을 캐러 뒷산을 올라가니 종달새는 어제보다 더 높이 날아올랐어.
옳거니! 역시 그렇구나!

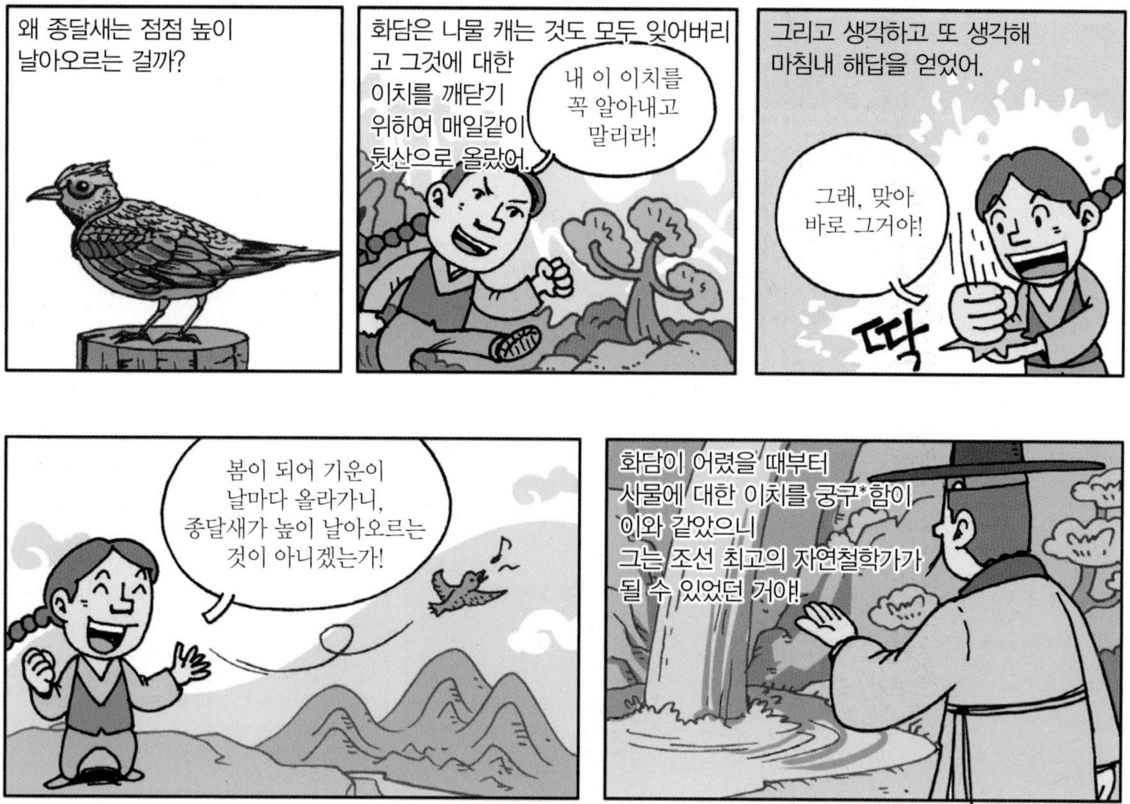

왜 종달새는 점점 높이 날아오르는 걸까?
화담은 나물 캐는 것도 모두 잊어버리고 그것에 대한 이치를 깨닫기 위하여 매일같이 뒷산으로 올랐어.
내 이 이치를 꼭 알아내고 말리라!
그리고 생각하고 또 생각해 마침내 해답을 얻었어.
그래, 맞아 바로 그거야!
딱
봄이 되어 기운이 날마다 올라가니, 종달새가 높이 날아오르는 것이 아니겠는가!
화담이 어렸을 때부터 사물에 대한 이치를 궁구*함이 이와 같았으니 그는 조선 최고의 자연철학자가 될 수 있었던 거야!

*궁구(窮究) – 궁(窮)의 뜻은 '다하다' 또는 '끝'으로 풀이할 수 있으며, 구(究)의 뜻은 '연구하다'는 뜻으로 풀이할 수 있다. 그러므로 사물에 대하여 '깊이 파고들어 끝까지 연구한다.'는 의미.

사람들 마음에는 태어날 때 부여받은 영특함이 있어.
그렇기 때문에 무엇이든지 대면하게 되면 조금은 알고 있다는 거야.
저게 뭐야?
뭐긴 뭐야, 주꾸미지.
수산물
낙지하고는 뭐가 다르지?
그, 그건….
주꾸미 국내산
그러나 다만 그 대면한 사물에 대하여 옳고 그름을 잘 모르는 것이 남아 있기 때문에,
궁리를 해야 한다는 거야.
아하~! 다리 길이가 다르구나!
우리가 어떤 것에 대하여 알려고 하는 마음 자체가 곧 그것에 대하여 조그마한 앎이 싹트는 것이라고 할 수 있어.

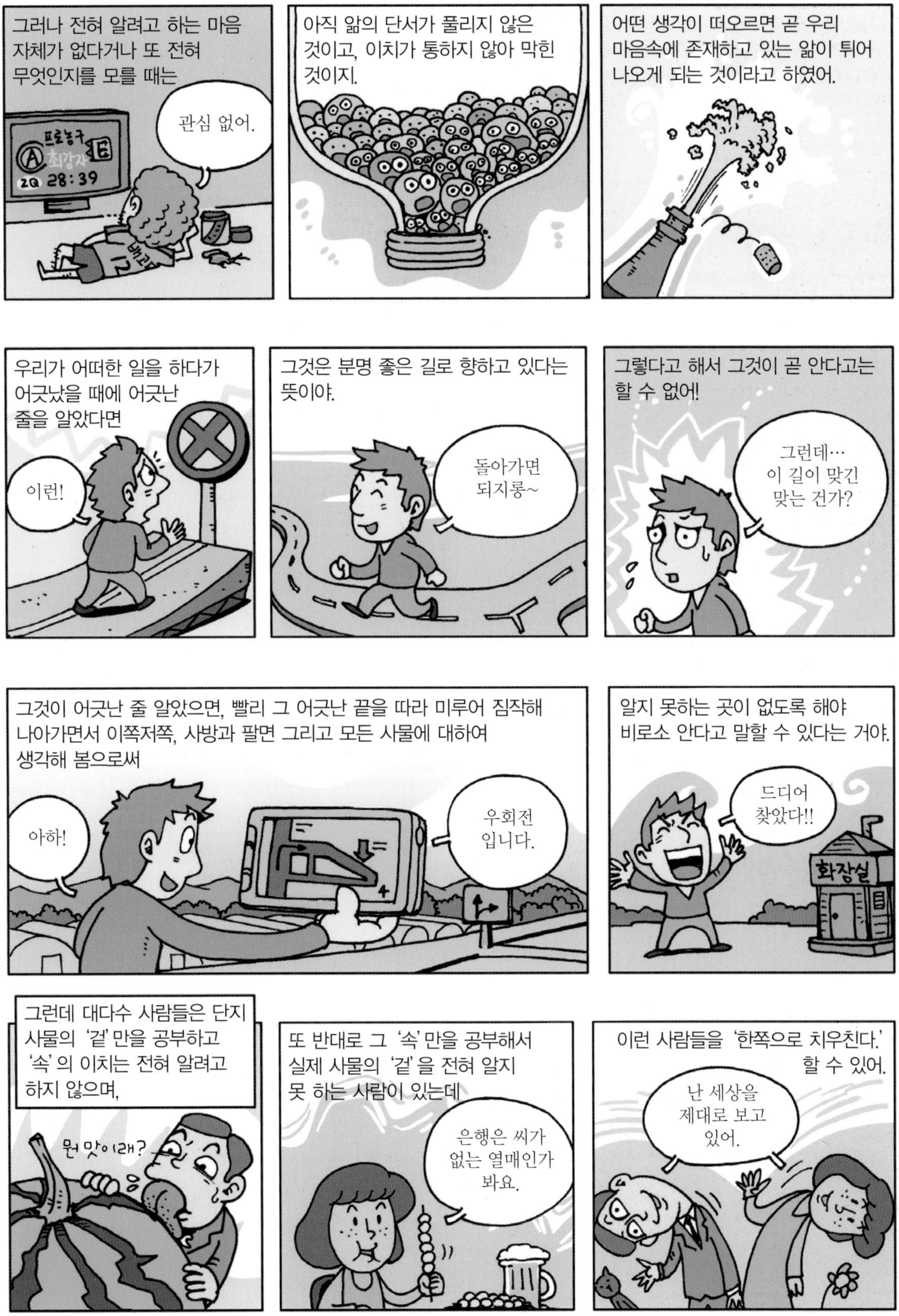
그러나 전혀 알려고 하는 마음 자체가 없다거나 또 전혀 무엇인지를 모를 때는
프로농구
최강자
2Q 28:39
관심 없어.
아직 앎의 단서가 풀리지 않은 것이고, 이치가 통하지 않아 막힌 것이지.
어떤 생각이 떠오르면 곧 우리 마음속에 존재하고 있는 앎이 튀어 나오게 되는 것이라고 하였어.
우리가 어떠한 일을 하다가 어긋났을 때에 어긋난 줄을 알았다면
이런!
그것은 분명 좋은 길로 향하고 있다는 뜻이야.
돌아가면 되지롱~
그렇다고 해서 그것이 곧 안다고는 할 수 없어!
그런데… 이 길이 맞긴 맞는 건가?
그것이 어긋난 줄 알았으면, 빨리 그 어긋난 끝을 따라 미루어 짐작해 나아가면서 이쪽저쪽, 사방과 팔면 그리고 모든 사물에 대하여 생각해 봄으로써
아하!
우회전 입니다.
알지 못하는 곳이 없도록 해야 비로소 안다고 말할 수 있다는 거야.
드디어 찾았다!!
화장실
그런데 대다수 사람들은 단지 사물의 '겉'만을 공부하고 '속'의 이치는 전혀 알려고 하지 않으며,
뭔 맛이래?
또 반대로 그 '속'만을 공부해서 실제 사물의 '겉'을 전혀 알지 못 하는 사람이 있는데
은행은 씨가 없는 열매인가 봐요.
이런 사람들을 '한쪽으로 치우친다.' 할 수 있어.
난 세상을 제대로 보고 있어.

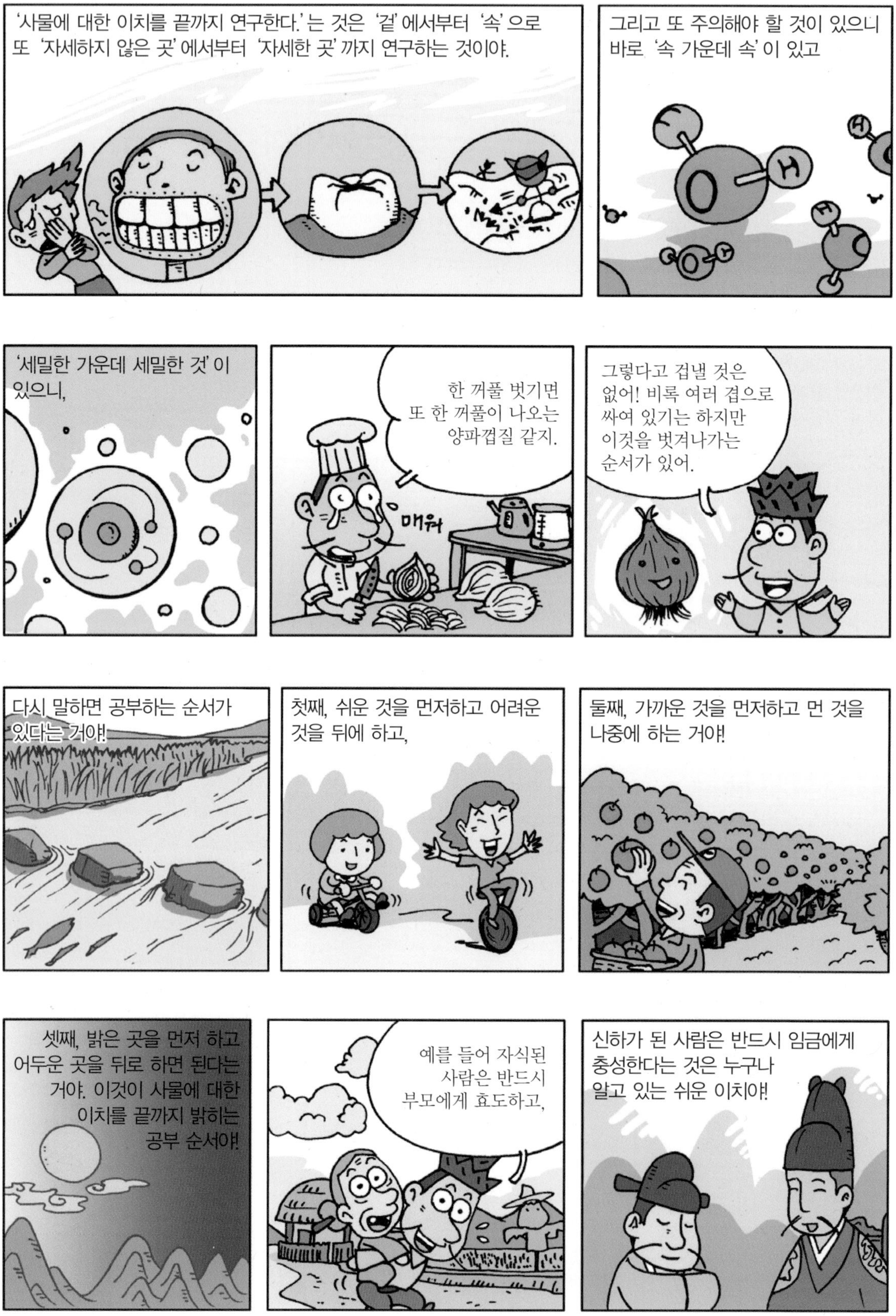
'사물에 대한 이치를 끝까지 연구한다.'는 것은 '겉'에서부터 '속'으로 또 '자세하지 않은 곳'에서부터 '자세한 곳'까지 연구하는 것이야.
그리고 또 주의해야 할 것이 있으니 바로 '속 가운데 속'이 있고
'세밀한 가운데 세밀한 것'이 있으니,
한 꺼풀 벗기면 또 한 꺼풀이 나오는 양파껍질 같지.
매워
그렇다고 겁낼 것은 없어! 비록 여러 겹으로 싸여 있기는 하지만 이것을 벗겨나가는 순서가 있어.
다시 말하면 공부하는 순서가 있다는 거야!
첫째, 쉬운 것을 먼저하고 어려운 것을 뒤에 하고,
둘째, 가까운 것을 먼저하고 먼 것을 나중에 하는 거야!
셋째, 밝은 곳을 먼저 하고 어두운 곳을 뒤로 하면 된다는 거야. 이것이 사물에 대한 이치를 끝까지 밝히는 공부 순서야!
예를 들어 자식된 사람은 반드시 부모에게 효도하고,
신하가 된 사람은 반드시 임금에게 충성한다는 것은 누구나 알고 있는 쉬운 이치야!

이러한 것을 사물로 비유해서 말하면 '겉'에 해당하지!
효도라는 것도 좀 더 자세히 살펴보면 평소 부모님과 함께 거처할 때는 공경하고, 봉양할 때는 즐겁게 해드리며
에고 시원타~
병 드셨을 때는 근심하고
어무이
상(喪)을 당했을 때는 슬퍼하며
제사 지낼 때는 엄숙하게 하는 것은 모두가 효도에 있어서 자세한 것으로 '속'에 해당하는 거야!
부모님께 공경하는 것 또한 좀 더 세밀하게 살펴볼 수 있어!
부모님 앞에 나아가고 물러나올 때에 조심하고, 공손히 하며,
꽈당
계단을 오르고 내리거나, 나가고 들어올 때 몸동작을 법도에 맞게 하며,
감히 부모님 앞에서 딸꾹질하거나 트림하거나 재채기하지 않고 또 헛기침을 하지 않으며,
꺼억~
딸꾹!
에헷!
하품하고 기지개를 켜며 한 다리로 서거나 기대지 않는 것과 같은 것은 모두 공경하는 절차와 방법들이므로 '속 가운데 속'이라고 할 수 있어!
그 말씀 하시니까 하품이….

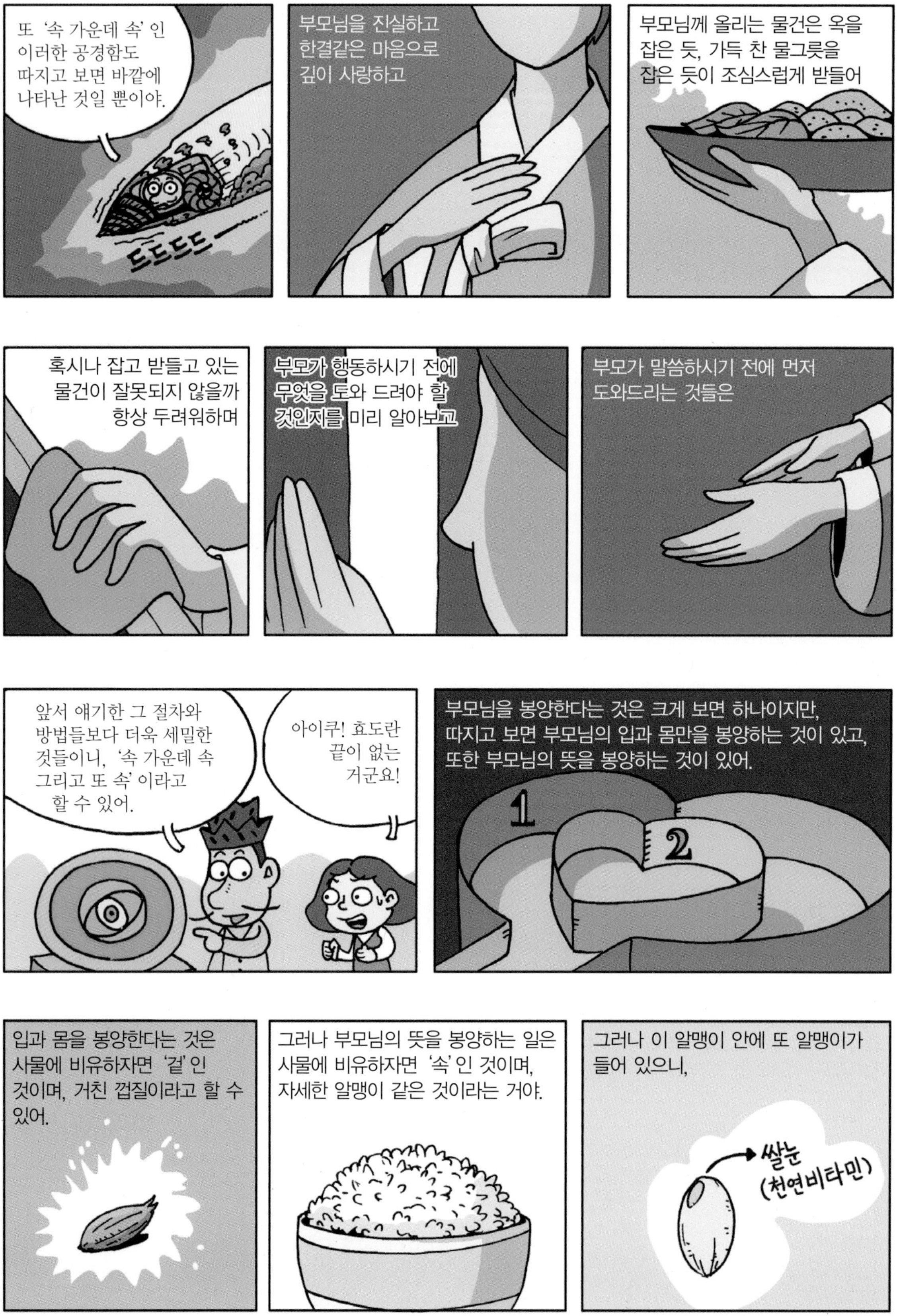
또 '속 가운데 속' 인 이러한 공경함도 따지고 보면 바깥에 나타난 것일 뿐이야.
드드드드
부모님을 진실하고 한결같은 마음으로 깊이 사랑하고
부모님께 올리는 물건은 옥을 잡은 듯, 가득 찬 물그릇을 잡은 듯이 조심스럽게 받들어
혹시나 잡고 받들고 있는 물건이 잘못되지 않을까 항상 두려워하며
부모가 행동하시기 전에 무엇을 도와 드려야 할 것인지를 미리 알아보고
부모가 말씀하시기 전에 먼저 도와드리는 것들은
앞서 얘기한 그 절차와 방법들보다 더욱 세밀한 것들이니, '속 가운데 속 그리고 또 속' 이라고 할 수 있어.
아이쿠! 효도란 끝이 없는 거군요!
부모님을 봉양한다는 것은 크게 보면 하나이지만, 따지고 보면 부모님의 입과 몸만을 봉양하는 것이 있고, 또한 부모님의 뜻을 봉양하는 것이 있어.
1
2
입과 몸을 봉양한다는 것은 사물에 비유하자면 '겉' 인 것이며, 거친 껍질이라고 할 수 있어.
그러나 부모님의 뜻을 봉양하는 일은 사물에 비유하자면 '속' 인 것이며, 자세한 알맹이 같은 것이라는 거야.
그러나 이 알맹이 안에 또 알맹이가 들어 있으니,
쌀눈
(천연비타민)

만약 그 '겉'인 껍데기만을 보고 그 '속'인 알맹이를 궁구하지 않으면,
쌀눈까지 먹어야 영양이 가득하지!
왕후의밥 걸인의찬
간장
'참으로 궁구하지 못한 것'이라고 할 수 있어.
다음은 조선 시대 때 어느 고을에 전해 내려오는 얘기야!
그 고을에는 윗마을과 아랫마을이 있었는데, 각각 효자가 살았어.
윗마을 & 아랫마을
윗마을 효자는 부자라서 부모님을 극진히 모시고, 아침 저녁으로 산해진미*를 준비하여 부모님을 봉양하였어.
오늘은 제비집 수프와 상어 지느러미 요리입니다.
계절마다 좋은 옷을 새로 지어 입혀드리고 또 정성껏 보약을 달여 부모님을 봉양하였어.
최고급 모피로 만든 한복이에요.

*산해진미(山海珍味) – 산과 바다에서 나는 온갖 귀한 물건으로 차린 맛이 좋은 음식이라는 뜻.

이렇게 부모님을 봉양하니 마을 사람들에게 효자로 소문이 났어.
우리 마을 신랑감 1순위!!
돈이 최고지.
그런 반면에 노모님을 모시고 사는 아랫마을 효자는
앞의 효자와는 정반대인 거야!
어떻게요?
그는 가난해서 봉양은커녕 하루 끼니도 잇기 힘들었지.
매일 나무를 해 와야 겨우 살지.
그런데 그가 하루 종일 산에서 나무를 하고 오면 어머님이 마루에 불러 앉히고
얘~ 이리 오너라!
아들의 신발을 벗기고 세숫대야에 물을 가져와서 아들의 발을 씻어 주는 거야!
에구~ 내 새끼….
찰방 찰방

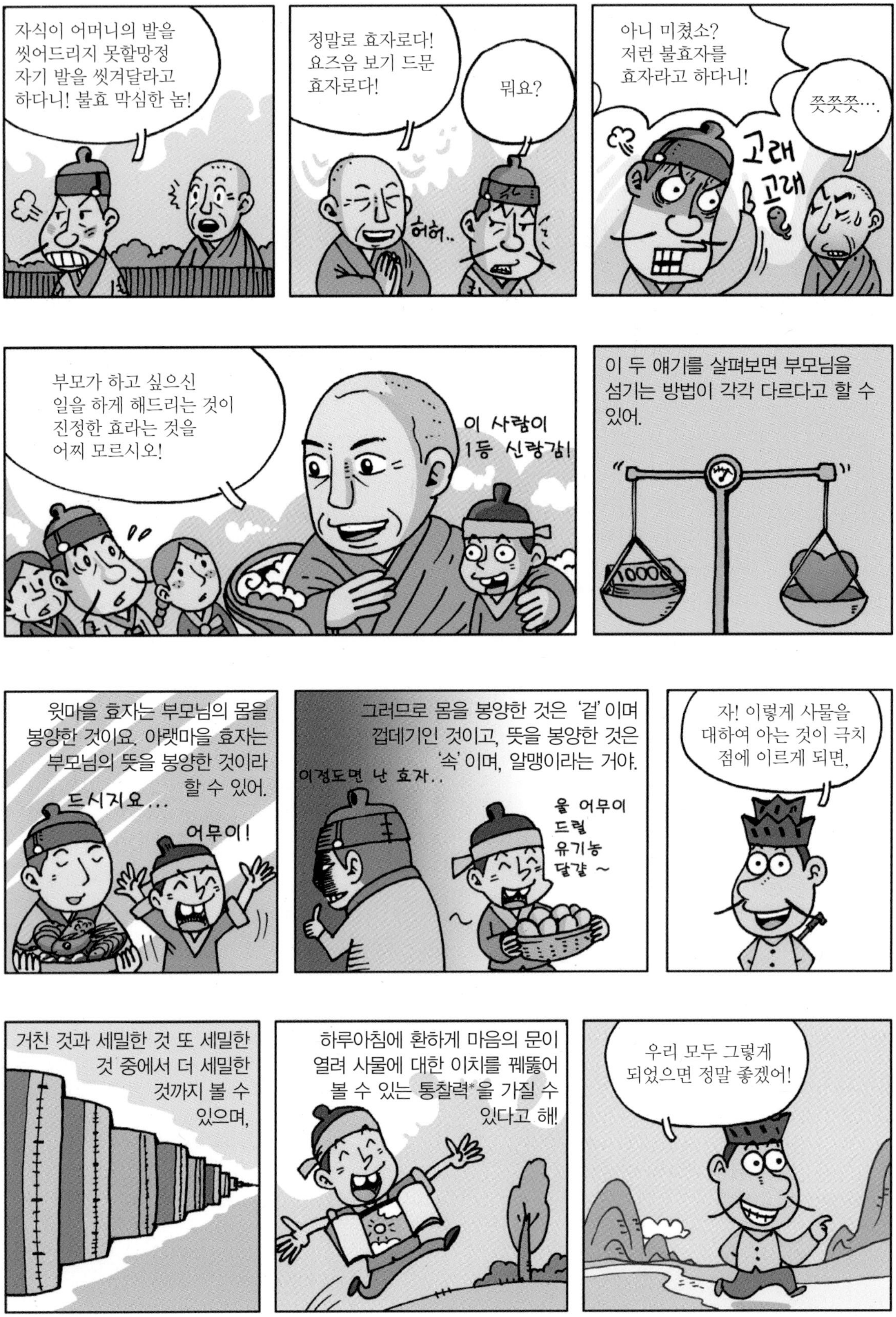
자식이 어머니의 발을 씻어드리지 못할망정 자기 발을 씻겨달라고 하다니! 불효 막심한 놈!
정말로 효자로다! 요즈음 보기 드문 효자로다!
뭐요?
허허..
아니 미쳤소? 저런 불효자를 효자라고 하다니!
쯧쯧쯧….
고래 고래
부모가 하고 싶으신 일을 하게 해드리는 것이 진정한 효라는 것을 어찌 모르시오!
이 사람이 1등 신랑감!
이 두 얘기를 살펴보면 부모님을 섬기는 방법이 각각 다르다고 할 수 있어.
윗마을 효자는 부모님의 몸을 봉양한 것이요. 아랫마을 효자는 부모님의 뜻을 봉양한 것이라 할 수 있어.
드시지요...
어무이!
그러므로 몸을 봉양한 것은 '겉'이며 껍데기인 것이고, 뜻을 봉양한 것은 '속'이며, 알맹이라는 거야.
이정도면 난 효자..
울 어무이 드릴 유기농 달걀 ~
자! 이렇게 사물을 대하여 아는 것이 극치점에 이르게 되면,
거친 것과 세밀한 것 또 세밀한 것 중에서 더 세밀한 것까지 볼 수 있으며,
하루아침에 환하게 마음의 문이 열려 사물에 대한 이치를 꿰뚫어 볼 수 있는 통찰력*을 가질 수 있다고 해!
우리 모두 그렇게 되었으면 정말 좋겠어!

*통찰력(洞察力) – 사물을 환히 살펴 온통 밝히는 능력.

유교의 경전

1. 오경五經

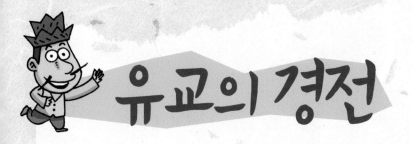

유가의 경서인 오경은 기원전 136년 한나라 무제가 오경박사를 두면서 비롯되었습니다.

＊오경박사五經博士 : 중국 한나라 태학의 교관으로, 각기 한 경서를 전문으로 가르치는 사람을 말함

<table>
<tr><td>시경(詩經)</td><td rowspan="3">삼경(三經)</td><td rowspan="5">오경(五經)</td></tr>
<tr><td>서경(書經)</td></tr>
<tr><td>역경(易經)</td></tr>
<tr><td colspan="2">춘추(春秋)</td></tr>
<tr><td colspan="2">예기(禮記)</td></tr>
</table>

오경이란 《시경》, 《서경》, 《역경》, 《춘추》, 《예기》의 다섯 가지 경전을 가리키는 것으로 이 중 《춘추》, 《예기》를 제외한 《시경》, 《서경》, 《역경》의 세 가지 경전을 따로 떼어내 삼경이라 부르기도 합니다.

오경을 간단히 소개하자면

먼저 《시경詩經》은 중국에서 가장 오래된 시가집이라고 할 수 있습니다. 기원전 1100년경 서주시대부터 기원전 500년 춘추시대 중반까지 중국 각 지방의 민요를 채집한 3천여 편의 시 중에서 공자가 305편을 정하여 편찬했다고 합니다. 많은 시가 들어 있음에도 그 제재는 "즐겁되 음탕하지 않고 슬프되 상심하지 않은樂而不淫, 哀而不傷" 것들이어서 문학적 정형으로 일컬어집니다.

둘째,《서경書經》은 일명 《상서尙書》라고도 하며 중국 최초의 역사서입니다. 중국 고대 요순시대부터 하나라, 은나라, 주나라까지 정치에 관한 글을 공자가 수집하여 편찬하였다고 합니다.

▲ 주 문왕.

셋째,《역경易經》은 일명 《주역周易》이라고도 하며 원래 점을 치는 책으로, 주나라 문왕과 주공이 지었다고 전해집니다.

넷째,《춘추春秋》는 기원전 722년 노나라 은공隱公부터 기원전 481년 애공哀公까지 12대 242년간의 역사 전적을 노나라의 사관이 편년체로 기록한 것을 공자가 필삭한 역사책입니다.

▲ 주 무왕.

다섯째,《예기禮記》는 주나라의 예절에 관해 기술한 책으로 공자와 그 제자들의 중요한 언행들이 체계 없이 잡다하게 기록되어 있습니다.

2. 사서四書

남송시대 주자에 의해 처음으로 《논어》, 《맹자》, 《중용》, 《대학》을 묶어 사서四書라 불렀습니다. 주자는 《논어》, 《맹자》에 주석을 달아 각각 《논어집주論語集註》, 《맹자집주孟子集註》를 내고 《중용》, 《대학》 역시 주석을 붙여 《중용장구中庸章句》, 《대학장구大學章句》를 집필했습니다.

《중용》과 《대학》은 원래 《예기》 속에 들어 있는 일부분이었습니다. 주자가 주석을 붙여 《논어집주》, 《맹자집주》와 《중용장구》, 《대학장구》를 함께 경전으로 묶음으로써 사서의 체계가 확립되었습니다.

원서 : 공자, 맹자	주해서 : 주자	유학경서
논어(論語)	논어집주	사서(四書)
맹자(孟子)	맹자집주	
예기(禮記) 49편중 42번째 편	대학장구	
예기(禮記) 49편중 31번째 편	중용장구	

사서四書를 간단히 소개하면,

첫째, 《논어》는 공자와 그의 제자, 또는 당시의 사람들과의 문답 등을 공자께서 돌아가신 후에 제자들이 함께 모아서 엮은 유가의 경전입니다.

둘째, 《맹자》는 공자의 도를 이어 맹자가 여러 나라를 순회하며, 왕도정치와 인의를 주장한 언행을 그의 제자들이 모아 기록한 책입니다.

셋째, 《대학》은 본래 예기라는 경전 49편 중 42번째 편에 수록되어 있다가 송나라 이후에 단행본으로 되었으며, 저자는 공자의 제자 증자라고 하나 확실하지 않습니다. 주자가 주석한 것을 《대학장구》라고 부릅니다.

넷째, 《중용》은 본래 《예기》 49편 중 31번째 편에 수록되어 있다가 한나라 시대에 단행본으로 분리되었으며, 지은이는 공자의 손자인 자사라고 하나 확실하지는 않습니다. 《중용》은 성선설을 바탕으로 한 '천인합일사상天人合一思想'을 그 주제로 삼고, 우주와 인간의 모든 것을 성誠에 귀결시켜 "수양을 통하여 성을 이루면 하늘의 성품을 터득할 수 있다."고 하여 후세에 성리학의 이론적 근거가 되기도 했습니다. 주자가 주석한 것을 《중용장구》라고 부릅니다.

제8장
성의(誠意) - 뜻을 성실히 하여서 자신을 속이는 일이 없도록 한다
진 실
돈
우리는 때때로 자신의 마음을 스스로 바르게 하려고 노력하나
외부의 두려움과 무서움, 슬픔과 즐거움 등이 작용하여
으악!
덩!
자신의 바른 마음을 본의 아니게 사사롭게 하여 한쪽으로 치우치도록 하는 경우가 있어!
쏙-
바로 이럴 때 자신의 마음과 행동이 다르게 되지 않도록 노력해야 한다는 거야!
우리들 마음이 움직일 때나 가만히 있을 때, 외부의 어떠한 작용에도 흔들리지만 않는다면 이는 마음이 바르다고 말할 수 있어.
그리고 몸 또한 외부의 작용으로부터 어떠한 작용에도 얽매이지 않고 바르게 할 수 있다면 이것은 몸을 닦았다고 말할 수 있어.

1) 그 뜻을 성실히 한다.

경문에 '성의(誠意) - 뜻을 성실하게 한다' 라는 것은 '스스로를 속이지 않는 것' 이니, "악한 것을 미워하고, 착한 것을 좋아하여야 한다."라고 하였어.
사람이 스스로 자신을 닦고자 한다면 먼저 착함을 행해야 하고, 악함을 버려야 한다는 거야.
착함을 행하기 위해서는 모든 일에 성실하게 임해야 하고
뒤에 숨긴 게 뭐야?
거짓
또 자신을 속이지 말아야 돼!
춘추전국 시대 때 오(吳)나라 임금 수몽에게 막내아들 계찰(季札)이 있었어.
노
서
오
그는 오나라의 사신으로 노나라로 가게 되었어.
노나라를 가려면 서(徐)나라를 거쳐 지나가야 하는데,
서
그냥 지나치면 무례를 범하기에 서나라 임금을 뵈러 갔지.
예의상 들러야지.
그런데 서나라 임금이 계찰이 찬 보검을 보고 마음에 들어한 거야.
인사드리옵니다.
딱 내 스타일의 보검이잖아?
하지만 체면상 임금이 달라고 떼를 쓰지도 못하겠고….
계찰은 서나라 임금이 자신의 칼을 좋아한다는 것을 알았어.
오호!

그래서 돌아오는 길에 그 검을 바치려고 마음먹었지.
분명 기뻐하실 거야.
그런데 노나라를 갔다 오니 서나라 임금은 이미 병이 들어 죽어버린 거야.
이럴 수가!!
서나라
계찰은 자신의 보검을 풀어서 서나라 임금의 무덤가에 있는 나무에 걸어 놓았어.
서나라 임금은 이미 죽었는데 그것을 누구에게 주시려고 걸어 둡니까?
그렇지 않다! 처음부터 내가 이미 마음속으로 그 검을 주기로 허락했는데, 어찌 그가 죽었다고 해서 내 마음을 배반할 수 있겠는가?
그럴 거면 진작 주지...
고맙네
계찰이 스스로와의 약속을 어기지 않았듯이, 스스로를 속이지 않는다는 것은 자기 자신의 마음을 속이지 않는 것을 말하는 거야.
예를 들어 한 덩어리 물건이 '겉'은 금이고 '속'은 쇠라면,
이건 가짜군. 내 눈은 정확해.
쇠
이 물건은 '스스로를 속이는 것'이라고 말할 수 있는 거야.
아니, 이봐요! 도금도 몰라요?
도금
'성실하다.'라는 것은 '스스로를 속이지 않는 것'이라고 말할 수 있어.
난 순금이 좋아!
사람들 중엔 자기 자신을 속이는 사람들이 있어.
나는 성실합니다.
이것은 착하게 행동해야 하는 건 알지만, 힘써 그 착한 행동을 하지 않고,
착한 건 귀찮아!
착함

또한 스스로 악한 행동을 해서는 안 되는 줄 알고 있지만 그것을 쉽게 버리지 못하기 때문이야!
악
나쁜 일은 재밌지! 헤헤!
만약 자신의 마음속에 10분의 9에 해당하는 의리가 있더라도, 10분의 1에 해당하는 사사로운 뜻이 섞여 있다면,
자선
내명예
아동복지
이는 곧 '스스로를 속이는 것'이라고 할 수 있어.
그러므로 언제 그랬느냐는 듯이 악함을 덮어버리고, 착한 척 하는 것은 매우 위험한 짓이라는 거야.
전문에 "'자겸(自謙) – 스스로 유쾌하고 만족한다'는 것은 참되고 성실하게 착한 행동을 하고 악한 행동을 버리며, 자기의 사사로운 욕심에 끌리는 것이 없어서, 단지 유쾌한 마음으로 자신의 마음이 만족스러워지기 시작하는 것이다."라고 하였어.
자겸이라는 것은 '스스로를 속이는 것'과 반대가 되는 말이지.
자신이 어떤 일을 하고자 할 때 그 뜻을 성실하게 가지는 것도 스스로를 속이지 않는 것이야.
성실
스스로 유쾌하고 만족할 수 있는 사람은 '겉'도 성실하고 '속마음'도 성실한 사람이지.
겉과 속이 동일하죠!
지금부터 어려운 백성들을 위하여 자신의 호의호식을 포기해 버린 토정 이지함 선생님의 얘기를 해줄게!
토정비결*의 저자로 유명한 이지함 선생은 조선 중종 때 고려 말 대학자인 목은 이색의 7대손으로 명문인 한산 이씨(李氏) 가문에서 태어났어.
응애

＊토정비결(土亭秘訣) – 조선 명종 때 토정 이지함이 지은 책으로 한해 신수를 보는 데 쓰는 책.

일찍이 부친을 여의고 그의 형에게 글을 배웠으나 그의 지혜와 총명함이 뛰어나 형이 그를 가르치지 못하게 되자,
더 이상 가르칠 게 없구나!
당시 송도(지금의 개성)에서 화담 서경덕에게 글을 배웠어.
어릴 적 나를 보는 듯하군….
이후 토정은 수학, 의학, 천문, 지리, 역학 등에 통달하였어.
그는 어려서부터 항상 고민하였어.
어떻게 하면 가난한 백성들이 잘 살 수 있을까?
커서도 가난한 백성들을 구제하겠다는 데 뜻을 두고 노력했지.
그가 선조 6년 1573년 벼슬길에 올라 포천 현감으로 부임했을 때
굶주린 백성들을 보고 그는 걸인청(乞人廳)을 만들어 사람들을 모아 일을 시키고,
그 일에 따라 곡식을 나누어 주어 배고픔을 면하게 해 주었어.
쌀
포천 땅은 예로부터 농사짓는 땅의 면적이 작아 그 곳의 백성들이 항상 가난하게 지냈어.
토정은 조정에 건의하여 서해안에 있는 외딴 섬을 빌려 염전을 개발하여 그 수익을 백성들에게 돌려 주려고 하였으며,
또 백성들과 함께 외딴섬에 들어가 특용작물을 재배해 그것을 팔아서 백성들이 굶지 않도록 도와주었어.
병이 난 환자를 돌보아주고, 마음으로 고통 받는 사람들에게, 《토정비결》로써 희망을 안겨 주었으며,
토정비결
항상 백성들 편에서 생각하고 또한 그들과 고통을 함께 나누었어.

포천 현감으로 부임하던 첫날이었어.
식사 대령이요~!
신선로 한정식 이옵니다.
!
선생은 차려온 음식상을 살펴 보더니 젓가락도 대지 않고 말하길
먹을 것이 없구나!
휙
아전이 무릎을 꿇고
죄송합니다, 나리. 다시 차려 올립죠.
미식가 이시군요!
그리고 다시 상을 차려왔어. 조금 전과 비교할 수 없는 진수성찬이었어.
캐비아를 곁들인 양식코스입니다요.
푸짐~
선생은 한참 들여다본 후 다시 말하길
먹을 것이 없구나, 없어!
그, 그럼 뷔페를 시킬깝쇼?
와장창
선생이 아전에게 호통을 치며 말하길
네 이놈! 백성들이 먹을 것이 없단 말이다!! 고을의 수령인 내가 어찌 밥상에서 편히 밥을 먹을 수 있겠는가?
앞으로 나에게는 보리밥 한 그릇과 검은 시래기 국 한 그릇만 준비하도록 하라!
그 후 아전은 따로 상을 차리지 않고 보리밥 한 그릇과 시래기* 국 한 그릇을 올렸으며,
선생은 그것을 쌀뒤주 위에 올려놓고 식사했다고 해!

＊시래기 – 배춧잎이나 무청을 말린 것으로, 새끼로 엮어 말려서 볶거나 국을 끓이는 데 씀.

그는 세상을 마칠 때까지 백성들과 같이 가난한 생활을 몸소 실천한 사람이었어.
경문에서 말한 바와 같이 '그 뜻을 성실하게 한다.' 한다는 것은 토정 이지함 선생처럼
자기의 뜻을 성실히 한 뒤에 그 뜻에 어긋나지 않도록 바르게 실천하는 것이라고 할 수 있어!
2) 군자는 그 혼자 있을 때를 삼간다.
전문에 "소인 한거 위불선 무소부지 견군자이후 염연엄기불선 이저기선 인지시기 여견기폐간연 즉하익의 차위성어중 형어외 고 군자 필신기독야
(小人 閒居 爲不善 無所不至 見君子而后 厭然掩其不善 而著其善 人之視己 如見其肺肝然 則何益矣 此謂誠於中 形於外 故 君子 必愼其獨也)
– 소인들은 한가로이 홀로 거처할 때에 착하지 않은 일을 하다가, 주위에 군자가 나타나면, 언제 그랬느냐는 듯이 조금 전에 자신이 행한 못된 행동을 감추고, 마치 착한 일을 한 것처럼 행동한다. 뭇 사람들이 소인이 행한 일을 보기를 그들의 폐와 간을 보는 듯이 훤히 알고 있는데 소인은 그것을 속이려고 하니 무슨 이득이 있겠는가? 안이 성실하면 바깥에 절로 드러나는 것인데, 그러기에 군자는 반드시 그 홀로 있을 때를 삼가야 해야 한다."라고 하였어.
소인들은 마음이 정직하지 못해 평상시에는 못된 일을 서슴지 않고 하다가
거기서!
주변에서 누가 지켜보면 전혀 그렇게 하지 않은 것처럼 행동해!
예헴
나으리~
이러한 모습을 소인이 본다면 속아 넘어갈 수 있겠지만,
참 착실한 청년이야.

일반 사람들이나 군자가 이를 본다면 그 마음속을 훤하게 들여다 볼 수 있지.
속이 시커먼 자로다.
그러므로 자신을 속이는 소인의 행동을 하지 말아야 한다는 거야.
소인의 행동을 하지 않게 하기 위해서는 자신의 뜻을 올바른 곳에 두면 가능해.
주자가 말하길
소인들은 가려지고 잘 보이지 않는 곳에서는 악함을 행하고, 밝고 드러난 곳에서는 거짓으로 착함을 행하려 한다.
이것은 거짓된 착함을 가져다가 자신의 악함을 덮으려고 하는 것으로,
결국 자기 자신을 '스스로 속이는 것'이고 또한 남들까지 속이는 것이야.
난 정직해요.
이 사기꾼!
군자와 소인을 구분 짓는 것은 단지 그 뜻을 성실히 하는 곳에 있어.
성실
착한 일을 하는 데에 뜻을 둔 사람은 군자이고, 착하지 못한 일에 뜻을 둔 사람은 소인이라는 거야.
大
小
수학을 잘하는 두 친구 이야기를 해 볼게.
내각의 합
그들은 같은 스승에게 가르침을 받았으나 두 사람의 성품은 달랐어.
E=MC²
한 친구는 스승에게 배운 지식으로 좀 더 많은 사람들에게 혜택이 돌아가도록 하기 위해서 과학자가 되었어.
사람들을 위해서 써야지.
반면에 다른 한 친구는 돈을 벌기 위해 투기꾼이 되었지.
세상을 손에 넣겠어! 하하!

몇십 년의 세월이 흐른 후 그 두 사람은 우연히 다시 만났어.
그리고 지나온 날을 얘기했지.
이게 얼마 만인가…
과학자였던 친구는 자신이 인류를 위해 연구에만 몰두하다 보니, 부와 명예를 한꺼번에 얻을 수 있었다고 하였어.
IZEAWARD
수상자
그러나 돈을 쫓던 친구는 오히려 빈털터리가 되어 있었어.
돈은 커녕 근심과 걱정으로 세월을 보냈지.
이 두 친구의 얘기는 자신의 뜻을
의
이
남을 위한 의로움(義)에 두었는지, 자신을 위한 이로움(利)에 두었는지에 따라
군자가 될 수가 있고, 소인도 될 수 있음을 말해 주고 있어.
전문에 "십목소시 십수소지 기엄호(十目所視 十手所指 其嚴乎) – 열 사람의 눈이 보는 바며, 열 사람의 손가락이 가리키는 바니 그 엄한 것인져!"라고 하셨어.
욕심
이것은 비록 어두운 곳에 남모르게 혼자 행한 일이라도
쓱
마치 열 사람이 훤하게 들여다보고 그 사람들이 모두 손가락으로 가리키고 있는 것과 같으므로 매우 두렵다는 뜻이야.
소인들이 행한 짓을 보고 모든 사람들이 자신의 폐와 간을 들여다보듯이 안다고 한 것은
소인이 하는 행동이 자신만을 위한 이기적인 행동이기 때문이야.
히히히히히
욕심

자신의 잘못한 행동을 숨기려고 하지만
겉으로 훤히 드러나므로 누구나 훤히 알 수 있다는 뜻이야.
뒤에선 못 볼 줄 알아!
비록 소인이 행한 일들을 다른 사람들이 알지 못한다고 하더라도
이미 자신이 죄를 잘 알고 있기 때문에 열사람의 눈과 열사람의 손이 가리키는 것과 다름이 없다는 뜻이야.
죄
그러므로 군자가 행하는 일들은 숨어서 하더라도 사람들이 자연히 그 사실을 알고 있으며,
보이지 않더라도 향기가 진동하도다.
소인의 착하지 못한 행동도 사람들이 먼저 알고 있으니, 이것이 매우 두려운 것이라는 거야.
다음은 이솝우화에 나오는 얘기야.
Aesop's Fable
이 마을 저 마을 다니면서 사람들을 몰래 물어뜯는 못된 버릇을 가진 개가 한 마리 있었어.
한번은 개 주인이 그 못된 행동을 알아차리고 더 이상 사람들에게 피해를 주지 않기 위해 개의 목에 방울을 매달았지.
사람들은 개가 근처에 나타날 때면 그 방울 소리를 듣고 모두 피해버렸어.
그런데 정작 그 개는 방울을 딸랑 딸랑 흔들며 온 장터를 으스대고 다녔어.
그것을 지켜보던 암캐가 묻기를
넌 뭐가 그렇게 자랑스러울 게 있지?

버릇없는 개가 대답하길
나에게는 예쁜 방울이 있어, 정말 멋지지 않니?
그러자 암캐가 조심스럽게 충고해서 말하길
그 방울은 네가 착해서 주는 상이 아니야!
그것은 너의 사악한 본성이 드러날 수 있도록 하기 위해 매달아 놓은 거라구!
이와 마찬가지로 소인들은 잘못된 행동을 하고서도
사또 변학도
찬성 0.1%
모름
반대 78%
정작 자신은 그 잘못된 것을 알아차리지 못하고 오히려 뽐내는 사람이 있으니,
여러분의 지지와 성원에 힘입어 앞으로 더욱….
어이가 없어서…
이것이 매우 두려운 것이라는 거야!
3) 덕이 있으면 몸을 윤택하게 한다.
전문에 "부윤옥 덕윤신 심광체반 고 군자 필성기의(富潤屋 德潤身 心廣體胖 故 君子 必誠其意)
–재물이 넉넉해지면 집이 윤택할 수 있듯이, 덕이 있으면 몸을 윤택하게 하고, 마음이 넓으면 몸이 편안해진다. 그러므로 군자는 반드시 그 뜻을 성실하게 해야 한다."라고 하였어.
이것은 한 가정에 재물이 쌓이면 좋은 집을 짓고 살 수 있듯이,
사람의 마음에 덕이 쌓이면 몸이 윤택해져 바깥으로 드러난다는 거야.
德
다음은 《사기》에 나오는 공자의 얘기야! 공자가 56세 때 정(鄭)나라에 갔을 때였어.
공자가 몹시 지쳐서 성문 앞에 쭈그리고 앉아 있었어.

정나라의 어떤 사람이 공자의 제자 자공에게 일러 말하기를
동쪽 성문에 한 사람이 쭈그리고 앉아 있는데, 그 행색이 마치 상갓집의 개와 같았습니다.
그런데 그의 용모는 마치 요 임금*과 같아 보였습니다.
후에 자공에게 이 얘기를 들은 공자는 빙그레 웃었다고 해.
껄껄~

*요(堯) 임금 – 중국 상고시대 전설상의 임금으로 순(舜)과 함께 중국에서는 가장 이상적인 천자상(天子像)으로 알려져 왔음.

사람이 행색이 초라하고 남루 하더라도 덕이 쌓인 사람은 그 빛남이 몸으로 드러난다는 거야.
카드 환영
몸을 윤택히 한다는 것은, 다시 말하면 맹자가 말한 사단, 즉 인의예지가 우리들 마음에 뿌리를 내리고 있으면,
仁
義
禮
智
자신이 하는 행동마다 빛나게 되어 자연히 몸이 윤택해진다는 말이야.
옛날에 민자공이라는 사람이 살고 있었어.
그의 어머니께서 일찍 돌아가시고 서모*가 들어와서 동생을 두 명 낳았어.

*서모(庶母) – 아버지의 첩으로 친어머니가 아닌 의붓 어머니.

민자공은 효성이 지극하여 서모에게도 친어머니와 같이 효도했지.
어무이~
그러나 서모는 민자공을 자기가 낳은 자식이 아니라고 알게 모르게 구박을 했어.
저녁밥이다.
민자공은 서모에게 그러한 고통을 당하면서 누구에게도 말하지 않았어.
동생들 때문에 힘드실 거야.

어느 해 추운 겨울날이었어.
민자공은 외출 준비를 하던 중 자신의 솜옷이 없어진 것을 발견했어.
하나뿐인 솜옷인데….
그런데 그의 서모가 민자공에게
네 옷은 내가 따로 해줄 테니 기다려라.
앗 내옷..
서모가 준 옷은 겉보기에 따뜻해 보였으나 막상 입어보니 너무 추웠어.
왜 이리 춥지….
덜덜
그래서 대문 밖을 나서던 민자공이 얼마 가지 못하고 추위에 쓰러져 가던 길을 멈추고 집으로 돌아와 앓아누웠던 거야.
아들아!
덜덜
심하게 떨고 있는 민자공이 이상하다고 생각한 그의 아버지는 솜옷을 벗겨보았어.
겉보기엔 멀쩡한데….
?
그랬더니 옷 안감 속에 들어 있는 것은 솜이 아니라 갈대 잎이었어.
이럴 수가!
그의 아버지께서는 이런 상황에서도 말하지 않고 참아온 민자공의 효성이 가엽기도 하고 한편으로는 고맙기도 했지.
아들아...
그래서 새로 맞이한 아내의 나쁜 행동에 분함을 느껴, 민자공의 아버지는 서모를 쫓아내려고 했어.
당장 이 집에서 나가시오!!
그 말을 들은 민자공은 아픈 몸을 일으켜 말하길
아버님! 새어머니가 집에 계시면 한 아들이 춥지만,
만약 새어머니가 계시지 않으면 세 아들이 모두 추위에 떨게 됩니다.
펑펑
제발! 내쫓지 마세요!
…아들아! 네 효성이 지극하구나!
넙죽

아버지는 그의 뜻대로
서모를 쫓아내지 않았어.
훗날 서모도 민자공의 효성에 크게 감동을 받아
마음을 고쳐먹고 민자공을 친아들 이상으로 사랑하며,
오래도록 행복하게 살았다고 해!
민자공의 부모님에 대한
지극한 효성은 자신의 덕을
밝힐 뿐만 아니라 남들에게
미치도록 하는 것이었어.
사람의 마음에 덕이
쌓이면 자신의 몸을
윤택하게 할 뿐만
아니라
덕
주위의 모든 사람들을 밝은 곳으로
인도한다는 것을 잘 보여준 예이지.
정자께서 말씀하시길
정호
정이
자신의 마음에 부끄러울 것이
없으면, 마음이 넓어지고 커지며
너그러워지고, 평화로워서
몸에 항상 여유가 있으며
태평해진다.
다음의 시는 윤동주
선생님이 전 생애에
걸쳐 철저하게 양심
앞에 정직하고자
했던 작품이야!
베스트셀러
자유론
대학
하늘과
바람과
서시(序詩)
죽는 날까지 하늘을 우러러
한 점 부끄럼이 없기를,
잎새에 이는 바람에도
나는 괴로워했다.
별을 노래하는 마음으로
모든 죽어가는 것을 사랑해야지
그리고 나한테 주어진 길을
걸어가야겠다.
오늘 밤에도 별이 바람에 스치운다.
하늘을 우러러 한 점
부끄럼 없는 양심과
이상을 추구하는 높고
순수한 마음을
느낄 수 있지?

일찍이 맹자께서 아주 넓고 강한 기운을 호연지기(浩然之氣)라고 표현하였어.
이것은 사람들이 자신의 지극한 정직함에서 얻어낼 수 있는 것이라고 하였어!
정직
사람이 태어난 것도 천지 간의 정기(精氣)로써 태어났기 때문에
누구나 바른 기운으로 태어나 그 정직함을 가지고 있다는 거야!
정직
다만 사람마다 그 순수한 정직함을 해치느냐 해치지 않느냐에 따라
치이이…
자신의 기운이 달라진다고 하였어!
정직
크아아
호연지기는 정직한 의리를 많이 축적함으로써 생겨나는 것이므로
스스로를 속이지 않고, 반성해서 마음을 올바르고 곧게 하면
의리
거침없이 넓고 큰 기운(호연지기)이 생겨나 자연히 마음은 넓어지고 몸이 편안하게 된다는 거야.
야호~.

공자와 그의 제자들(1)

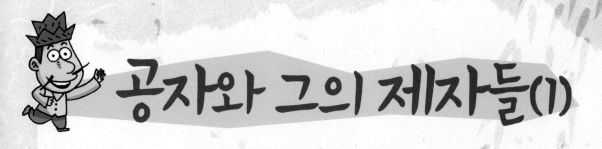

1. 말재주만 번드레한 놈을 미워한다.

공자의 제자 중 자로가 계씨라는 권력자의 신하가 되어 자고를 비費라는 땅의 책임자로 추천하였습니다. 이에 공자가 말했습니다. "자고는 자질은 아름다우나 아직 배움이 모자라는데, 갑자기 백성을 다스리게 한다면 그를 해칠 뿐이다!"

자로 : "스승님! 그 땅에는 백성이 있고, 종묘사직이 있어 귀신들도 감히 함부로 덤벼들지 못하는데 무엇이 문제입니까? 꼭 글을 읽고 공부한 다음에 정치를 행하여야 합니까?"

공자 : "허! 저놈 봤나! 백성을 다스리고 귀신을 섬기는 것이 모두 학문을 해야 가능한 것인데 어찌 저리 세 치 혀만 놀려대는고. 그렇기 때문에 나는 말만 번드레한 사람을 미워하는 것이다!"

*자로子路 : 정사政事에 밝았으며, 무용武勇에 뛰어난 용사였다. 인품이 호방하고 성실하였고 그는 무술로써 항상 공자를 수호하였다고 한다.

2. 하지 않는 것과 할 수 없는 것

공자는 평소 제자 안회에 대하여 칭찬을 아끼지 않았습니다. 하루는 제자들 앞에서 안회를 칭찬하자 곁에 있던 제자 염구가 스승에게 말하였습니다.

염구 : "스승님! 저는 스승님의 도를 싫어하지 않지만, 그 도를 쫓아가자니 힘이 부족합니다."

공자 : "힘이 부족하다는 것은 나아가려고 해도 나아갈 수 없는 것인데, 너는 나아갈 수 있는데도 나아가려 하지 않고 어찌 그리 스스로 한계를 긋고 있느냐?"

염구 : "……."

顏子

▲ 안회(顏回) :
공자의 수제자이다. 자는 자연(子淵).
이름은 회(回). 노나라 사람으로,
안연(顏淵)이라고도 한다.
덕행과(德行科)의 필두로 꼽히는
공자 문하 제1의 현자이다.
공자께서 인자(仁者)라고 인정한
유일한 제자이다.

* 염구冉求 : 자字는 자유子有, 노나라 사람이다. 초기 제자 중에서는 역시 뛰어난 인물이었지만 자로와는 상반되는 사람으로 알려져 있다.

3. 효孝

노나라의 대부 맹의자孟懿子가 공자에게 효를 물었습니다.

공자 : "어김이 없어야 한다."

수레를 몰고 오던 제자 번지樊遲가 그의 스승에게 물었습니다.

번지 : "어김이 없어야 한다는 것은 무슨 뜻입니까?"

공자 : "살아계신다면 예(禮)로써 섬기고, 돌아가시면 예(禮)로써 장사지내고, 돌아가신 후에 예(禮)로써 제사를 지내는 것이다."

맹의자의 아들 맹무백이 효를 물었습니다.

공자 : "부모는 오직 자식이 병들까 근심하시니 자신의 몸을 온전하게 지키는 것이다."

제자 자유가 효를 물었습니다.

공자 : "지금의 효는 물질적으로 잘 봉양하는 것이라고 할 수 있다. 그러나 개와 말들도 모두 사람들이 보살피고 기른다. 만약 부모님에게 봉양만 하고 공경함이 없으면 어찌되겠는가?"

＊번지樊遲 : 공자의 제자로 이름은 수須. 공자의 수레를 몰았다고 한다.

＊자유子游 : 공자의 제자로 성은 언言, 이름은 언偃이다. 오吳나라 출신으로 공자 밑에서 수학한 뒤 노나라 무성武城의 재신宰臣이 되어 예악禮樂으로 고을을 다스렸다고 한다.

4. 허! 참!

공자가 말하길, "군자는 음식을 먹음에 배부름을 구하지 않으며, 거처할 때에 편안함을 구하지 않으며, 일을 행함에 민첩하게 하고, 말을 삼가며, 도가 있는 이에게 찾아가서 그 옳고 그름을 구한다면 학문을 좋아한다고 말할 만하다."라고 하였습니다.

자공 : "스승님! 가난하되 아첨함이 없으며, 부유하되 교만함이 없으면 어떻습니까?"

공자 : "괜찮긴 하지만 그것은 가난하면서도 즐거워하며, 부유하면서도 예(禮)를 좋아하는 사람만은 못하다!"

자공 : "그렇다면, 《시경》에서 말하는 '절차탁마(切磋琢磨)' 라는 뜻과 같이, 자신의 행동을 뼈를 자르고 갈듯하며, 옥석을 쪼아 연마하듯 고쳐나간다면 되겠습니까?"

공자 : "허! 허!! 이제 너와 더불어 시(詩)를 말할 수 있겠구나! 내가 한마디 가르쳐 주면 너는 열 마디를 알아들으니 말이야! 허! 그것 참!"

＊자공子貢 : 공자의 제자이며 성은 단목端木, 이름은 사賜이다. 변설에 뛰어나 제齊나라와 오吳나라를 오고 가면서 변설을 구사하여 노魯나라의 위기를 구했다고 한다. 공자의 제자 가운데에서 가장 부유했던 것으로 알려져 있다.

5. 군자가 미워하는 사람

자공 : "스승님! 군자도 미워하는 사람이 있습니까?"

공자 : "그럼! 군자도 사람이다! 당연히 미워하는 사람이 있지! 첫째는 남의 단점을 말하는 사람, 둘째는 아랫사람으로서 윗사람을 비방하는 사람, 셋째 용기만 있고

예의가 없는 사람, 마지막으로 넷째는 과감하기만 하고 융통성이 없는 사람이다."

공자 : "자공아! 그럼, 너도 미워하는 사람이 있느냐?"

자공 : "예! 스승님! 있습니다! 첫째, 남의 것을 모방해서 자신의 것인 양하는 사람, 둘째 불손한 것을 용기로 착각하고 있는 사람, 셋째 남의 사사로운 사생활을 들추어내는 것을 정직함으로 여기는 사람입니다."

공자 : "그렇다! 이 모두가 소인배들이 아니겠느냐? 소인은 가까이하면 머리 위로 기어오르고 또 그를 멀리하면 원망하는 버릇을 가지고 있단다. 그러니 그 점을 잘 염두에 두고 처신하도록 해라!"

6. 군자는 부자를 위해 돈을 쓰지 않는다.

자화子華라는 사람이 공자를 위하여 제나라에 심부름을 갔습니다. 회계를 담당하던 제자 염유가 교통비 명목으로 그의 어머니에게 곡식을 줄 것을 요청하였습니다.

염유 : "스승님! 자화에게 교통비를 주지 못했으니 그의 어머니에게라도 곡식을 주어야 되지 않겠습니까?"

공자 : "서너 되 보내라!"

염유 : "서너 되는 좀 적은 것 같습니다."

공자 : "그래? 그럼! 한 말을 보내라."

염유 : "그래도 좀 적은 것 같은데..."

염유는 스승님 몰래 곡식 한 가마니를 자화 어머니께 보내드렸습니다.

후에 공자가 이 사실을 알고서 말했습니다.

공자 : "염유야! 자화는 나의 심부름으로 제나라에 갈 때에 살찐 말을 타고 비단 옷을 입고 갔다. 일찍이 내가 들으니 군자는 가난한 사람에게 돈을 쓰고, 부유한 사람에게는 돈을 쓰지 않는다고 하더구나! 내가 어디 곡식이 아까워서 그랬겠느냐? 가난한 사람들에게 나누어 주면 더욱 좋은 일이 아니더냐!"

염유 : “스승님! 제가 잘못했습니다!”

TIME MACHIN

*염유冉有 : 공자의 제자 염구冉求이다. 자字가 자유子有이어서 보통 염유라고 불렀다. 자로가 군사軍事, 자공은 외교에 뛰어났던 데 비하여 염유는 행정과 군사 두 방면 모두에 탁월한 재능을 보였던 인물이었다고 한다.

7. 선비의 덕

자장 : “스승님! 선비는 어떻게 하여야 덕을 행할 수 있나요?”

공자 : “너는 선비의 덕이 무엇이라고 생각하느냐?”

자장 : “나라에서도 소문이 나고 집안에서도 반드시 소문이 나서 명예를 떨치는 것입니다.”

공자 : “그것은 선비의 덕이 아니다. 선비의 덕은 정직하고 올바른 것을 좋아하며, 겸손하여 남이 알아주기를 구하지 않는다. 그러나 사이비(似而非)들은 정직하고 올바른 것을 좋아하는 척 하면서도 그 행실은 위배되며, 오로지 자신의 이름을 구하는 데 힘쓰는 사람이다.”

자장 : “명예를 얻고자 하지 말아야겠군요?”

공자 : “그렇다! 사람이 명예를 얻고자 학문을 배운다면 이것은 사이비이다. 명예를 얻기 위해 공부한다는 것은 이미 군자의 근본을 잃어버린 것이다. 명예나 이익을 얻기 위함은 그 뜻은 달라도 자신의 이익을 추구하려는 마음은 똑같기 때문이다.”

*자장子張 : 공자의 제자이다. 성은 전손顓孫이며, 이름은 사師이다.

善

제9장 정심(正心) – 뜻이 성실하면 마음을 바로잡을 수 있다

곧게 뻗은 나무를 봐!

1) 뜻이 성실해야 마음을 바로 할 수 있다.

전문에 "소위수신 재정기심자(所謂修身 在正其心者) –'몸을 닦음에 그 마음을 바로 해야 한다.'는 것은 마음에 분하고 성내는 바를 두게 되면 그 바름을 얻지 못하고, 두려워하고 무서워하는 바를 두게 되면 그 바름을 얻지 못하며, 좋아하고 즐겨하는 바를 두게 되면 그 바름을 얻지 못하며, 근심하고 걱정하는 바를 두게 되면 그 바름을 얻지 못한다."라고 하였어.

남에게 억울한 일을 당하여 분함과 노여움이 가득 차 생기는 성냄이나,
$

미리 좋지 않은 일이 닥칠까봐 걱정이 생기는 두려움과 마음이 두렵고 불안해서 생기는 무서움 같은 것이나,

마음이 놓이지 않아 속이 타는 근심 걱정과 같은 것은 모두가 외부의 작용으로 인하여 마음속에 생겨날 수 있는 것들이야.
만약 자신의 마음속에 이와 같은 것들이 생기면 그 초심을 잃지 말아야 해!
외부의 작용으로 인하여 마음이 흔들리면, 옳고 그름의 판단 기준이 흐려지며,
휭
그르다
옳다
욕심이 생기고, 정(情)이 발동하여 그것이 마음을 지배하게 되어서 마음의 바름을 잃게 되지.
조선 시대 때 연암 박지원 선생은 중국의 열하(熱河) 일대를 여행했어. 이때 기록한 일기가 그 유명한 《열하일기(熱河日記)》야.
거기에 적힌 얘기를 한 편 소개할게!
하루는 연암 선생이 밤중에 난하라는 강을 건너는데, 앞이 캄캄하여 한 치 앞을 내다 볼 수 없는 위험한 상황이었어.
칠흑같은 어둠이로구나!
콰콰콰ㅡㅡ
그래서 모든 신경이 물소리에만 집중되어 있었는데, 그 물소리가 얼마나 크고 세찬지 듣고 있노라니 걷잡을 수 없는 두려움이 일어났어.
더군다나 마부가 다리를 다쳐 선생이 직접 말고삐를 붙잡고 강을 건너기 위해 배를 띄워 말과 수레를 실어야 했지.
케헤헹~
(살려줘)

배가 움직이기 시작하니 물살이 세어서 배가 기우뚱거리고 배 안에 말과 수레에 타고 있던 사람들이 몸의 중심을 잃고 놀라 소리를 질렀어.
칠흑 같은 캄캄한 밤중이라 아차해서 배에서 떨어지는 날에는 물고기 밥이 될 판이었지.
그래서 연암 선생은 두 눈을 꼭 감고 넘실거리는 난하의 물결에 몸을 맡기고 배가 움직이는 대로 편안히 있었지.
눈을 감고 편하게 있어 보자.
그랬더니 배 위가 마치 땅인 것처럼 느껴졌어.
아니?
그 순간 태연해지면서 무서움은 모두 사라지고 거센 물결소리도 들리지 않았지.
선생은 그제야 마음이 깊은 사람은 보고 듣는 것 때문에 마음이 흔들리지 않는다는 이치를 깨닫고,
하하하하~!
모두 아홉 번 강을 건너는 동안 한 번의 두려움도 없이 자연스럽게 강을 건넜다고 해!
나머지 사람들은 계속 두려움에 떨었겠군요.

이것은 들리는 소리와 보이는 상황은 모두가 외부의 작용으로 인하여 생긴 것이므로,
외부의 작용이 항상 사람의 눈과 귀를 혼란시켜 마음의 평정을 잃게 한다는 거야.
정자의 제자들이 그의 스승에게 물으니
스승님!
'외부의 작용으로 생기는 분함과 성냄, 두려움과 무서움, 기쁨과 즐거움, 근심과 걱정을 마음속에 두면 그 바름을 얻지 못한다.' 고 하였습니다.
분함
성냄
두려움
무서움
기쁨
즐거움
근심
걱정
이 여덟 가지 중에 몇 가지가 없어야 마음이 바르게 될 수 있습니까?
그것을 없애라는 것이 아니다.
?
다만 그것 때문에 마음이 흔들려서는 안 된다는 것이다.
마음
마음을 바르게 하는 이야기를 하나 더 해볼까?
옛날 젊은 선비 한 분이 고향으로 가다가 날이 저물어 여관에 들어갔어.
로얄주막
방 있나요?
주인이 빈방이 없다고 하면서 머물러 자는 것을 허락하지 않자
요새 성수기라 방이 없어요.
숙박비도 없어보이고..
젊은 선비는 여관 앞 마당에 자리를 잡았어.
오늘은 노숙이다.

때마침 주인집 아이가 큰 진주를 가지고 나왔는데
구슬치기 해야지!
뜰 가운데 떨어뜨리자
곁에 놀고 있던 거위가 즉시 주워 삼켜버렸어.
텁
잠시 후 주인이 나와 없어진 진주를 찾지 못하자
구슬하고 진주를 착각하다니!!
젊은 선비가 훔쳤다고 의심하여
범인은 너다! 나의 직감!
그를 포박했어.
이게 무슨 짓이오?
당신은 묵비권이 있소.
그러나 그 젊은 선비는 굴욕을 참으면서 주인에게 변명하지 아니하고 말하길
그럼 이 거위도 나의 곁에 매어 두시오.
주인은 이상하게 생각했지만 그렇게 하도록 했어.
그래 봤자 넌 감옥행이야!!
감히 나의 자연산 진주를 훔치다니
다음날 아침 주인이 마당에 나가보니
으엥?
로얄주막
선비 옆에 묶어 두었던 거위의 배설물 속에 진주가 빛나고 있는 거야.
범인은 거위였잖아?
이거 실례가 많았소. 그런데 어제 왜 말해주지 않았소?
어제 말을 했다면….
툭
아마도 주인께서는 거위의 배를 갈라서 진주를 찾았을 것이오.
이 불쌍한 거위가 무슨 잘못이 있소?

선비는 주인에게 도둑이라는 누명까지 쓰면서 욕을 당하였으나
하늘을 우러러 한 점 부끄럼 없도다.
자신의 마음을 바르게 하였던 것은 바로 거위의 생명 때문이었어!
사람들은 때때로 정(情)이 마음을 움직여 분한 마음을 먹을 수 있고,
성내는 마음을 먹을 수도 있지.
아으~ 열받아!
그러나 이러한 것을 마음속에 두어서는 안 돼!
빵
예를 들어 사람에게 죄가 있어서 미운 마음에 회초리를 들지만
이놈!
붕붕붕~
그것을 끝마쳤을 때에는 바로 본래 마음으로 평정을 찾아야 해.
학업에 정진하도록 하여라.
그렇지 않고 그 미워하는 것을 계속해서 마음에 남겨 둔다면
언젠간 꼭 갚고 말거야.
(일명 복수노트)
마음의 노트
이것이 마음을 지배하게 되어 그 올바름을 잃게 되지.
30년 전 일 기억하나?
기억나게 해줄까?
그래서 주자는 이렇게 말했지.
마음이 사물에 얽매이게 되면, 그 얽매이는 것에 의해 움직이게 된다.
사람이 사물에 얽매이는 것에는 세 가지가 있는데, 첫째 아직 일어나지 않은 일에 대해서 미리 기대하는 마음을 가지거나
맞선

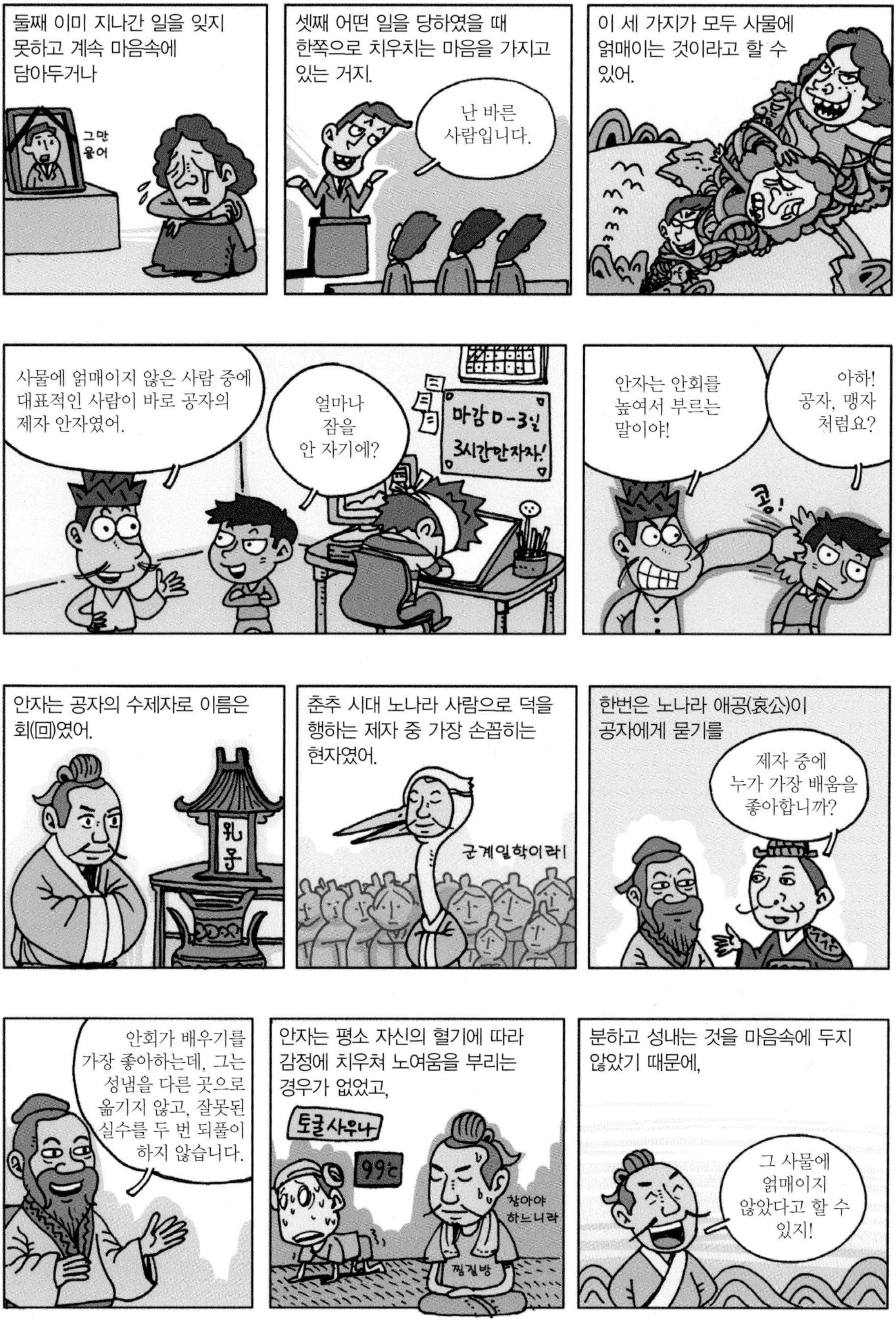

둘째 이미 지나간 일을 잊지 못하고 계속 마음속에 담아두거나
그만 울어
셋째 어떤 일을 당하였을 때 한쪽으로 치우치는 마음을 가지고 있는 거지.
난 바른 사람입니다.
이 세 가지가 모두 사물에 얽매이는 것이라고 할 수 있어.
사물에 얽매이지 않은 사람 중에 대표적인 사람이 바로 공자의 제자 안자였어.
얼마나 잠을 안 자기에?
마감 D-3일
3시간만자자!
안자는 안회를 높여서 부르는 말이야!
아하! 공자, 맹자 처럼요?
콩!
안자는 공자의 수제자로 이름은 회(回)였어.
춘추 시대 노나라 사람으로 덕을 행하는 제자 중 가장 손꼽히는 현자였어.
군계일학이라!
한번은 노나라 애공(哀公)이 공자에게 묻기를
제자 중에 누가 가장 배움을 좋아합니까?
안회가 배우기를 가장 좋아하는데, 그는 성냄을 다른 곳으로 옮기지 않고, 잘못된 실수를 두 번 되풀이 하지 않습니다.
안자는 평소 자신의 혈기에 따라 감정에 치우쳐 노여움을 부리는 경우가 없었고,
토굴사우나
99℃
참아야 하느니라
찜질방
분하고 성내는 것을 마음속에 두지 않았기 때문에,
그 사물에 얽매이지 않았다고 할 수 있지!

보통 사람들은 어떤 일로 화가 나면,
나 열받았다.
주식 대폭락
경제 위기
기쁜 일이 있어도 기뻐하지 않고,
엄마 나 전국 1등 먹었어.
공부나 해!!
또 반대로 자신이 기쁜 일이 있게 되면,
얼쑤~
50에 본 늦둥이
화를 낼 일이 있어도 화를 내지 않는 사람이 많으니,
큰일났어요 사장님! 부도가 났어요!!
괜찮아~ 다시 일어서면 되지~
절쑤~
이것은 곧 사리에 맞지 않으며, 사물에 얽매여서 그렇게 된 것이라는 거야.
어떤 사람을 만났을 때,
저 녀석은….
반가워
과거 그 사람에 대한 선입관을 가지고 있으면 바르지 못한 거야.
한입만
내도시락을 맨날 뺏어먹은놈
선입관이 남아 있는 그 자체가 이미 내 마음에 사사로움이 남아 있다는 뜻이지!
그러므로 자신의 마음속을 텅 비워 아무런 사심 없이 깨끗하게 해야만
사물이나 대상에 얽매인 바가 없게 돼!
주자의 제자들이 스승에게 여쭈었어.
걱정
근심하고 걱정하는 것과 두렵고 무서워하는 것은 외부로부터 다가오는 것이니,
자기 자신에게 달린 것이 아니지 않습니까?
걱정

주자가 대답하길
그것이 비록 외부로부터 온 것이나, 반드시 자기 자신이 대처하는 도리가 있는 것이다.
사물이 다가 올 때는 마땅히 근심하고 두려워 해야 할 것이나,
단지 그것으로 인해서 나의 마음을 지배당하고 더럽혀서는 안 된다.
빡
일찍이 공자가 도를 펴려고 천하를 두루 다니실 때 한번은 광 땅에 이르게 되었어.
여기는 광匡 입니다
당시 노나라 계씨 가문에 신하로 있던 양호(陽虎)가 백성들을 못살게 굴었기 때문에
백성들이 그에게 원한을 가지고 있었어.
그런데 공자의 모습이 양호와 비슷하게 생겨서
WANTED
五百냥
광땅의 백성들이 공자님을 보고 양호인 줄 착각하고 억류시켜 버렸어.
잘걸렸다!
그런데 공자는 오히려 두려움을 잊고 마음을 편안하게 가졌다고 해!
뭔 오해가 있을 거야. 하하하하~
물론 후에 양호가 아니라는 것이 밝혀져 화를 면하기는 하였지만 말야.
또 은나라의 마지막 왕인 폭군 주 왕이 포학한 정치를 일삼았는데

당시 은나라의 서쪽 땅을 맡아서 다스리던 서백(문왕)은 백성들에게 선정을 베풀어 그 지역 사람들에게 인심을 얻었어.
이에 시기심과 두려움을 느낀 주왕은
동백인지 서백인지 당장 잡아와!!
서백을 불러들여 감옥에 가두어 버렸어. 서백의 맏아들인 백읍고(伯邑考)가 아버지를 살리기 위해 주왕을 찾아왔다가 목숨을 잃었어.
서백은 후에 간신히 풀려나기는 했지만 죽음의 문전에 있었어도 두려워 하거나 무서워 하지 않고 마음을 편안하게 가졌다고 해!
이것은 공자나 문왕이 평소에 두려워 할 일을 하지 않았으며,
꾸꾸-
허허
그와 같은 외부의 작용으로 인해서 마음을 지배 당하지 않았다는 얘기야!

'마음을 바르게 한다(正心)' 는 것은
분함과 성냄, 두려움과 무서움, 좋아함과 즐거움, 근심과 걱정에 대하여
성냄
무서움
두려움
즐거움
얽매이지 않고 자신의 마음을 올바르게 가지는 것이라고 할 수 있어.
흔들리면 안돼.
퇴계 이황 선생이 말하길
마음 가운데에는 단 하나의 사물을 두어서도 안 된다.
이것이 곧 마음을 경건하게 가지는 법이다.
조선 중기 대유학자였던 우암 송시열 선생도 말하길
마음속에 한 가지라도 치우치고 얽매임이 있다면, 이것이 비록 간사하고 악한 생각이 아닐지라도 그것이 하늘의 이치를 해치는 것이다.
자, 그럼 마음은 어떻게 다스려야 하는지 알아보자.
2) 마음에 주인이 있어야 한다.
"심불재언 시이불견 청이불문 식이불지기미 (心不在焉 視而不見 聽而不聞 食而不知其味) 마음에 주인이 있지 않으면 보아도 보이지 않고, 들어도 들리지 않으며, 먹어도 그 맛을 모른다."
이것은 만약 내 마음에 주인이 없다면 내 몸을 통제하는 주인이 없다는 뜻이야.

사람의 마음에 주인이 있게 되면 올바른 것이 마음속에 가득 차게 되지.
주인
올바른 것으로 마음속이 가득 차게 되면 바깥에 있는 근심스러운 것이 들어오지 못해!
나도 가고 싶은데….
그러므로 다시 말해서 내 마음에 주인이 있다는 것은, 내 마음 안에 올바른 것으로 가득 차고 사사로운 것은 텅 비어 있다는 뜻이야.
그래서 마음을 비웠다고 하면 사사로운 마음이 없다고 하는 거야.
머리를 비운 것 같은데??
마음을 비웠습니다.
주자가 말하길 "마음이 굳세고 튼튼하면 안에서는 욕심이 싹트지 않고, 바깥에서는 꾀임이 들어오지 못한다."라고 했어.
이에 대한 일화 하나!
중국 후한 때 양진(楊震)이라는 사람이 동래군 태수로 있을 때 일이야.
어느 날 창읍이라는 고장을 지나가게 되었는데
창읍

밤에 어떤 사람이 찾아와 황금 열 근을 양진에게 바쳤어.
제 성의입니다.
히히히
그러나 양진은 이를 사양하고 받지 않았어.
뇌물은 받을 수가 없습니다!
지금은 밤이니 아무도 보는 사람이 없으니 제발 받아주십시오.
에이~ 내숭쟁이—
이보시오! 당장 그대가 알고, 내가 알고, 또 하늘이 알고 땅이 알고 있지 않소!!
갈!
이와 같이 내 마음에 주인이 있으면 행동이 바르게 되고,
내 마음에 주인이 없으면 행동이 잘못되어 몸을 망친다는 것이야.
부아앙—
퇴계 이황 선생이 말하길
착한 일, 악한 일, 큰 일, 작은 일 할 것 없이 행한 뒤에는
반드시 마음속에 남겨두어서는 안 된다.
"만약 그것을 마음속에 남겨두면 저절로 진흙같이 달라붙고 얽매이며 연루되어
내 마음을 더욱 혼란하게 해서 공을 따지고 이익을 꾀하게 되니
모든 잘못됨이 여기에서 나온다."라고 하셨어.
다음엔 몸을 닦는 것에 대해 이야기해 보자!
찜질방

요 임금과 격양가

옛날 옛적 중국의 요순시대堯舜時代에 백성들이 널리 부른 태평성대가가 있었으니 바로 '격양가擊壤歌'라는 노래입니다.

격양이란 한자어를 풀이해 보면, '칠 격擊', '땅 양壤'으로 '땅을 치며 노래한다.'는 뜻입니다. 백성들이 얼마나 살기 좋았으면 땅을 치며 노래를 불렀을까? 바로 태평성대의 모습입니다.

▲ 중국의 전설상의 성군인 요 임금. 그는 후계자를 선정하는 데 있어서 자신의 열등한 아들 대신에 순을 선택했으며, 이 새로운 황제를 위한 조언자로 봉사했다고 한다.

매일 같이 태평성대가 이어지는 어느 날, 요 임금이 백성들이 잘사는지 못 사는지를 알아보기 위하여 허름한 모습으로 변복하여 민정시찰을 나섰습니다. 얼마 지나지 않아 한 골목길을 가고 있는데 아이들이 손을 잡고 임금님을 찬양하는 노래를 부르고 있었습니다.

立我烝民(입아증민) 우리가 이처럼 잘 살아가는 것은

莫匪爾極(막비이극) 모두가 임금님의 지극한 덕이네

不識不知(불식부지) 우리는 아무것도 알지 못하지만

順帝之則(순제지칙) 임금님이 정하신 대로 살아가네

노래를 들은 요 임금은 자신도 모르게 흐뭇해 졌으나 마음이 완전히 놓이지 않아 길을 계속 갔습니다. 힘찬 발걸음으로 마을을 지나가고 있는데 어떤 백발의 노인이 길가에 앉아 "배를 두드리고[鼓腹] 발로 땅을 구르며[擊壤]" 흥겹게 노래를 부르고 있었습니다.

日出而作(일출이작) 해가 뜨면 일을 하고

日入而息(일입이식) 해가 지면 들어가 쉬고

鑿井而飮(착정이음) 우물 파서 물 마시고

耕田而食(경전이식) 밭을 갈아 밥 먹으니

帝力于我何有哉(제력우아하유재) 임금의 힘(덕)이 나에게 무슨 소용이 있으리

노래를 들은 요 임금은 크게 만족하여 미행을 멈추었다고 합니다. 임금이 있는 듯 없는 듯 해도 백성들은 불만이 없고, 마을마다 한가로운 세상이어서 더 이상 정치의 힘 따위는 의식을 않고 있으

니 그야말로 정치가 잘 되고 있는 증거인 것이죠.

요 임금은 백성들과 같이 농사를 짓고, 희로애락을 같이 하며 늘 백성들 곁에 있었다고 합니다. 지금도 오곡이 무르익고 백과가 풍성한 시절이 찾아오면 요순시대와 같다는 말을 하며 '격양가'에서 비롯된 '고복격양鼓腹擊壤'이라는 말을 자주 사용한답니다.

주지육림
한우

제10장 수신(修身) - 마음이 바른 뒤에 내 몸을 닦는다

뜻이 성실해지면 자신의 마음을 바르게 할 수 있어!
깜짝
자신의 마음을 바르게 하면 악함은 없어지고 자연히 착함만이 있으니,
결국에는 마음을 바르게 하는 것이 내 몸을 보전할 수 있다는 거야.
어느 날 주자의 제자들이 스승에게 여쭈기를
스승님! 뜻이 성실해지면 곧 마음이 바르게 됩니까?
하니 주자가 대답하길
그렇지 않다! 자신의 뜻이 비록 성실하더라도
茶
그 마음을 바르게 가지고 있지 않으면 안 된다!

이것은 자신의 마음속에 생각을
남겨두어서는 마음의 바름을
얻지 못한다는 얘기야.

사람의 마음이 바르면 어떤 사물이나
환경에서도 좋아하고
어~
시원하다.

미워하는 마음이 한쪽으로
치우치게 되지 않아!
자네를
용서하겠네.

비록 뜻하지 않게 기뻐해야 할
일이나 화나는 일이 생길지라도
1등
123457
123457

그것을 겉으로 표현한 뒤에
자신의 마음속에 남겨 두지
않는다는 거야.

마음에 머물러
두지 않는 예로
관포지교*라는 유명한
얘기가 있어.

*관포지교(管鮑之交) – 관중과 포숙아가 아주 사이좋게 사귀었다는 데서 유래된 말로 좋은 친구 관계를 말함.

춘추 시대 초기, 제 나라에 관중(管仲)과
포숙아(鮑叔牙)라는 두 관리가 있었어.

이들은 어렸을 때부터 같이 지내던 죽마고우*였어.

*죽마고우(竹馬故友) – 대나무 말을 타고 같이 놀던 벗이란 뜻으로, 어릴 때부터 같이 놀며 자란 친구를 말함.

이들이 친한 친구로 발전할
수 있었던 것은 포숙아가
성실하고 올바른 마음을
가졌기 때문이야.
우리는
친구!

일찍이 제나라 양공(襄公)이 그의 사촌동생 공손무지(公孫無知)에게
시해당하는 사건이 벌어졌는데

이때 관중은 양공의 아들 규(糾)를 모시고 이웃나라로 피신했고,
포숙아는 규의 이복동생인 소백(小白)을 모시고 다른 나라로 피신했어.
공손무지
양 공
관중
규
포숙아
소백
이듬해 공손무지가 살해되자,
공손무지
두 공자는 서로 왕이 되려고 서둘러 제나라로
귀국하게 되었지.
촤아악
먼저 도착하는
사람이 제나라의
왕이다!!
이때 관중은
이럴 게 아니라
소백을 없애면
자연히 규 공자가
왕이 되는 것이
아닌가!
끼익
하고 포숙아가 모시고 있던 소백을 암살하려고
활을 쏘았어.
전하!!
퍽
하지만 그 화살이 빗나가 소백의
허리띠에 맞아 다행히 목숨을
구할 수가 있었어.
역시 명품
허리띠군!
MADE IN KOREA
소백은 규보다 먼저 제나라로 입성하여 왕위에
올랐어. 그가 바로 제나라
환공(桓公)이야.

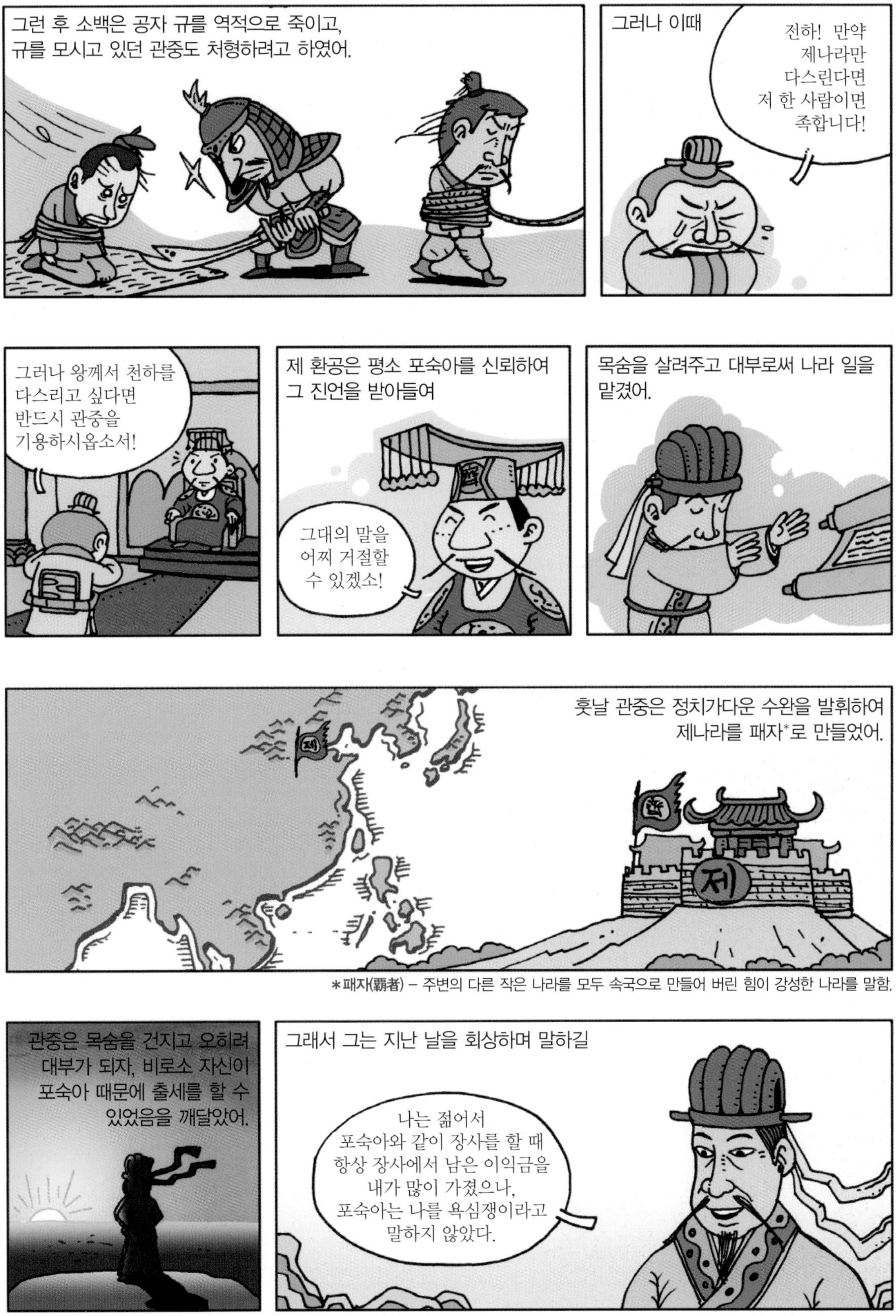
그런 후 소백은 공자 규를 역적으로 죽이고,
규를 모시고 있던 관중도 처형하려고 하였어.
그러나 이때
전하! 만약 제나라만 다스린다면 저 한 사람이면 족합니다!
그러나 왕께서 천하를 다스리고 싶다면 반드시 관중을 기용하시옵소서!
제 환공은 평소 포숙아를 신뢰하여
그 진언을 받아들여
그대의 말을 어찌 거절할 수 있겠소!
목숨을 살려주고 대부로써 나라 일을
맡겼어.
훗날 관중은 정치가다운 수완을 발휘하여
제나라를 패자*로 만들었어.
제
관중은 목숨을 건지고 오히려 대부가 되자, 비로소 자신이 포숙아 때문에 출세를 할 수 있었음을 깨달았어.
그래서 그는 지난 날을 회상하며 말하길
나는 젊어서 포숙아와 같이 장사를 할 때 항상 장사에서 남은 이익금을 내가 많이 가졌으나, 포숙아는 나를 욕심쟁이라고 말하지 않았다.

*패자(霸者) – 주변의 다른 작은 나라를 모두 속국으로 만들어 버린 힘이 강성한 나라를 말함.

그것은 내가 가난하다는 것을 알고 있었기 때문이다.
꼬르륵~
그리고 또 한 번은 일을 하다가 포숙아를 궁지에 몰아 넣었으나 그는 나에게 책임을 묻지 않았다.
일에는 성패(成敗)가 있다는 걸 알고 있었기 때문이다.
망할 때도 있지 뭘….
후후…
또 내가 벼슬길에 나갔다가는 세 번이나 물러났지만 그는 나를 무능하다고 말하지 않았다.
꽈당—
그는 내가 운이 따르지 않았다는 것을 알고 있었기 때문이다.
괜찮아, 괜찮아.
또 나는 전쟁터에서 도망친 적이 한두 번이 아니었지만 나를 겁쟁이라고 말하지 않았다.
와
그는 내게 노모가 계시다는 걸 알고 있었기 때문이었다.
어무이
비록 나를 낳아 주신 분은 부모이지만 나를 알아준 사람은 포숙아이다.*

*生我者父母 知我者鮑淑牙(생아자부모 지아자포숙아).

이와 같이 관중이 포숙아에게 친구로서의 도리를 많이 저버렸지만,
포숙아는 그때마다 바른 마음으로 친구의 도리를 저버리지 않았던 거야.
자신이 나아갈 곳을 관중에게 알려 주어 그를 올바른 곳으로 인도했어.
포숙아의 이러한 행동은 한 치의 사리사욕이 없는 바른 마음으로써 자신의 몸을 닦은 것이라고 할 수 있어!
만약 포숙아가 사사로운 마음으로 공을 따지고, 이익을 따지는 그런 치우치는 마음을 가졌다면,
돈이 최고!
과연 역사 속에 길이 남을 아름다운 친구 관계로 발전할 수 있었을까?
아마도 이렇게?
그들의 거짓된 우정
배신자
12월 대개봉
만약 우리들 주위에 불우한 이웃을 있어서 그들을 보고 도와주려는 마음이 생겼다면,
불쌍해.
그것은 뜻을 성실히 가졌다고 볼 수 있어.
그러나!
그 뜻을 성실히 가진 것만으로 마음을 닦은 것이라고는 할 수 없어.
나중에 도와줘야지….
우선 마음을 닦기 위해서는 성실한 마음가짐과 실천이 뒤따라야 해!
성실
실천
성실한 마음가짐이란 아무런 조건도, 바라는 것도 없이
아무것도 바라지않아~
내 마음에서 순수하게 우러나오는 마음으로 해야 해!

해마다 연말이면 불우이웃돕기 성금을 내는 사람들이 많이 있어.
△□요양원
또 라면이냐...
불우이웃돕기
하하하! 난 착한 사람!!
1000 1000
명예
자랑
자신의 이름을 밝히며 마치 남들이 행하지 못하는 일을 자기 혼자 행하여 위대한 것처럼 과시하고 있어.
국회의원 안봉박 1억원
낄낄~
이러한 것은 그 마음가짐이 바르지 못한 거야.
남에게 보이기 위한 행동은 마음이 한쪽으로 치우치는 것이고,
또 자신의 이익을 위해서 하는 행동 역시 옳지 못한 것이야! 그것은 자신의 몸을 닦는 것이 아니야!
순수하게 남을 배려하는 마음으로 아무런 치우침이 없이 행해야만
곧 자신의 몸을 닦는 것이라 할 수 있어!
45℃
그러므로 만약 몸을 닦고자 하는 사람은 조금이라도 마음이 바르지 못하면 안 돼!
자신의 몸을 닦기 위해서는 먼저 마음을 바르게 가져야 한다는 것을
우리 모두 명심해야겠지?

선양과 방벌

義

중국에서 천자나 왕의 자리를 다음 사람에게 물려줄 때 선양과 방벌, 두 가지 방식이 있습니다.

▲ 요 임금과 더불어 성군의 대명사인 순 임금.

1. 선양禪讓

태평성대를 누렸던 요순시대 때, 요 임금이 기력이 다해 다음 사람에게 임금의 자리를 물려주려고 하였습니다.

요 임금 : "누구를 등용할 만하오?"

신하 방제 : "맏아들인 단주丹朱가 좋을 것 같습니다."

요 임금 : "자기가 한 말에 책임도 질 줄 모르는 인간이오!"

요 임금 : "다른 인물은 없겠소?"

신하 환두 : "공공共工이 백성들에게 인심도 얻고 많은 공을 세웠습니다."

요 임금 : "그의 말은 아름답지만 실제 행동과는 다르고, 겉으로는 공손한 척하나 속마음은 거만하오. 숨은 자와 미천한 자를 가리지 말고 덕성이 밝고 어진 사람을 천거해 보시오!"

모든 신하 : "백성들 가운데 홀아비가 한 사람 있습니다."

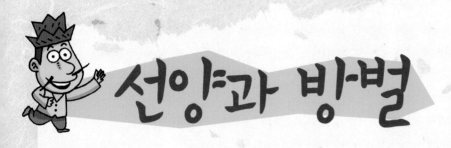

요임금 : “누굽니까?”

모든 신하 : “이름은 우순입니다. 장님의 아들인데, 아비는 어리석고 어미는 간악하며, 동생은 오만합니다. 그러나 효성으로 가정을 화목하게 하고, 정성으로 집안을 다스려 주위의 모든 사람들이 감동합니다.”

요 임금 : “그를 불러오시오! 그에게 정사政事를 맡겨보겠소!”

요 임금이 순舜을 지켜보니 나라를 잘 다스릴 것 같았습니다.

《맹자》의 ‘만장萬章’ 에는

만장 : “선생님! 요임금이 천하를 주셨다는데 그런 일이 있습니까?”

맹자 : “그렇지는 않다. 천자라도 천하를 함부로 사람에게 주지 못한다.”

만장 : “그럼, 순임금이 천하를 얻은 것은 누가 준 것입니까?”

맹자 : “하늘이 주신 것이다.”

선양禪讓이란? 한자어를 풀어보면 ‘천자의 자리를 양보하다.’ 라는 뜻입니다.

그럼, 맹자의 말씀대로라면 하늘이 천자의 자리를 물려주는 것이 선양일까? 하늘이 실제 자리를 내어 주지는 않지만, 백성의 뜻이 곧 하늘의 뜻이라 하였습니다. 비록 요임금이 순의 사람됨됨이를 보고 그를 임금으로 천거하였어도 하늘이 그를 받아들이지 않으면 될 수가 없었겠죠. 다시 말하면 하늘은 말없이 지켜만 볼 뿐, 드러나는 덕행을 보고 결정하는 것은 바로 백성이란 뜻입니다.

요 임금이 순에게 정사를 맡겨보니 짐작한 대로 그의 덕행이 만백성들을 편안하게 해주었습니다. 백성들도 순을 임금으로 맞이하고 그를 찬양하

였고 요 임금에 이어 계속 태평성대가 이어진 것입니다. 즉, 선양이란 덕을 갖춘 사람을 선출하여 천자의 자리를 물려주는 평화적 왕위 교체 방법입니다.

▲ 은나라 시조인 탕 임금.

2. 방벌放伐

방벌放伐의 한자를 풀이해 보면 '추방할 방放', '칠 벌伐' 입니다.

하나라의 마지막 왕 걸桀은 53년간 재위에 있었는데 중국 역사상 대표적인 폭군 중 한 명입니다. 그는 이웃 작은 나라를 약탈하고, 미녀 말희(末喜; 또는 매희妹喜라고도 함)와 향락에 빠져 백성들을 수탈하고 학살하며 향락을 즐겼습니다. 이에 탕 임금이 걸을 추방하고 새로운 은나라를 세웠습니다.

또 은나라 마지막 주紂 왕은 33년간 재위하면서 포악무도하기가 이를 데가 없었습니다. 그는 미녀 달기妲己 에게 빠져 금으로 치장된 녹대鹿臺라는 궁궐을 짓고는 주지육림酒池肉林을 만들어 즐겼습니다. 백성들을 살육하고 혹독한 착취를 했을 뿐만 아니라 몹시도 잔인하여 산사람을 태워죽이는 형벌을 만들기도 하였습니다. 이에 제후국이었던 주나라의 무왕이 대군을 이끌고 가 그를 토벌하고 새롭게 주나라를 세웠습니다.

은나라를 세운 탕 임금이 하나라의 마지막 왕 걸桀을 추방放하고, 주나라를 세운 무왕이 은나라의 마지막 왕 주왕紂王을 토벌伐한 것은 모두 무력을 사용한 것으로 방放과 벌伐이 여기에서 생겨났습니다. 즉, 방벌은 왕위가 무력으로 인하여 바뀌게 되는 것을 말하는데, 폭력에 의한 왕위 교체방식을 일컫는 말입니다.

참고로, 우리나라의 '반정反正' 이란 '올바른 곳正으로 돌아간다反.' 라는 의미로 왕조 자체가 바뀌지는 않고 폭군을 몰아내고 정통성을 되찾는 걸 말합니다. 역사적으로는 조선 시대 중종반정과 인조반정을 들 수 있습니다.

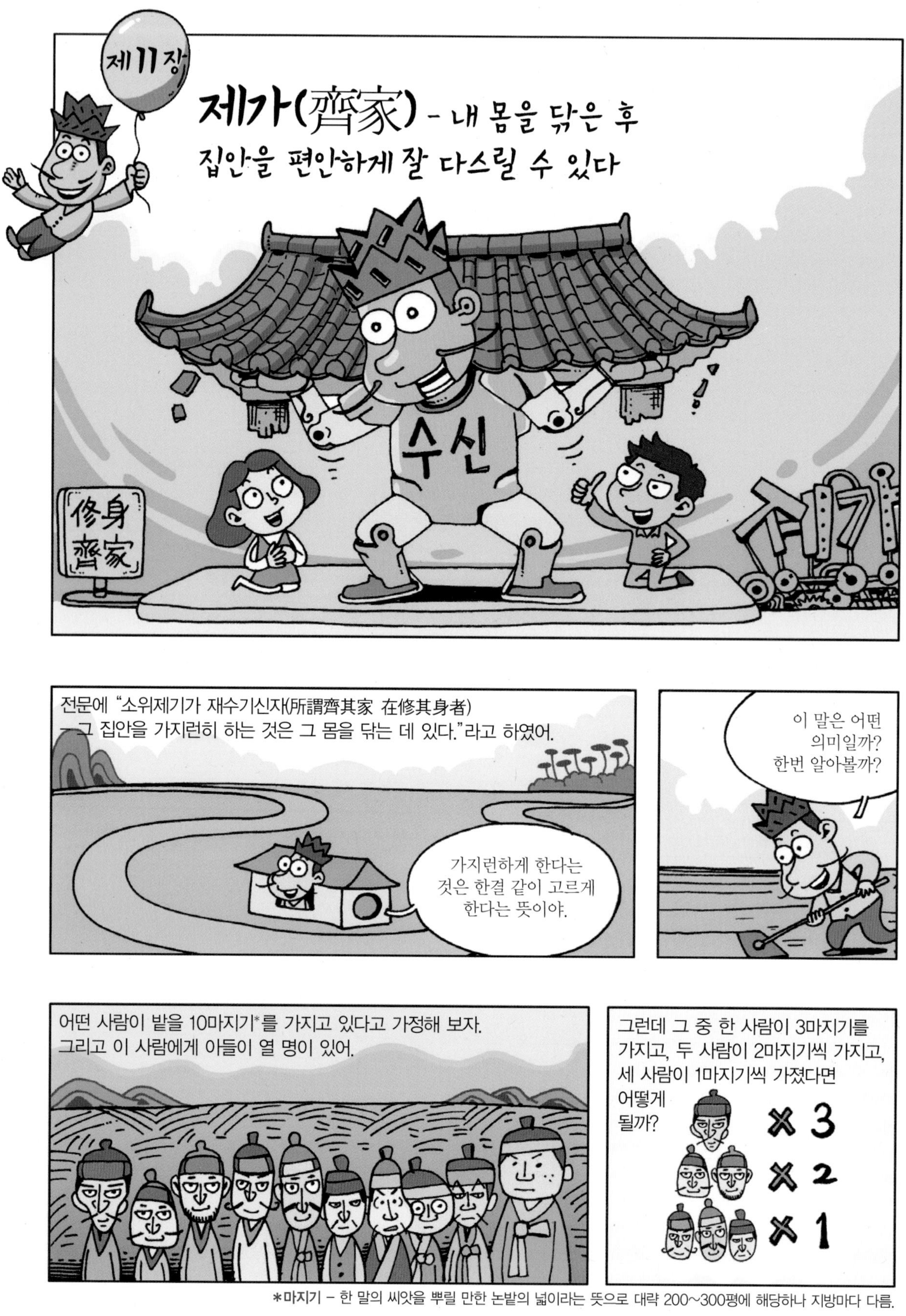
제11장
제가(齊家) - 내 몸을 닦은 후 집안을 편안하게 잘 다스릴 수 있다
수신
修身 齊家
제가
전문에 "소위제기가 재수기신자(所謂齊其家 在修其身者) – 그 집안을 가지런히 하는 것은 그 몸을 닦는 데 있다."라고 하였어.
가지런하게 한다는 것은 한결 같이 고르게 한다는 뜻이야.
이 말은 어떤 의미일까? 한번 알아볼까?
어떤 사람이 밭을 10마지기*를 가지고 있다고 가정해 보자. 그리고 이 사람에게 아들이 열 명이 있어.
그런데 그 중 한 사람이 3마지기를 가지고, 두 사람이 2마지기씩 가지고, 세 사람이 1마지기씩 가졌다면 어떻게 될까?
×3
×2
×1

*마지기 – 한 말의 씨앗을 뿌릴 만한 논밭의 넓이라는 뜻으로 대략 200~300평에 해당하나 지방마다 다름.

그럼 당연히 나머지 네 사람들은 차지할 몫이 없어 울부짖지 않을 수 없게 돼!
도대체 우린 뭐야!
그러므로 '집안을 가지런히 한다.' 라고 하는 것은 그 부모 노릇을 잘하는 것이라고 할 수 있겠어!
불평이 없도록 해야겠다.
아들 10명에게 밭이 골고루 돌아갈 수 있도록 하는 것이 곧 '가지런하게 한다.' 라고 할 수 있는 거야!
사람은 누구나 친하고 사랑하는 것에 마음이 치우치게 되고,
또 천히 여기고 미워하는 것에 마음이 치우치게 되고,
두려워하고 공경하는 것에 마음이 치우치게 되고,
슬퍼하고 불쌍히 여기는 것에 마음이 치우치게 되며,
오만하고 게으른 곳에 자신의 마음이 치우치게 돼!
이와 같은 마음들은 사람들이 본래부터 가지고 있는 당연한 법칙과 같은 것이야.
그런데 보통사람들은 정에 이끌려 마음을 가지런하게 갖지 못하고
情
한쪽으로 치우쳐서 자신의 몸이 닦여지지 않게 되지.

사람이 친애하고 사랑하는 것은 마치 아버지와 아들 사이와 같기 때문에 자칫 치우치게 되기 쉽거든.

아버지가 의롭지 못하면 자식이 간언하지 않을 수 없고,
백성들은 굶고 있는데 사리사욕만 채우시다니요!!
끼놈.

자식이 어질지 못하면 아버지가 가르쳐 고치도록 해야 해!
낮술이나 먹고! 한번 혼나볼텨!

친하고 사랑하는 것에 마음이 치우쳐 집안을 가지런하게 하지 못하면 그것은 집안을 다스리는 사람의 몸이 닦여지지 않은 것이라고 할 수 있어!
좋은 게~
좋은 거죠~

조선 시대 명재상이었던 황희 정승은 18년간 영의정을 지냈어.

인품이 원만하고 청렴 결백해서 청백리*로 불려졌어!
청백리

＊청백리(淸白吏) – 조선 시대 2품 이상의 당상관과 사헌부 · 사간원들이 추천하여 뽑은 청렴한 벼슬아치를 말함.

그런데 황희 정승에게는 술을 지나치게 좋아하는 아들이 하나 있었다고 해!
주주 클럽
酒
酒

황희 정승은 여러 번 훈계를 했지만 아들의 버릇은 고쳐지지 않았어.
한번만 더 술을 먹기만 해 봐라!!

그래서 황희 정승은 무언가 방법을 달리 해야겠다고 마음 먹었어.
고민
Q 아들의 술버릇을 고치고 싶어요
포기하세요
그래서 어느 날 술을 마시러 나간 아들을 밤늦도록 마당에서 기다렸지.
자정이 넘어 새벽이 되자
술을 마신 아들이 취해서 비틀거리며 대문을 들어섰어.
끄억~
어서 옵쇼!
굽실~
엥? 여기가 어디지?
아들이 자세히 들여다보니 자신의 아버지였어.
아버지!!
아버지 왜 이러세요?
허허… 왜 이러다뇨.
굽실~
황희 정승은 다시 예를 갖추어서 말하길
무릇 자식이 아비의 말을 듣지 않으면 내 집안의 사람이라고 할 수 없습니다.
그러면 자식이 아니라 내 집에 온 손님이나 마찬가지지요!
내 집에 찾아온 손님을 정중하게 맞이하는 것이 예의가 아닌지요?
잘못했습니다! 아버지!!
아들은 아버지에게 백배 사죄하고는 바로 버릇을 고쳤다고 해!
센스 만 점!

무릇 자식이 어질지 못하면 그 아버지가 가르쳐 고쳐주어야 사랑하는 마음에 치우치지 않았다고 할 수 있어!
공경하는 마음을 가질 때도 치우침이 없어야 해.
그것이 올바른 일이 아닐 때는 마땅히 두려워하거나 공경하지 말아야 해!
자신의 올바른 뜻을 굽혀가면서 윗사람을 공경하고 두려워한다면 이것 또한 마음이 한 쪽으로 치우쳤다는 거야!
친일
만약 누가 자신에게 폭력을 행사해서 그 힘이 무서워 두려워하거나
누가 자신보다 계급이 높아서, 또 그가 가진 권력 때문에 공경한다면
이것은 자신의 마음이 치우친 것으로 몸이 닦여지지 않았다고 할 수 있어.
다음은 두려움과 권력에 자신의 마음이 치우치지 않았던 얘기를 소개할게!
조선 시대에는 사헌부*와 사간원**이란 관청이 있었는데
司諫院
司憲府

*사헌부(司憲府) – 백성의 억울한 누명을 풀어 주는 일을 하던 관아.
**사간원(司諫院) – 임금께 간하는 일을 맡아 보던 관아.

이곳의 관리들은 오직 바른 말을 하는 것이 주 임무였어.
전하! 그러시면 아니 되옵니다.
그러다보니 때때로 왕에게 쓴 소리를 하다가 목숨을 잃는 신하들도 있었어.
다음은 자신의 임무에 최선을 다하다가 사라진 중종 때 조광조(趙光祖)에 관한 얘기야.
靜庵 趙光祖
정암 조광조

1518년, 조광조는 관직에 나아 간 지 얼마 되지 않아 사헌부의 대사헌으로 임명되었어.
사헌부
당시는 폭군이었던 연산군을 쫓아내고 중종을 새 임금으로 모신 '중종반정'이 일어난 직후였어.
연산군을 몰아낸 주역들을 '정국공신*'이라고 했는데 이들은 많은 부귀와 권력을 손아귀에 넣었지.

* 정국공신(靖國功臣) – 1506년 중종반정 때 공을 세운 신하에게 내린 칭호임.

그런데 이들 정국공신 중에는 연산군의 신하로 있던 사람들이 있었어.
히히히..
원래 신하란 목숨을 걸고라도 왕의 잘못에 대하여 올바름을 고하여 바로잡도록 해야 하는데
뿌웅~
공신들은 그런 간언을 올린 사람들이 아니었어.
전하! 시원하시겠습니다!
스멀스멀~~..
조광조는 이와 같이 군주를 잘못 섬긴 신하들이
자신들의 왕을 내쫓고 모든 특권을 누리는 것을 도저히 인정할 수 없었어.
간에 붙었다 쓸개에 붙었다 하는 자들!
그는 중종에게
전하! 정국공신들 중에는 연산군의 신임을 받았던 사람들이 많습니다.

연산군이 선정을 펼 수 있도록
간언하지 못했다면
그것은 신하된 자로서 큰 죄를
범한 것이니, 물러나야 한다고
아뢰었지.
공신들은 조광조가 하는 말에 아무도
대꾸도 할 수 없었어.
……
그렇다고 가만히 입을 다물고
있자니 자신들의 위치가
위태로웠어!
그래서 그들은 자신들이 가진 권력을 이용해 중종에게
조광조를 없애라고 압력을 넣었어.
중종은 자신을 왕으로 옹립시켜준 정국공신들의
압력에 굴복을 하여 조광조에게
사약을 내렸어.
임금을 아비같이
사랑하였고 나라걱정을
집안걱정처럼
하였노라.
이미 조광조는 죽음을 무릅쓰고
올린 간언이니 기꺼이
죽었으나
그 후 10여 년이 지나면서 정국공신들은 자기들끼리
서로 죽이는 일이 벌어졌다고 해!
이렇게 조광조는 올바름을 위해서
왕을 두려워 하거나 또한 권력 때문에
자신의 마음이 치우치지 않아
조선 왕조에서 도덕적으로 역사에
길이 남을 선비가 되었지.

자신의 마음을 치우치게 하는 또 하나는 다른 사람을 천하게 여기고, 미워하는 것인데
이 야속한 양반아!
팍팍
이것은 참으로 좋지 못한 마음가짐이야!
갑자기 온몸이
남을 시기하거나 미워하는 마음을 가지고 있으면
사기꾼
자신의 감정이 앞서서 반드시 마음이 한쪽으로 치우치기 쉬워.
죽어라!!
두더지
쾅쾅
또 오만하고 게으르다 보면, 자신의 행동을 함부로 가볍게 하여
쩝쩝
쩝쩝
자신도 모르는 사이에 마음이 한쪽으로 치우치게 돼!
뻥
비가 많이 내린 골짜기 시냇가에 있던 모난 돌 하나가 빗물에 떠밀려 강까지 내려왔어.
아이구 힘들어. 여기까지 오느라고 만 번을 굴렀네.
돌이 수영하네..
그곳에 도달하니 주변의 돌들이 동글동글하게 예쁜 몸매를 가지고 있었던 거야.
와우!!
그 모습을 본 모난 돌은 그만 시기하는 마음이 생겼어.
난 고생하며 왔는데 여기서 이렇게 편하고 예쁘게 있다니…
너희들! 그렇게 몸을 다듬는 데 얼마나 걸렸니?
난 7년, 난 9년째야.
난 10년!
응! 5년째 닦고 있어.

난 20년째야.
허걱! 20년?
20년 동안 어떻게 참고 지내!!
그래! 좀 더 물살이 센 곳으로 가면 틀림없이 6개월 만에 아름다운 몸매를 만들 수 있을 거야!
그 모난 돌은 물살이 가장 센 곳으로 자리를 옮겼던 거야!
어머 그쪽은 위험해! 물고기도 없는 곳이라구!
겁쟁이들… 난 너희들보다 더욱더 예쁜 조약돌이 될 거야!
그리고는 세찬 물살을 견디기 시작하였어.
쉬우웅—
그런데 이게 웬일이야? 물살이 너무 센 탓인지 자신의 몸을 마음대로 할 수가 없었어.
쏴아아악
모난 돌은 계속해서 이리저리 몸이 부딪쳐서 결국은 깨어지고 말았지.
이와 같이 남을 미워하거나 시기하는 마음이 앞서면 자신의 분수를 잊어버리고 몸을 망칠 수 있는 거야!

또 다른 사람들이 슬퍼할 때 불쌍히 여기는 마음은 사람이면 누구나 마땅히 가져야 할 마음이지만,
마음이 치우치지 않기 위해서 크게 경계해야 할 것이 있어.
상대방이 잘못하여 벌을 주려고 하는데, 상대가 슬프게 울고 간절히 빌면
불쌍한 마음이 들어서 너그럽게 용서해줌으로써 자신의 올바른 마음이 치우치기 쉬우니 경계해야 한다는 거야!
빨리 안 잡아!!
옛날 충청도 어느 고을에 마음씨 고운 김 진사가 살았지. 그는 주변에 어려운 사람을 보면 그냥 지나치는 법이 없었어.
맘씨 좋은 김진사
어느 날 우연히 길을 가다 보니 어린 사내아이가 배가 고파 길가에 쭈그리고 앉아 있었어.
김 진사는 그 아이를 집으로 데리고 와서 밥도 주고 옷도 주었어.
많이 묵어라
그리고 마땅히 갈 곳이 없다 하기에 잠시 자신의 집에 머물도록 허락했어.
내 집처럼 지내거라.
그런데 이 아이가 행실이 좋지 못하였던 거야.
하루는 김 진사가 낮잠을 자고 있는 사이에 그 아이가 김 진사가 아끼는 옥 두꺼비를 몰래 훔쳐가지고 달아나 버렸어.
김 진사는 그 아이를 찾으려고 수소문하였으나 찾지 못하였어.
얘야! 어디 있니?

몇 달이 지난 후 김 진사는 이웃마을 잔칫집에 가던 중 우연히 길거리에서 일전에 자신의 옥 두꺼비를 훔쳐간 아이를 만났어.
요놈, 잘 만났다! 내가 모를 줄 알았냐?
마음속으로 당장이라도 관아에 데리고 가고 싶었지만 그 아이가 잘못을 빌며 눈물로 용서를 구하는 거야.
진심가득..
윽...
한번만 제발 용서해주세요.
김 진사는 불쌍한 마음이 들어 그만 놓아 주기로 하였어.
개과천선 하거라, 이눔아!
그리고 다음부터는 나쁜 짓을 하지 말라고 신신당부를 했지.
녀석, 뒤도 안 돌아 보는군….
그 후 몇 달이 지나지 않아서 김 진사 집에 큰 도둑이 들었던 거야.
휙
도둑은 집안에 놓아둔 귀중품들을 몽땅 훔쳐 달아나 버렸어.
세상에 이럴 수가!!
김 진사는 할 수 없이 관가에 가서 신고를 하였고 포졸들이 이 고을 저 고을 범인을 찾았어.
최선을 다하겠습니다.
마침내 도둑이 잡혔고 김진사는 도둑이 잡혔다는 소문에 급히 관가로 달려갔어.
어떤 놈인지 얼굴이나 보자.
붕-
TAXI
그런데 이게 웬일이야? 잡힌 도둑은 예전에 자기가 용서를 해준 그 사내아이였어.
쳇.
아니 또 너란 말이냐?

김 진사는 비로소 자신이 좀 더 현명하지 못 했음을 후회하게 되었어.
내가 널 잘못 가르쳤구나!
일전에 옥 두꺼비를 잃어버렸을 때 그 아이에게 책임을 묻고 벌을 주어 훈계를 했더라면, 이렇게 큰 잘못을 하지 않았을텐데.
벌
지금도 늦지 않았으니 벌을 받거라!
잘못 했어요 진짜루..
덜 덜 덜
정이라는 것에 마음이 쏠려 치우쳐서는 안 돼!
바람에 날리는 ~ 갈대와 같이~
사람들이 정으로 인하여 사랑에 빠지게 되면, 옳고 그름을 분별하지 못하고,
또 자기 자식이 나쁜 짓을 해도 그 악함을 모르지.
순수한 내 새끼.
퍽
자신이 좋아하는 사람에 대하여 그 사람의 악한 점을 안다는 것은,
악
악
그 사람과 친하게 지내면서도 사랑에 치우치지 않는다고 말할 수 있어.
그 버릇은 꼭 고치렴!
또 그 시람을 미워하면서도 그 사람의 좋은 점을 안다는 것은,
그를 품위가 낮고 상스럽게 여기면서도 미워함에 치우지지 않는다는 것이야.
이와 같이 자신이 좋아하는 것에서도 그 악함을 구별할 수 있고,
미워하면서도 그 아름다움을 구별할 수 있다면,
100년만에 피는 꽃!

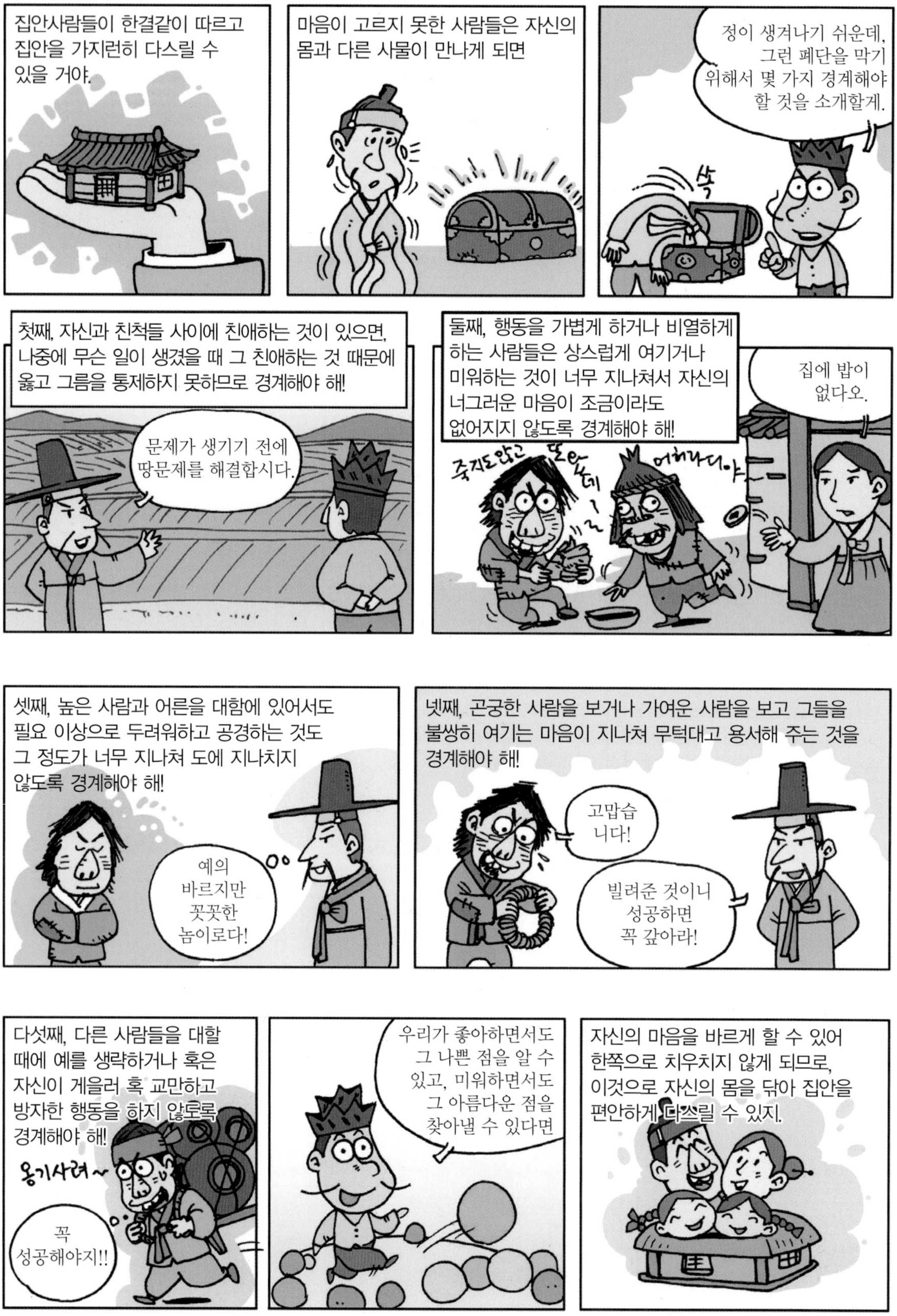

집안사람들이 한결같이 따르고 집안을 가지런히 다스릴 수 있을 거야.
마음이 고르지 못한 사람들은 자신의 몸과 다른 사물이 만나게 되면
정이 생겨나기 쉬운데, 그런 폐단을 막기 위해서 몇 가지 경계해야 할 것을 소개할게.
쏙
첫째, 자신과 친척들 사이에 친애하는 것이 있으면, 나중에 무슨 일이 생겼을 때 그 친애하는 것 때문에 옳고 그름을 통제하지 못하므로 경계해야 해!
문제가 생기기 전에 땅문제를 해결합시다.
둘째, 행동을 가볍게 하거나 비열하게 하는 사람들은 상스럽게 여기거나 미워하는 것이 너무 지나쳐서 자신의 너그러운 마음이 조금이라도 없어지지 않도록 경계해야 해!
죽지도 않고 또 왔네~
어허라 디야
집에 밥이 없다오.
셋째, 높은 사람과 어른을 대함에 있어서도 필요 이상으로 두려워하고 공경하는 것도 그 정도가 너무 지나쳐 도에 지나치지 않도록 경계해야 해!
예의 바르지만 꼿꼿한 놈이로다!
넷째, 곤궁한 사람을 보거나 가여운 사람을 보고 그들을 불쌍히 여기는 마음이 지나쳐 무턱대고 용서해 주는 것을 경계해야 해!
고맙습니다!
빌려준 것이니 성공하면 꼭 갚아라!
다섯째, 다른 사람들을 대할 때에 예를 생략하거나 혹은 자신이 게을러 혹 교만하고 방자한 행동을 하지 않도록 경계해야 해!
옹기사려~
꼭 성공해야지!!
우리가 좋아하면서도 그 나쁜 점을 알 수 있고, 미워하면서도 그 아름다운 점을 찾아낼 수 있다면
자신의 마음을 바르게 할 수 있어 한쪽으로 치우치지 않게 되므로, 이것으로 자신의 몸을 닦아 집안을 편안하게 다스릴 수 있지.

공자와 그의 제자들(2)

공자는 제자가 매우 많았다. 《사기》 '공자세가' 에는 공자의 제자 수가 3천명이었는데, 그 중 육예六藝에 통달한 사람이 72명이었다고 기록하고 있다. 또 '중니제자열전' 에는 공자로부터 학문을 전수 받아 이에 통달한 제자가 77명이었다고 하였다. 이밖에 《맹자》, 《대대례》, 《회남자》, 《한서》 등에서는 공자의 제자 수를 70명이라 하고 있다.

이렇게 많은 이들 가운데서도 유독 눈에 띄는 사람이 있게 마련이니, 공자의 제자들 가운데서도 훗날 성인의 반열에 오른 사람들이 그들이다.

▼ 안자.

顔子

안회

안회는 노나라 사람인데 공자의 제자 중 으뜸으로 꼽으며 후세에 안자, 아성(亞聖; 성인(공자)에 버금가는 사람)이라고 일컬었다. 그는 가난 속에서 불우한 일생을 마쳤으나, 그 학식이나 인격은 거의 완벽에 가까워 공자가 드러내놓고 칭찬하며 총애한 제자였다.

공자는 "나는 안회가 앞으로 나가는 모습을 보았으나 제자리에 머물러 있는 모습은 본 일이 없다."(자한편)고 칭찬했고, 또 "안회는

▲ 공자의 제자 중 가장 뛰어난 제자 10명을 '공문십철(孔門十哲)'이라 하여 성현으로 추앙하고 있다. 공문십철은 안회, 민자건, 염백우, 염옹, 재아, 자공, 염구, 자로, 자유, 자하를 말한다.

몇 달 동안이라도 인仁에 어긋남이 없었으나 다른 사람들은 하루나 한 달쯤 행하다가 그만 둔다."(옹야편)하며 칭찬했다.

하루는 공자가 자공에게 "너와 안회 중 누가 더 나을 것 같으냐?"하고 묻자, 자공이 대답하길 "제가 어찌 안회와 비교할 수 있겠습니까? 안회는 하나를 듣고서도 열을 알지만 저는 하나를 들으면 겨우 둘밖에 모르기 때문입니다."하고 대답했다. 이에 공자는 이렇게 말했다. "그렇다. 너는 그는 따를 수 없을 것이다. 아울러 나도 그를 따르지 못할 것이다."

그러나 불행하게도 안회는 나이 32살에 요절하고 말았다. 이에 공자는 "아! 하늘이 나를 망치게 하는구나! 하늘이 나를 망치게 하는구나!"(선진편)하며 탄식했다.

자로

공자의 3천 명의 제자 중에서도 가장 이채를 띤 제자는 바로 자로였다. 성은 중仲, 이름은 유由, 자로는 그의 자字다. 그는 성격이 곧고 급하며 괄괄해 대처럼 부러지기는 해도 구리처럼 휘지 않는 위인인 동시에 남에게 지기를 싫어해 곧잘 아는 체하다가 공자에게 꾸중을 듣기도 했다. "너에게 안다는 것이 무엇인지 가르쳐 주겠다. 아는 것은 안다고 하고 모르는 것은 모른다고 하는 것이 곧 아는 것이다."(위정편) 그러나 공자는 그를 좋아했다.

자로는 원래 협객인데, 공자의 명성에 질투를 느껴 하루는 닭과 돼지를 몰고 나타나 공자의 학습장을 엉망진창으로 만들어 놓았다.

그러자 공자는 자로에게 온화한 미소와 함께 "자네는 무엇을 좋아하나?"하고 물었다. 자로는 의기양양하게 "나는 무기를 좋아한다."고 대답했다. 이에 공자가 "학문도 좋아하나?"라고 물었다. 자로는 기세를 올리며 "학문이 밥 먹여 주는가?"라고 대답했고, 공자는 이 기세를 꺾어 나갔다. "어진 임금에게 간신이 없다면 정正을 잃고, 선비로서 교우가 없으면 듣지를 못하는 것과 같으며, 나무는 줄을 타고 곧아지고, 말에는 채찍이 필요하며, 활에는 화살이 필요하듯이 사람에게도 방자한 성격을 바로잡는 교학이 필요하다."

교학 정신의 근본인 공자의 말에 우쭐해 있던 자로는 자신도 모르게 고개를 숙였다. 그러면서도 그는 "남산의 대나무는 바로잡지 않아도 스스로 자라고, 이것을 사용하면 코뿔소 가죽도 뚫듯이 천부적인 재능을 갖고 있는 사람이 굳이 학문을 닦을 필요가 있을까요?"라는 질문을 던졌다. "그대가 말하는 남산의 대나무에 쐐기나 화살촉을 박아 학문을 연마한다면 가죽만을 뚫겠는가?" 공자의 대답에 자로는 얼굴을 붉히면서 무릎을 꿇고 공자의 제자가 되기를 간청했다. 이때 공자의 나이는 40세 전이었고 자로의 나이는 31세였다고 한다.

그 후 자로는 누구를 막론하고 공자의 험담을 하는 자가 있으면 이유 불문하고 입을 뭉개버려 공자에게 여러 번 주의를 받았지만 막무가내였다. 이에 공자는 "자로가 나의 문하생이 된 후부터는 나에 대한 험담이 사라졌어."하며 쓴웃음을 지었다.

나중에 자로는 위나라 대부 공리의 가신으로 있을 때, 정변이 일어나 목숨을 잃고 말았다. 공자는 그 전에 이미 정변 소식을 듣고 자로는 죽었겠구나 하며 예측을 했다. 그의 급한 성격을 공자는 항상 걱정했었기 때문이다. 자로는 이때 창에 목이 반쯤 끊겨 숨지면서도 갓끈이 끊어지자 "군자는 죽을 때 죽더라도 갓을 벗을 수는 없는 법이다."라고 말하면서 갓끈을 똑바로 매고 죽었다. 그때 그의 나이 62세였는데, 그의 시체는 무참하게 토막이 나 소금에 절여져 그의 곧은 성격과 급한 성격만큼이나 적도 많았다는 것을 극적으로 보여주었다. 후에 위나라의 사자가 소금으로 절인 자로의 시체를 공자 앞에 내놓자 공자는 이것을 보고 대성통곡하면서 집 안에 있는 소금으로 만든 음식물을 모두 쏟아버렸다고 한다.

제12장
치국(治國)
– 집안을 가지런히 하는 사람은 나라를 다스릴 수 있다
治國
國
修身
齊家

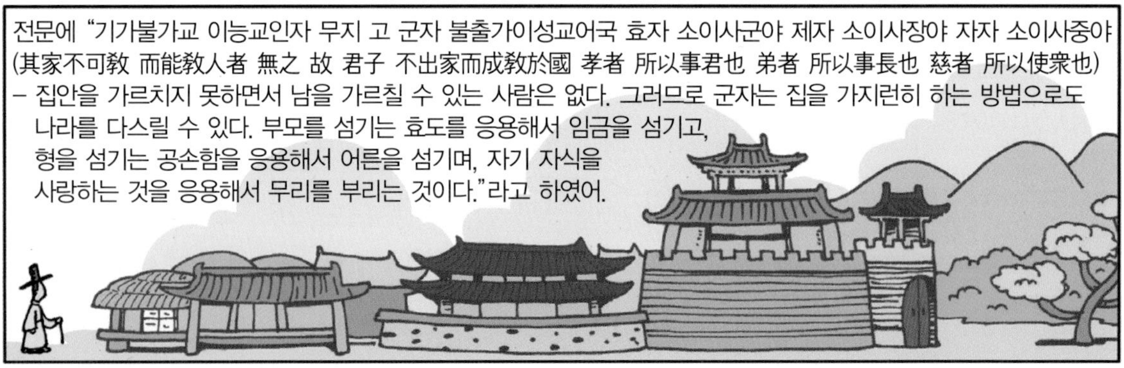

전문에 "기가불가교 이능교인자 무지 고 군자 불출가이성교어국 효자 소이사군야 제자 소이사장야 자자 소이사중야
(其家不可敎 而能敎人者 無之 故 君子 不出家而成敎於國 孝者 所以事君也 弟者 所以事長也 慈者 所以使衆也)
– 집안을 가르치지 못하면서 남을 가르칠 수 있는 사람은 없다. 그러므로 군자는 집을 가지런히 하는 방법으로도 나라를 다스릴 수 있다. 부모를 섬기는 효도를 응용해서 임금을 섬기고, 형을 섬기는 공손함을 응용해서 어른을 섬기며, 자기 자식을 사랑하는 것을 응용해서 무리를 부리는 것이다."라고 하였어.

주자가 말하길
효도로 어버이를 섬겨서 한 집안 사람들이 모두 효도하게 하고,
공손으로 어른을 섬겨서 한 집안 사람들이 모두 공손하게 하도록 하며,

사랑으로 많은 사람을 부려서 한 집안 사람들이 모두 사랑을 베풀게 하는 것이

곧 집안에서, 나아가 나라에 가르침을 이루는 것이다.
國
家
효도와 공손함과 사랑의 세 가지는 덕을 밝히는 인륜의 큰 뼈대(벼리)*와 같은 거야!
孝
弟
慈

*벼리 – 일이나 글의 뼈대가 되는 줄거리로, 삼강 행실에 있어서는 부자유친, 군신유의, 부부유별.

'효도, 공손, 사랑'을 몸으로 체득하게 되면,
身
家
國
첫째는 자신의 몸을 닦는 것이 되고[修身],
身
둘째는 집안을 가지런하게 할 수 있게 되며[齊家],
家
셋째는 나라를 잘 다스릴 수 있게 되지.[治國]
國
그러므로 집안에 아버지가 있음은 나라에 임금이 있는 것과 같고,
집안에 형님이 있는 것은 나라에 어른이 있는 것과 같으며,
집안에 어린이가 있는 것은 나라에 백성(衆)이 있는 것과 같으니
비록 집안과 나라가 크기는 다르나 이치는 같다고 할 수 있어.
집안이 모여 나라가 되니까!

전문에 "여보적자(如保赤子) – 갓난아이를 보호하는 것같이 하라." 하였어.
이것은 《서경》 '주서편(周書篇) 강고장(康誥章)' 에 나오는 내용이야.
효도와 공손은 비록 사람들이 마음속에 함께 가지고 있는 것이지만,
지켜서 잃지 않는 사람은 적다.
효도가 뭐야?
뻥
그러나 갓난아이를 보호하는 것만은 잃어버리는 사람이 드물다.
갓난아기를 버리는 사람도 있나?
얘는 내 생명이여..
집안에서 '갓난아이를 보호함' 은 자식을 사랑하는 것이고,
금자동아 은자동아~
수명장수 부귀동아~
나라로 따지면 '백성들을 사랑하는 것' 이니,
집안에서 어머니가 자식을 사랑하듯이 나라에서는 임금이 백성들을 사랑으로써 다스려야 하지.
어머니가 정성스러운 마음으로 갓난아이가 원하는 것이 무엇인지를 찾아내는 것처럼,
밥달라구
임금 또한 백성들이 무엇을 원하고 있는지를 찾아내 그것을 이루어 줌으로써 나라를 잘 다스릴 수 있는 거야.

조선 중기 때에 율곡 이이 선생이 말하길
임금이 백성을 잘 돌보는 것은
곧 나라 일을 잘 돌보는 근본이다.
백성이 나라의 근본이니까.
또 조선 시대 우암 송시열 선생도 말하길
임금이 백성 보기를 자기의 자식처럼 여겨서 측은한 마음을 갖는다면,
어찌 백성들의 고혈을 짜고 목숨을 끊어서 자신만의 만족을 찾을 것인가?
조선 시대 제22대 왕인 정조대왕은 자신의 할아버지 영조에 이어 25년간 태평성대를 이룩했던 위대한 임금이었어.
그는 당파싸움이 한창이던 어려운 시절에 집권했으나, 그 어려움을 잘 극복했어.
당
파
아버지였던 사도세자는 영조대왕의 둘째 아들로 당파싸움으로 인하여 1762년 뒤주에 갇혀 죽었어.
산아… 너는 강하게 자라거라!
아빠 마마…
훗날 정조에 의해 장조(莊祖)로 추증되었는데
사도세자
↓
장헌세자
↓
장조
아버지가 죽어가는 과정을 모두 지켜보았던 정조는 가슴에 한이 생겼어.
당파싸움으로 아버지를 잃었던 만큼, 정조는 왕위에 오르자마자 아버지를 숨지게 한 노론 세력을 견제했지.
맛 좀 봐라!
쿠르릉—

당시의 노론세력은 나는 새도 떨어뜨릴 만큼 세력이 대단하였다고 해!
떨어져!
옛설~
정조는 참신하고 능력만 있다면 서자와 그 자손 그리고 신분이 낮은 사람들도 모두 조정에 등용시켰어.
박제가
유득공
이덕무
또한 전국에 암행어사를 파견하여 탐관오리를 색출해 내고
암행어사 출두요~!!
백성들이 잘 먹고 잘 살 수 있도록 민생경제에 최선을 다했어.
독점 운영하던 상인들의 고질적인 유통구조를 타파하고, 자유로운 시장경제 체제로 바꾸었으며,
젊은 선비들이 당쟁에 연루되어 쓸데없이 당파싸움을 하는 것을 막기 위하여
퍽!
노론 이겨라!!
소론 이겨라
규장각을 세워 그들에게 정치, 경제, 사회, 문화, 예술 등 폭넓은 분야를 연구토록 했지.
또 성리학을 진흥시켜 백성들을 착해지도록 했으며,
예를 지켜야 하느니라.
전국에 있는 노인들에게 두루 혜택이 돌아갈 수 있는 노인 복지정책을 시행했어.
평안하시옵니까.
또 그는 시간이 있을 때마다 궁성 밖으로 행차하여 백성들을 직접 만나 그들의 억울함을 해결해 주기도 했지.
무슨 일인가?
억울하옵니다….
진정 백성을 위한 정치를 실현시킨 임금이었어.

이 모든 것은 정조대왕이 평소 불쌍한 백성들을 자기의 자식처럼 측은한 마음을 갖고 백성을 잘 돌보았기 때문에 가능한 것이라고 생각해!
백성을 아끼고 사랑하는 것이 임금의 임무!
임금이 방종하고 권세와 호기를 부려서 백성들을 각박하게 대하고 죽이며,
폐단이 있는 법을 가지고 백성들을 악독하고 포악하게 대한다면
법
이러한 임금은 나라를 다스릴 자격이 없어.
후련하다.
만약 임금이 진실로 백성을 근심하고 염려한다면 앉아서 밥을 먹을 겨를도 없이 바쁠 것이고,
바쁘니까 도시락 먹자.
전하!
또 백성들이 잘 살 수 있도록 하기 위해서, 나라의 쌀 한 톨이라도 헛되게 사용함이 없도록 해야 한다는 거야.
예끼놈!
임금부터 근검절약하고 조정에 있는 대신들도 같이 솔선수범하여 실천하도록 한 뒤에야,
우리도 임금님을 본받으세!!
임금의 실질적인 혜택이 백성들에게 모두 미치게 할 수 있다는 거야.
태평성대로구나!
"일가 인 일국 흥인 일가 양 일국 흥양 일인 탐려 일국 작란 (一家 仁, 一國 興仁, 一家 讓, 一國 興讓, 一人 貪戾, 一國 作亂) – 한 집안이 어질면 한 나라가 어질어 진다. 한 집안이 겸손하고 사양하면, 한 나라가 겸손하고 사양함이 일어난다. 한 사람이 탐하거나 거스르면 한 나라에 어지러움이 일어나게 된다."
만약 자기 집안에서 예를 지키고, 자신에게 돌아오는 공로를 사양해서 남에게 돌린다면,
예
공로

이것이 다른 사람들을 감동시켜 주위 사람들이 이를 본받게 돼.
공로
저렇게 겸손할 수가!
집안의 사람들이 효도하도록 하고, 공손하도록 하며,
문안 드리옵니다.
남을 사랑할 수 있는 도리를 가르쳐 화기애애하고 분위기 좋은 집안으로 다스려 나간다면,
하하하
껄껄껄
호호
헤헤
이것은 한 나라의 사람들을 조화롭게 다스려 나갈 수 있는 자질을 갖추었다는 거야.
집안을 다스렸으니 이젠 나라를…
요 임금과 순 임금이 천하를 어짊[仁]으로 다스리자 모든 백성들이 그들을 따랐다고 해!
그러나 하나라의 걸 임금과 은나라 주 임금은 백성들을 포악하게 다스렸기 때문에
오냐~
세계폭군 독재자 협회
선배님!
백성들이 등을 돌려 버렸어.
네놈들이 있는 곳은 침도 안 뱉는다!
임금이 백성을 어떻게 다스리는가에 따라 백성들이 어질어지거나 아니면 포악해지는 거야.
그러므로 군자는 먼저 자기 자신을 살핀 다음 남에게 착해질 것을 요구할 수 있고,
자신의 악함을 없애고 나서 남의 악함을 바르게 고치라고 말할 수 있어.

한 나라를 안정시킬 수 있는 것은, 한 사람의 높은 덕으로부터 시작되고,
한 사람의 헤아림으로 이루어진다고 하였어.
임금이 표본이기에
항상 모범을
보여야 합니다.
백성들은 윗사람이 좋아하는 것을
따라서 하기 때문이야.
나도 따라
해야지.
만약에 임금이 좋아하는 것이
포악한 것이라면 그 백성들
또한 포악한 것을 좋아하게
된다는 거야.
팍팍
임금이 좋아하는 것이 포악한 것이면서
백성들에게 어진 행동을 하라고 명령을
내리면,
왜
때리는 거냐!
백성들은 그 명령을 따르지 않지.
냅두쇼!
임금도 하는걸~
그러므로 나라를 다스리는
사람은 반드시 자기가 먼저
효도와 공손과 사랑을 실천한
뒤에야
사랑
공손
효도
다른 사람에게 그렇게 하기를
명령할 수 있고, 또 다른 사람의 악한
행동을 금지할 수 있어.
네 이놈!!!
한 사람의 움직임이 한 집안을
나아가고 물러나게 하듯이,
한 집안을 잘 다스리는 사람은 한 나라의 백성들 또한
그를 우러러 보고 본받을 수 있다는 거야.
그래서 나라를 다스리고자
하는 사람은 먼저 자신의
몸을 닦고 집안을 가지런히
해야 하지.

제13장
평천하(平天下)
- 나라를 잘 다스리는 사람은 천하를 화평하게 한다
平天下

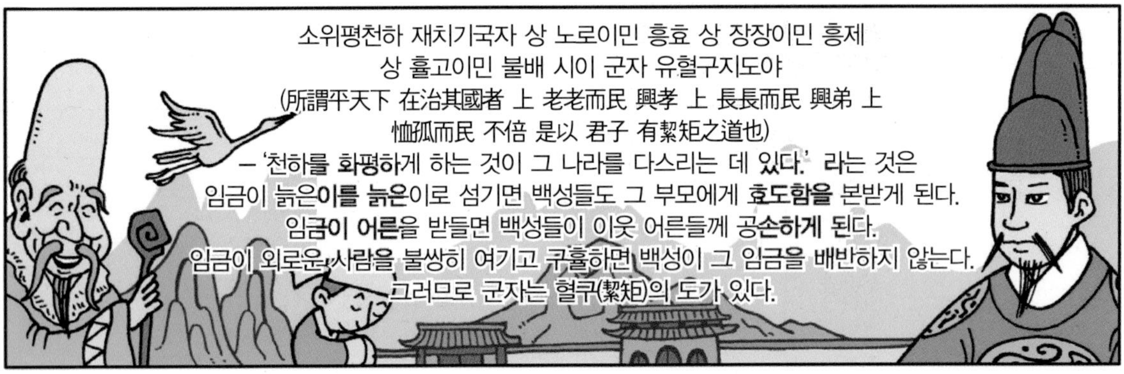
소위평천하 재치기국자 상 노로이민 흥효 상 장장이민 흥제
상 휼고이민 불배 시이 군자 유혈구지도야
(所謂平天下 在治其國者 上 老老而民 興孝 上 長長而民 興弟 上
恤孤而民 不倍 是以 君子 有絜矩之道也)
– '천하를 화평하게 하는 것이 그 나라를 다스리는 데 있다.' 라는 것은
임금이 늙은이를 늙은이로 섬기면 백성들도 그 부모에게 효도함을 본받게 된다.
임금이 어른을 받들면 백성들이 이웃 어른들께 공손하게 된다.
임금이 외로운 사람을 불쌍히 여기고 구휼하면 백성이 그 임금을 배반하지 않는다.
그러므로 군자는 혈구(絜矩)의 도가 있다.

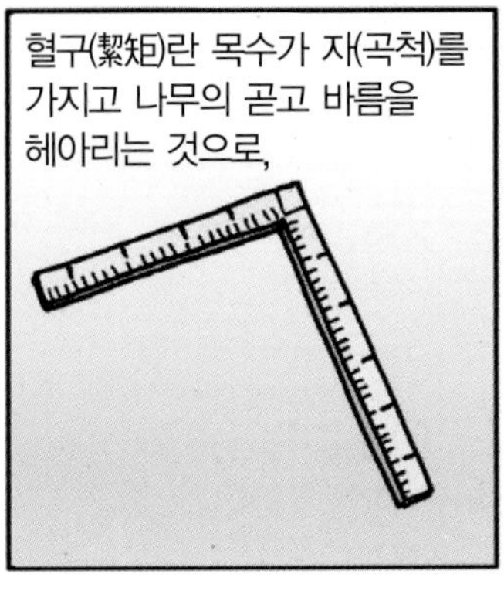
혈구(絜矩)란 목수가 자(곡척)를
가지고 나무의 곧고 바름을
헤아리는 것으로,

군자가 자기 마음속의 밝은 덕을
쌓은 다음, 이 혈구처럼 자신의
마음을 미루어 다른 사람의 마음을
헤아린다는 뜻이야.
훌륭한 인품을
가지셨군요.
정말?

임금이 솔선수범하여 백성을 먼저 섬기고, 받들고, 구휼하는 행동을 실행하면,
솔선!
헛둘—
수범!
헛둘—
백성들이 임금의 어진 행실을 본받음이 메아리보다 빠르다는 거야!
성은이 망극하옵니다
쌀 유기농
그러므로 윗자리에 있는 사람부터 먼저 혈구의 도를 실행하면 아래 백성들은 스스로 감화되어 따라서 시행하지!
윗 물이 맑으면 아랫 물도 맑듯이!
군자가 자신의 마음을 미루어서 다른 사람을 먼저 헤아린다면,
나도 배고픈데 저 아이는 얼마나 배고플꼬.
쌀 유기농
곧 나를 중심으로 하여 위아래와 사방이 모두 고르게 되며, 가지런해지며, 방정해져서 천하가 화평하게 된다는 거야.
태평성대
만약 그렇지 못하고 임금이 백성들을 형벌로 다스리고
우두둑
과중한 세금을 매겨서 제 부모들을 봉양하지 못하게 하고,
稅 세금
처자식을 양육하지 못하게 한다면
세금을 못 내서 처자식 팝니다
백성들은 임금을 닮아서 날로 포악해질 것이고 급기야 임금을 떠나게 될 거야.
'천하를 화평하게 하는 것이 그 나라를 다스리는 데 있다.' 라고 한 것은
천하를 다스리는 근본은 곧 한 나라를 다스리는 것과 같다는 뜻이야.
나라운영게임
바람의 王國

한 집안과 한 나라와 천하를 다스림이
비록 똑같지는 않지만
윗사람이 자신의 부모님을 섬기고, 공손히 받들어
효도로써 그 집안을 가르친다면
기침하셨습니까?
백성들 또한 그것을 보고
느껴서 자연히 자신들의
부모를 섬기고 공손히 받들어
효도를 일으키겠지.
일어 나셨수?
또 윗사람이 불쌍한 사람을 구휼하고
사랑으로 감싸면,
구휼
백성들 또한 그것을 보고 감동해서
사랑을 일으켜 주위의 불쌍한
사람들을 구휼할 거야.
같이 나누어 먹읍시다.
한 나라의 사람들 마음이 한 집안에 있는 사람들 마음과 같으면
천하에 있는 사람들도 같겠지.
그러므로 천하를 화평하게 할 군자는 오로지 혈구를 가지고 다스려야 해!
we are the world ~
인간은 다 똑같은 마음을 가지고 있으니까.
그렇게 하려면 반드시 자신의
마음과 백성들의 마음이 항상
같다는 것을 잊지 말아야 해!
네 마음은 내 마음!
혈구를 가지고 천하의 모든 일들을 순리대로 처리한다면 천하 사람들도 모두
한결같이 효도하고, 공손하며, 사랑하는 마음으로 각자 분수에 따라
살아갈 테니 천하가 평화로워질 거야.

1)혈구의 도
혈구의 도란 별개의 도리가 따로 있는 것이 아니고, 단지 '자기의 마음을 바르게 하고 몸을 닦아 나를 뒤로 하고 남을 앞세운다.' 라는 뜻이야.
도
주자는 혈구에 대해서 말하길
혈구란 사방이 모두 고른 평등한 도리이며, 자신이 편안하고 즐거운 것을 다른 사람도 편안하고 즐겁게 할 수 있도록 하려는 생각이다.
곡척
우선 남을 다스리고자 하는 사람은 어떤 물건으로 기준(곡척)*을 삼아 헤아려야 하는데
물건은 이것으로 잴 수 있죠.
그것이 '오직 내 마음으로 미루어 다른 사람을 헤아린다.' 는 것이야.
사람들을 잴 수 있는 것은 내 마음이니!
고로 내 마음에 곡척과 같은 법칙을 세워야 하는 것이지.
지글지글~

*곡척(曲尺) – 기역자로 굽은 자.

사람이 태어날 때 하늘로부터 부여받은 밝은 덕, 즉 인, 의, 예, 지가 내 마음속의 법칙이라 할 수 있어.
仁
義
禮
知
다시 말하면 지극한 착함이 내 마음속의 법칙이라는 거야!
난 너무 착해요~
그러므로 자신이 자신에게 행하려고 하는 마음가짐으로써
우리집 한끼 외식….
상품권
남에게 베푸는 법칙을 삼으면 그것이 곧 혈구의 도라고 말할 수 있어.
그곳으로 보내면 한 달 식량이 되지!
구호

송나라의 성리학자 요로(饒魯)는 이런 이야기를 했어.
"목수가 나무를 헤아릴 때 곡척으로 그 나무의 굴곡을 재는 기구로 삼고,
군자가 다른 사람의 마음을 헤아릴 때는 자신이 하고 싶어 하는 마음으로 곡척을 삼는다."
배고픈 것일까?
공자는 《논어》 '위정편(爲政篇)'에 "십오유오이지우학, 삽십이립, 사십이불혹, 오십이지천명, 육십이이순, 칠십이종심 소욕불유구(十吾有五而志于學, 三十而立, 四十而不惑, 五十而知天命, 六十而耳順, 七十而從心 所欲不踰矩) – 나는 열다섯에 학문에 뜻을 두었고, 서른 살에는 우뚝 섰으며, 마흔 살에는 미혹됨이 없었고, 쉰 살에는 천명을 알았고, 예순 살에는 귀가 순해졌고, 일흔 살에는 마음이 원하는 바를 행하나 법도에 어긋남이 없었다." 라고 했어.
이 글귀에서 '열다섯에 배움에 뜻을 두었다.(十五志學)' 라고 한 것은 곧 열다섯 나이에 큰 학문에 뜻을 두었다는 뜻이야.
학문에 힘써 보리라!
또 끝 구절에 칠십이종심 소욕불유구(七十而從心 所欲不踰矩)라는 글귀가 있어. 이것은 나이가 칠십에 이르러 자신이 하고자 하는 대로 쫓아도 그 '법도에 어긋나지 않는다.(不踰矩)' 라는 뜻이야.
즉, 몸과 마음과 세상의 법도가 하나란 거지.
여기에서 구(矩)라는 글자가 바로 혈구의 구(矩) 자이므로
= (矩)
사람이 태어나 배우고 하는 길은 결국에는 법도에 어긋나지 않게 실행하는 데 있음을 알 수 있어.

소악어상 무이사하 소악어하 무이사상 소악어전 무이선후 소악어후 무이종전 소악어우 무이교어좌 소악어좌 무이교어우 차지위혈구지도
(所惡於上 毋以使下 所惡於下 毋以事上 所惡於前 毋以先後 所惡於後 毋以從前 所惡於右 毋以交於左 所惡於左 毋以交於右 此之謂絜矩之道)
만일 윗사람이 나에게 함부로 무례하게 하는 것을 원치 않는다면,
나이도 어린 게 꼭 삿대질이야.
나는 반드시 아랫사람의 마음을 헤아려서 내가 또한 그를 똑같이 무례하게 대하지 않아야 한다는 뜻이야.
고생이 많네.
또 아랫사람이 나에게 불충하기를 원치 않는다면
나이 좀 먹었다고 늘 잔소리야.
반드시 윗사람의 마음을 헤아려서 감히 똑같이 불충하여 윗사람을 섬기지 말아야 한다는 것이야.
선왕의 뜻을 따라 선정을 베풀어야겠다.
관직에 비유를 한다면, 상사가 나를 좋지 않게 대접했다 해도
군기 빠져 가지구!
상사가 나를 대했던 것처럼 후배를 대하지 말아야 한다는 것이야.
우리에게 필요한 건 단결이다.
이와 같은 행동은 남과 나를 생각하는 단순한 두 가지 측면이 아니라
끙끙~
이익
위와 아래를 한꺼번에 생각하는, 즉 세 가지 측면을 생각하는 '혈구지도'라고 할 수 있어.
혈구지도

사람마다 윗사람과 아랫사람이 없는 사람이 없어!
어버이는 나의 위에 있고 자식과 손자는 나의 아래에 있듯이
만약 나의 자손이 나에게 효도하기를 원한다면 내가 어버이에게 효도를 해야 한다는 거야!
과일 드셔요.
자기 자신은 어버이께 사랑을 받기를 원하면서 오히려 자기 자신은 자손을 사랑하지 못하는 것은
공부나 해! 이녀석아!!
곧 한쪽은 길고, 다른 한쪽은 짧은 것과 같은 것이니 이러한 것은 혈구의 도라고 할 수 없다는 거야.
결국 혈구라는 것은 상하와 전후좌우가 있어서 상황은 같지 않아도 그 행하는 마음은 한 가지라고 할 수 있어
공자께서 "기소불욕 물시어인(己所不欲 勿施於人) – 자신이 싫어하는 것을 남에게 베풀지 말라."고 하였듯이
안 먹어~
발색제
표백
멜라민
유전자 조작
狂
증점제
색소
착색제
위와 아래 그리고 사방이 고르고 가지런하게 하며, 바르게 함으로써 남거나 부족한 점이 없도록 하는 것이 곧 혈구라고 할 수 있어.
2) 백성의 부모가 되다.
전문에 "낙지군자 민지부모(樂只君子 民之父母) – 즐거워라! 군자시여! 백성들의 부모일세!"라고 하였어.
이것은 《시경》 '소아편(小雅篇) 남산유대시(南山有臺詩)'에 나오는 내용인데

혈구의 도를 실행하여 백성들의 마음을 자신의 마음처럼 삼는다면, 이것은 백성을 자기 자식처럼 사랑하는 것이니
내맘이 네맘이오 -임금
백성들도 그 임금을 자신들의 부모처럼 사랑하게 된다는 뜻이야.
백성들이 좋아하는 것을 같이 좋아하고,
좋아하는 음식은?
해장국!
백성들이 미워하는 것을 같이 미워하는 사람,
미워하는 것은?
탐관오리!!
이렇게 해야 백성들의 부모라고 할 수 있어.
첫 번째 문제야! 백성들이 가장 좋아하는 것이 뭘까?
글쎄요…
그야! 당연히 배부르고 따스하며, 편안하고 즐거운 것 아니겠어?
꺼억-
그럼! 두 번째 문제야! 이번에는 백성들이 가장 싫어하는 것이 뭘까?
그건 당연히…
그것 역시! 당연히 춥고 배고프고, 힘들고 괴로운 것이 아니겠어?
휭-
덜덜
그럼! 마지막 문제야! 나라를 다스리는 사람은 어떻게 백성을 다스려야 할까?
음~ 그것은 백성들이 좋아하는 것을 해주고, 그들이 싫어하는 것을 하지 않도록 해주면 되지 않을까요?
그렇지!

전문에서 말한 "즐거워라, 군자시여! 백성들의 부모가 되시었네!" 라는 것도 따지고 보면
바로 이와 같이 하면 백성들의 부모가 될 수 있고, 그렇지 않으면 사람들에 의해 죽임을 당하게 된다는 뜻이지.
전문에 "절피남산 유석암암 혁혁사윤 민구이첨 유국자 불가이불신 벽즉위천하륙의(節彼南山 維石巖巖 赫赫師尹 民具爾瞻 有國者 不可以不愼 辟則爲天下僇矣) – 우뚝 솟은 저 남산이여! 바위 돌들 울멍줄멍 장엄하구나! 위세 당당한 태사 윤씨여! 백성들이 모두 당신을 쳐다보고 있소!"라고 하였어.
《시경》 '소아편(小雅篇) 절남산시(節南山詩)'
저 남산이 서울 남산이 아닌 건 알겠지?
그럼 경주 남산인가요?
경주 MAP
당시 주나라 태사 윤씨의 성품이 공평하지 못한 것을 시로 표현한 거지.
나라를 다스리는 사람이 혈구의 도를 다하지 못하면 반드시 재앙이 생긴다는 것을 시사해 주고 있어.
윤씨는 정사를 돌봄에 있어서 사사로운 정에 치우쳐 일을 처리하였으며,
또 자신이 좋아하고 미워하는 것을 마음이 내키는 대로 하여 백성들의 원망이 커졌다고 해!
그래서 나라를 다스리는 사람이 태사 윤씨와 같이 행동을 하면, 반드시 자신의 몸과 나라를 망하거나 천하에 의해 크게 죽임을 당할 수 있기에 경계해야 한다는 뜻이야.
꼭 명심하도록 해!

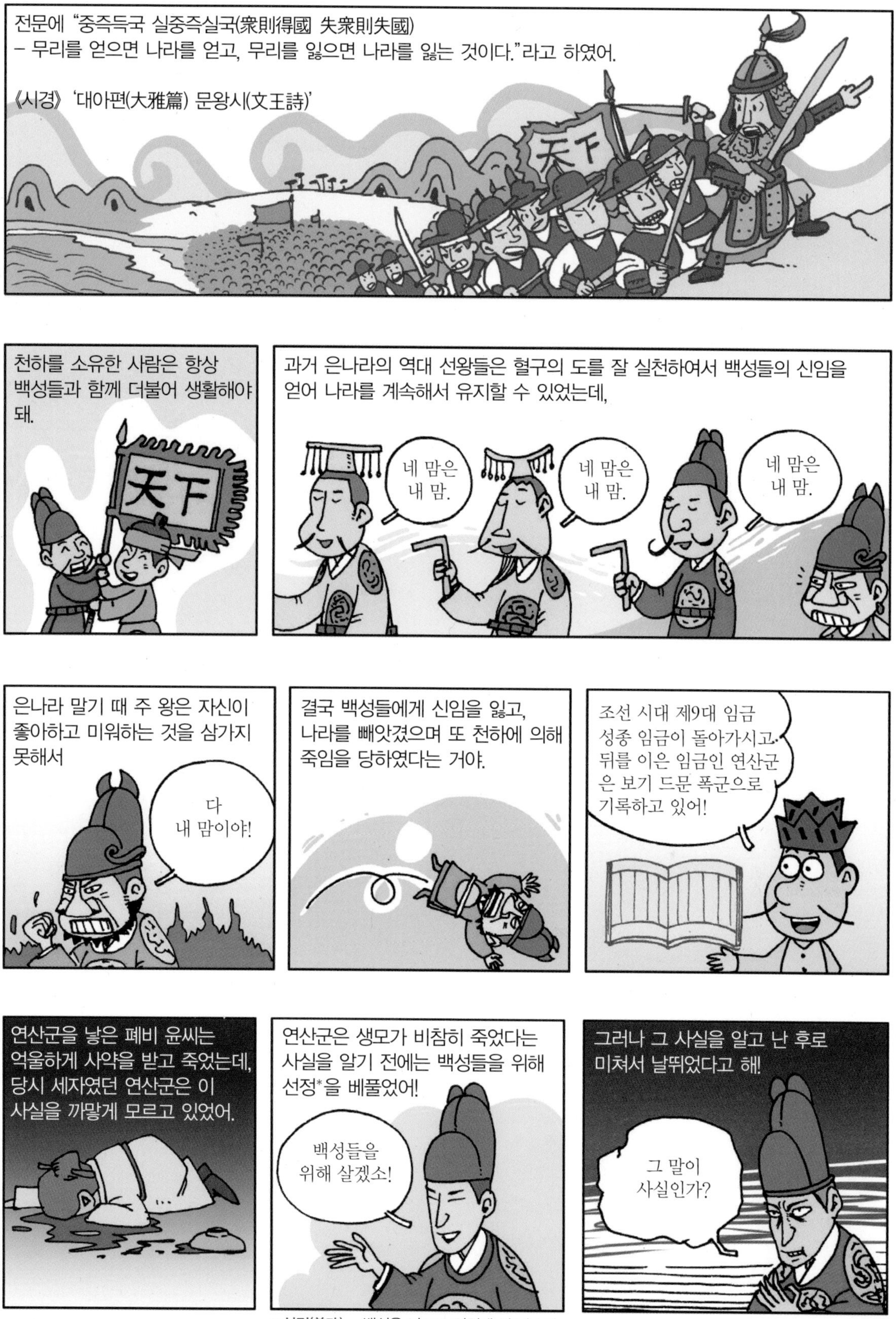
전문에 "중즉득국 실중즉실국(衆則得國 失衆則失國)
- 무리를 얻으면 나라를 얻고, 무리를 잃으면 나라를 잃는 것이다."라고 하였어.
《시경》 '대아편(大雅篇) 문왕시(文王詩)'
天下
천하를 소유한 사람은 항상 백성들과 함께 더불어 생활해야 돼.
天下
과거 은나라의 역대 선왕들은 혈구의 도를 잘 실천하여서 백성들의 신임을 얻어 나라를 계속해서 유지할 수 있었는데,
네 맘은 내 맘.
네 맘은 내 맘.
네 맘은 내 맘.
은나라 말기 때 주 왕은 자신이 좋아하고 미워하는 것을 삼가지 못해서
다 내 맘이야!
결국 백성들에게 신임을 잃고, 나라를 빼앗겼으며 또 천하에 의해 죽임을 당하였다는 거야.
조선 시대 제9대 임금 성종 임금이 돌아가시고 뒤를 이은 임금인 연산군은 보기 드문 폭군으로 기록하고 있어!
연산군을 낳은 폐비 윤씨는 억울하게 사약을 받고 죽었는데, 당시 세자였던 연산군은 이 사실을 까맣게 모르고 있었어.
연산군은 생모가 비참히 죽었다는 사실을 알기 전에는 백성들을 위해 선정*을 베풀었어!
백성들을 위해 살겠소!
그러나 그 사실을 알고 난 후로 미쳐서 날뛰었다고 해!
그 말이 사실인가?

* 선정(善政) - 백성을 바르고 어질게 잘 다스림.

그는 복수를 위해 자신의 생모를 죽게 한 신하들을 모두 사형에 처하고, 그 가족까지도 죽였어. 그리고 이미 고인이 된 신하도 부관참시(剖棺斬屍), 즉 죽은 자의 무덤을 파내어 목을 잘라 두 번 죽게 만들었어.
또 양어머니 격인 아버지 성종의 후궁 귀인 정씨와 엄씨도 잔인하게 처벌하였으며, 그들이 낳은 아들들도 모두 죽이고, 자신의 할머니 인수대비마저 이마로 받아서 죽게 만들었어.
빡
죽어버려!
자신은 장녹수라는 여인에게 빠져 흥청망청 놀고,
어릴 때부터 그림자처럼 따라다니며 보살펴 주던 내시 김처선이 올바르게 정사를 돌볼 것을 간청하자 그 자리에서 죽였다고 해!
고금의 군왕으로 이토록 문란한 군왕은 없었소이다.
네 혀를 놀리지 못하게 해야겠구나!
이렇게 그는 자신을 지켜주던 신하를 모두 죽이고, 종친들마저 모두 죽여 버렸다고 해! 이제 자신을 지켜줄 사람은 아무도 없었던 거야!
급기야 뜻있는 장수들이 힘을 모아 반정*을 일으켜 그를 내쫓았어.
…이제 가시지요.
…드디어 때가 왔구나!

*반정(反正) – 옳지 못한 임금을 쫓아내고 새 임금을 세워 나라를 바로잡음.

그는 진성대군, 즉 후에 중종에게 자리를 물려주고 귀양을 가서 젊은 나이로 세상을 떠났지.
연산군 묘
결국 연산군 역시 자신이 좋아하고 미워하는 것을 삼가지 못하고 마음 내키는 대로 해서 모든 것을 잃어버리게 되었던 거야!
3) 군자가 재물을 흩으면 백성들이 모인다.
전문에 이르길 "재취즉민산 재산즉민취(財聚則民散 財散則民聚) – 임금이 재물을 모으면 백성이 흩어지고, 임금이 재물을 흩으면 백성이 모인다!"라고 하였어.
이것은 임금이 재물만을 생각하여 그것을 숭상하게 되면,
돈이 최고!
백성들이 보고 배워서 서로 다투고 빼앗게 된다는 거야.
콩 한 쪽도!
나 혼자 먹자!
주자가 말하길
백성들은 본래 다투고 빼앗으려 하지 않는다.
오직 윗사람이 덕을 외면하고 사납게 싸우며, 재물을 마구잡이로 가로채고 거두어 들이기 때문에
백성들이 윗사람의 행동을 본받아서 서로 물리치고 뺏으니,
이것은 윗사람이 백성들을 그렇게 가르치는 것과 같다.
옛날 은나라의 주 왕은 녹대에 재물을 모아서 망했고, 주나라의 무왕은 재물을 흩어서 흥성하게 되었어.

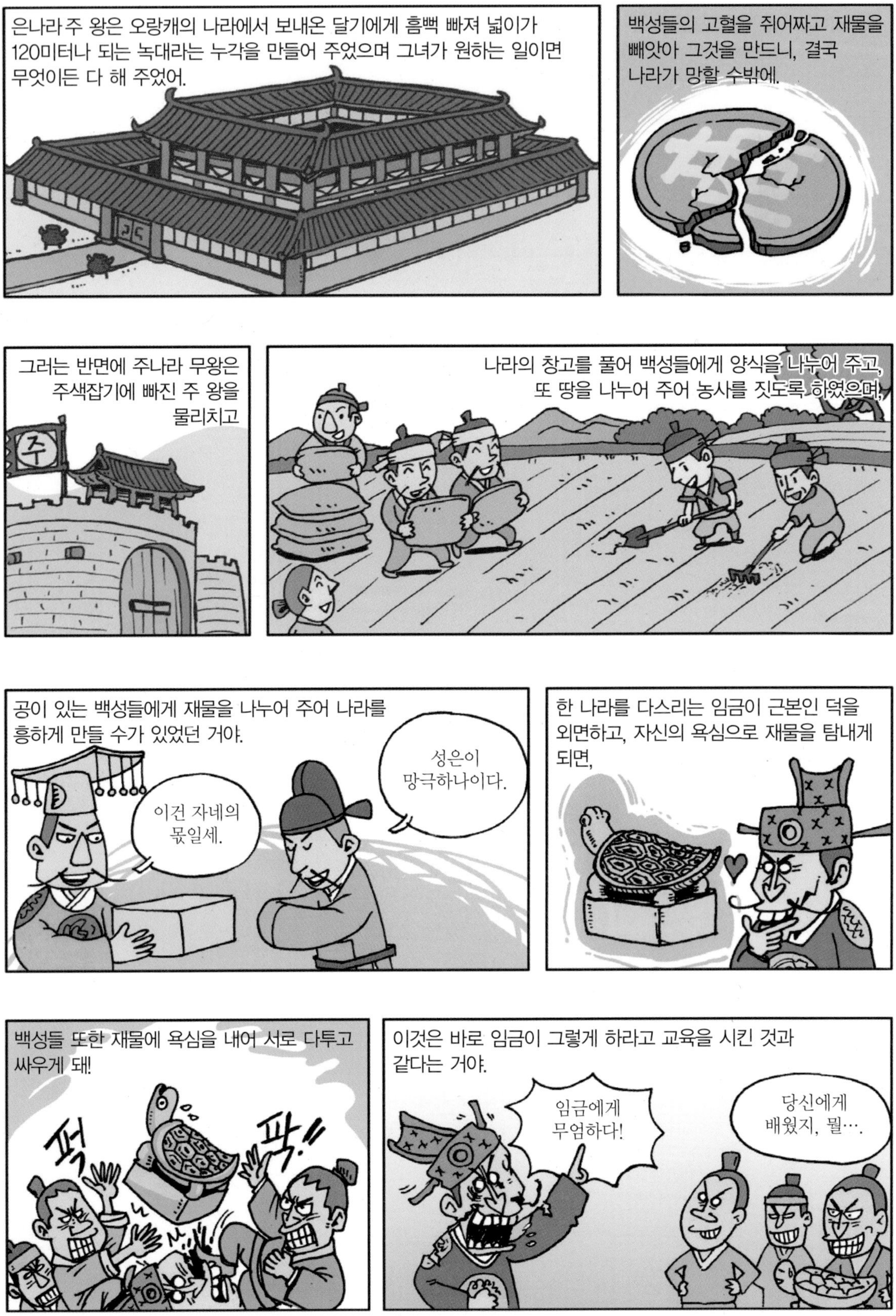

은나라 주 왕은 오랑캐의 나라에서 보내온 달기에게 흠뻑 빠져 넓이가 120미터나 되는 녹대라는 누각을 만들어 주었으며 그녀가 원하는 일이면 무엇이든 다 해 주었어.
백성들의 고혈을 쥐어짜고 재물을 빼앗아 그것을 만드니, 결국 나라가 망할 수밖에.
그러는 반면에 주나라 무왕은 주색잡기에 빠진 주 왕을 물리치고
주
나라의 창고를 풀어 백성들에게 양식을 나누어 주고, 또 땅을 나누어 주어 농사를 짓도록 하였으며,
공이 있는 백성들에게 재물을 나누어 주어 나라를 흥하게 만들 수가 있었던 거야.
이건 자네의 몫일세.
성은이 망극하나이다.
한 나라를 다스리는 임금이 근본인 덕을 외면하고, 자신의 욕심으로 재물을 탐내게 되면,
백성들 또한 재물에 욕심을 내어 서로 다투고 싸우게 돼!
퍽
팍!!
이것은 바로 임금이 그렇게 하라고 교육을 시킨 것과 같다는 거야.
임금에게 무엄하다!
당신에게 배웠지, 뭘….

"언패이출자 역패이입 화패이입자 역패이출
(言悖而出者 亦悖而入 貨悖而入者 亦悖而出)
– 말이 거슬리게 나간 것은 또한 거슬리게 되돌아오고
도리에 맞지 않게 들어온 재물은 반드시
그렇게 나간다."라고 하였는데
이것은 말이 나가고 들어옴이 재물이 나가고 들어오는 이치와 같다는 것이야.
짤랑~
이것은 자신이 나쁜 소리로 남에게 말을 하면, 남들도 나에게 나쁜 소리로 말하고,
야 인마!
왜 인마!
도리에 어긋나게 해서 남의 재물을 취하면 남들도 도리가 아닌 것으로 빼앗아간다는 거야.
그러므로 말과 재화는 비록 들어오고 나감이 같지는 않지만,
말인데 뭐 어때?
공짜로 돈빌려드려요~ 여성우대~ 은행보다 싸이자
돌아오는 이치는 같다고 할 수 있어.
대개 나라를 다스리고 집안을 다스리고자 하는 데 있어서 재앙과 분란이 나게 되는 가장 큰 원인이, 모두가 이 재물에서부터 나오는 것이야.
직장인대출
여성만을 위한 럭셔리 대출
모두 조심해야 돼. 알겠지?
4) 착하면 얻고, 착하지 못하면 잃는다.
"선즉득지 불선즉실지의(善則得之 不善則失之矣)
– 착하면 얻고 착하지 못하면 잃는다."라고 하였어.
히틀러
나는야 착한 사람~
당장 꺼져!
임금이 덕으로써 근본을 삼고 혈구의 도를 실행하면
덕

'착하게 정치(善政)를 한다.' 라고 표현할 수 있어.
'선정을 폈친다.' 라고 말하지.
그러므로 백성들에게는 인심을 얻게 된다는 거야.
임금님 지지도가 올랐습니다.
임금님 지지도 80%
또 그와는 반대로 덕으로 근본을 삼지 않고 만약 재물로써 근본을 삼아 백성들에게 혈구의 도를 실행하지 않는다면
유럽을 통째로 삼키고 유태인을 몰아내라!
'착하지 못하다[不善]' 라고 표현하며, 결국 백성들에게 인심을 잃게 되지.
이 전쟁광!
쾅
《초서(楚書)》에 이르길 "초국 무이위보 유선 이위보(楚國 無以爲寶 惟善 以爲寶) 초나라는 보배로 삼는 것이 없고 오직 착한 이를 보배로 삼는다."라는 내용이 있어.
우리는 사람이 재산이오!
이것은 주나라 때, 좌구명(左丘明)이 지었다는 《국어(國語)》라는 책 '초어(楚語)편'에 나오는 내용이야.
국어요?
그 국어가 아니라 일종의 역사서야.
국어
옛날 "초나라 대부 왕손어(王孫圉)라는 사람이 진(晉)나라에 사신으로 갔는데,
초
진나라 임금이 잔치를 베풀어 왕손어를 대접하였어.
차린 건 없지만 많이 드시게!
황공하옵니다.
그 잔치 자리에는 진나라 신하 조간자(趙簡子)가 함께 자리를 하고 있었는데,
싱싱하네요!

때마침 진나라의 보물 옥패를 들고 나와서 인사를 하며 말하길
이것이 진나라의 보물 옥패입니다.
오오오~ 훌륭하군요!
과찬의 말씀입니다.
초나라도 몇 대를 거쳐 내려온 보물 흰 옥패(白珩)가 있지 않습니까?
허허허….
저희 초나라는 보배로 삼는 것이 흰 옥패가 아니고 관사부(觀射父)라는 사람입니다.
이 사람은 성현들께서 남긴 훌륭한 덕을 모르는 사람에게 잘 전달하는 사람입니다.
저희 초나라 임금께서는 다른 제후들과 얘기를 할 때 말싸움을 자주 하시는데,
에베레스트산이야!
에레베스트라니깐!
에베레스트!
에레베스트!
그러지 않도록 가르치는 역할을 하는 사람입니다.
이름이 뭐가 문제입니까. 산은 언제나 거기 있는데요.
오호라!
또 의상(倚相)이라는 사람이 있습니다.
그는 매일 임금님을 찾아뵙고 돌아가신 선왕의 업적을 아뢰어 임금께서 본받도록 하시며
선왕의 업적을 잊지 마십시오.
종묘
또한 그 남긴 업적을 잊지 않도록 가르치십니다.
필독 동영상
선대왕의 업적
만약 저희 임금께서 다른 제후들과 같이 재물과 보물들을 좋아했다면 초나라의 백성들을 온전하게 보호할 수 없었을 겁니다.
그런 줄도 모르고 보물 자랑을 했으니 부끄럽군요.

또《예기》'단궁편(檀弓篇)'에 전하는 중이(重耳)에 관한 얘기야.
重耳
중이는 진나라를 다스리던 헌공(獻公)의 아들이었지만
폐하, 저들을 경계하십시오.
헌공의 애첩 여희의 모략으로 대궐에서 쫓겨나
이리저리 다른 나라로 떠돌며 망명 생활을 하였어.
하룻밤만 묵게 해주시오.
그러던 중 헌공이 갑자기 돌아가시자 고국으로 돌아와 상을 치르게 되었어.
진 헌공
때마침 찾아온 이웃 진(秦)나라의 목공(穆公)은
중이가 진나라의 왕이 되어야 우리도 이득이지.
조문을 마친 뒤에 공자 중이에게 말하였어.
내가 들으니 나라를 얻는 것도 때가 있다 했소.
아버지도 돌아가신 마당에 또다시 망명을 다니는 것도 할 수 없는 일 아니오?
무슨 말씀을 하고 싶으신 겁니까?
공자께서 선왕의 대를 이어 나라를 도모하는 것이 어떻겠소?
공자 중이가 이 말을 듣고 결정하지 못하여 자신의 외삼촌인 자범(子犯)에게 찾아가 상의하니,
자범이 자초지종을 듣고 난 후 말하길
원래 나라를 떠나 망명 다니는 사람에게는 보배로 삼는 것이 없습니다.

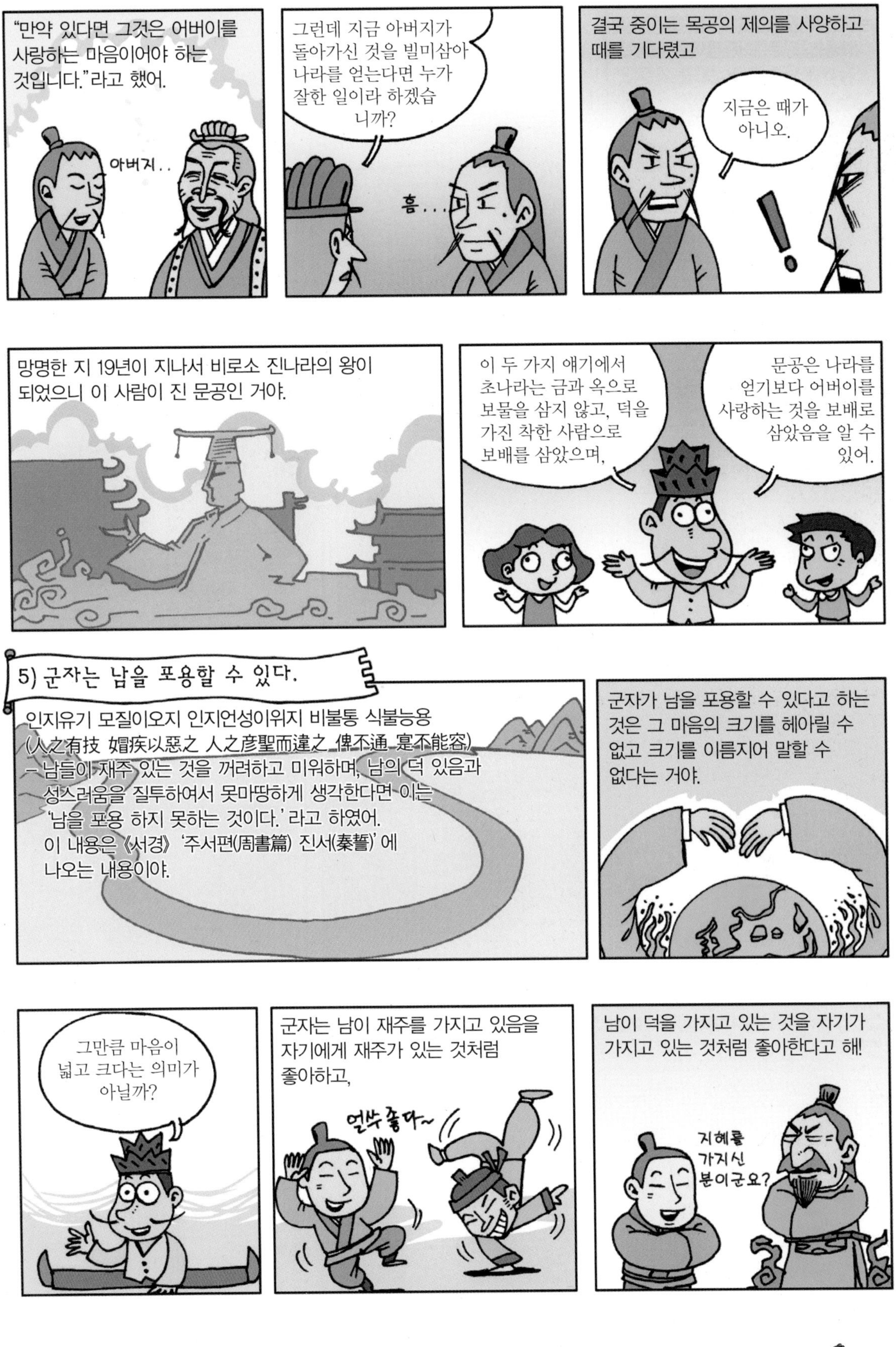
"만약 있다면 그것은 어버이를 사랑하는 마음이어야 하는 것입니다."라고 했어.
아버지..
그런데 지금 아버지가 돌아가신 것을 빌미삼아 나라를 얻는다면 누가 잘한 일이라 하겠습니까?
흠...
결국 중이는 목공의 제의를 사양하고 때를 기다렸고
지금은 때가 아니오.
!
망명한 지 19년이 지나서 비로소 진나라의 왕이 되었으니 이 사람이 진 문공인 거야.
이 두 가지 얘기에서 초나라는 금과 옥으로 보물을 삼지 않고, 덕을 가진 착한 사람으로 보배를 삼았으며,
문공은 나라를 얻기보다 어버이를 사랑하는 것을 보배로 삼았음을 알 수 있어.
5) 군자는 남을 포용할 수 있다.
인지유기 모질이오지 인지언성이위지 비불통 식불능용 (人之有技 媢疾以惡之 人之彦聖而違之 俾不通 寔不能容)
– 남들이 재주 있는 것을 꺼려하고 미워하며, 남의 덕 있음과 성스러움을 질투하여서 못마땅하게 생각한다면 이는 '남을 포용 하지 못하는 것이다.' 라고 하였어. 이 내용은 《서경》 '주서편(周書篇) 진서(秦誓)' 에 나오는 내용이야.
군자가 남을 포용할 수 있다고 하는 것은 그 마음의 크기를 헤아릴 수 없고 크기를 이름지어 말할 수 없다는 거야.
그만큼 마음이 넓고 크다는 의미가 아닐까?
군자는 남이 재주를 가지고 있음을 자기에게 재주가 있는 것처럼 좋아하고,
얼쑤 좋다~
남이 덕을 가지고 있는 것을 자기가 가지고 있는 것처럼 좋아한다고 해!
지혜를 가지신 분이군요?

특히 군자는 남을 시기하고 미워하지 않으므로, 이것이 진정한 군자의 포용이라 할 수 있는 거야.
부럽지, 부럽지?
임금이 신하를 등용하고자 할 때도 주의해야 할 것이 있어!
어질지 못한 신하는 한결같은 정성과 아름다운 도량이 없어.
도량
그래서 다른 사람의 재주를 보면 시기하고, 미워해서 남들을 모질게 대하지.
당장 꺼지거라!!
또 다른 사람의 훌륭한 덕을 보면 시기하고 그를 어떻게 해서라도 억눌러서 잘 되지 못하게 해.
그러므로 임금은 반드시 신하를 가려서 써야 하는 거야.
뻥
6) 어진 사람만이 사람을 사랑할 수 있고 미워할 수 있다.
전문에 "유인인 위능애인 능오인(唯仁人 爲能愛人 能惡人) – 오직 어진 사람이라야 사람을 사랑할 수 있으며, 미워할 수 있다."라고 하였어.
사람들 중에 시기하고 질투하는 사람이 있어.
이런 사람들이 어진 사람을 방해하거나 또 시기와 질투로 나라를 병들게 하므로
어진 사람들이 이런 사람들을 통렬하게 끊어 버려야 한다는 것이야.
싹둑
마음이 어진 사람은 자신의 사사로운 것에 치우치지 않고 무엇이든 공평하게 하기 때문에

그가 좋아하고 미워하는 것에 대하여 항상 올바름을 얻을 수 있다는 거야.
좋아함
미워함
옛날 순 임금이 사흉을 제거하고, 열여섯 정승을 등용한 것도 바로 그런 이유 때문이야.
순 임금은 요 임금에게서 왕위를 이어받아 나라의 사방을 순행하여,
'사흉'이라 일컬어지던 곤과 공공, 환두, 삼묘 등 네 사람의 악인들을 모두 제거하였다고 해!
그리고는 각 부락의 우수한 인재 열여섯 명을 등용하여 천하를 다스렸지.
만약 백성들을 다스리는 관리 중에 소인들이 있으면 군자가 앞으로 진출하지 못해!
또 소인을 제거하더라도 그와 관련된 뿌리마저 모조리 없애 버리지 않으면, 군자가 나아가도 편안하게 일을 할 수 없게 되지!
화륵—
소인은 어진 사람을 방해하고 나라를 병들게 해.
그래서 어진 사람은 그들을 마땅히 미워해야 하는 거야.

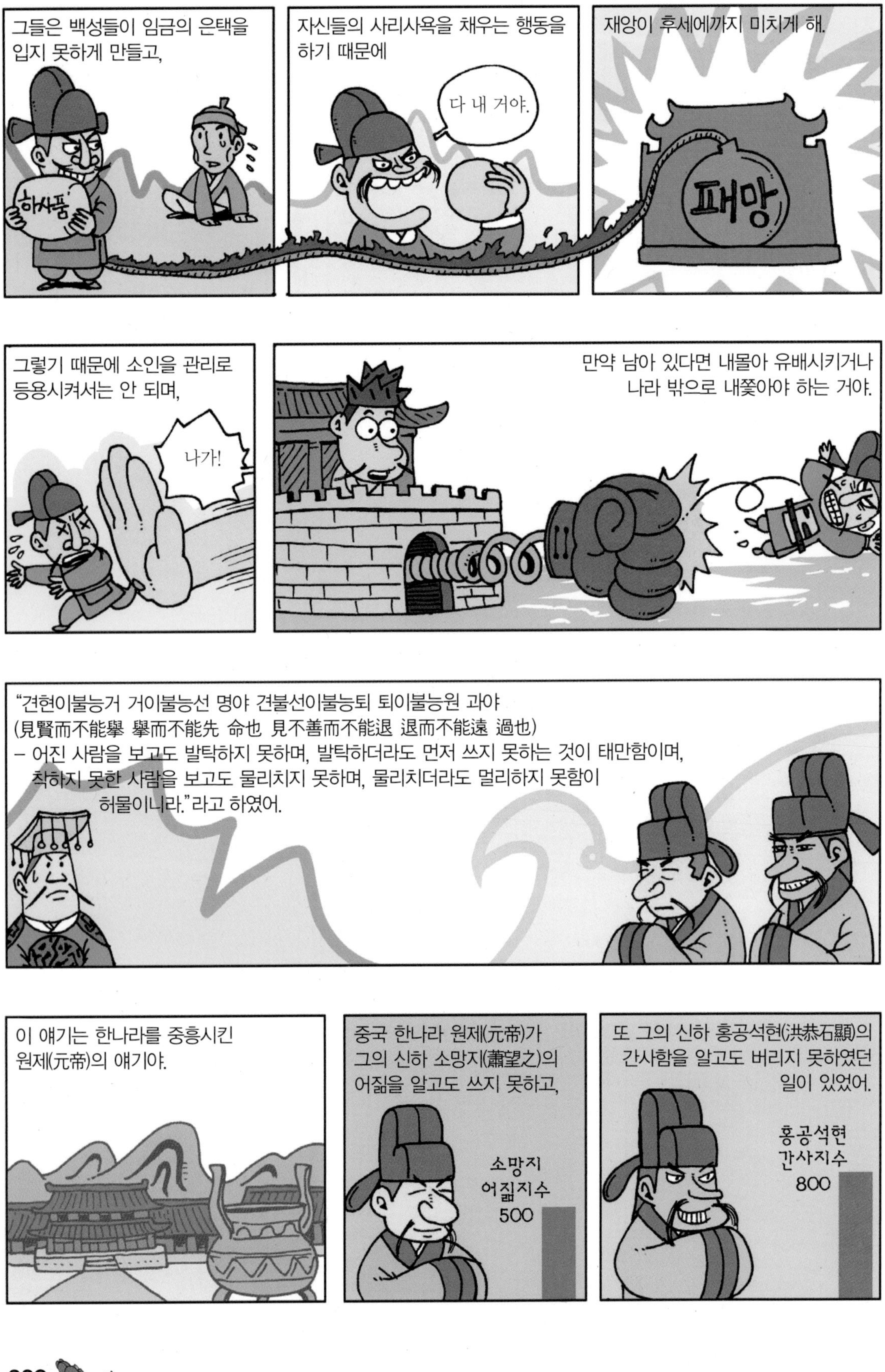
그들은 백성들이 임금의 은택을
입지 못하게 만들고,
하사품
자신들의 사리사욕을 채우는 행동을
하기 때문에
다 내 거야.
재앙이 후세에까지 미치게 해.
패망
그렇기 때문에 소인을 관리로
등용시켜서는 안 되며,
나가!
만약 남아 있다면 내몰아 유배시키거나
나라 밖으로 내쫓아야 하는 거야.
"견현이불능거 거이불능선 명야 견불선이불능퇴 퇴이불능원 과야
(見賢而不能擧 擧而不能先 命也 見不善而不能退 退而不能遠 過也)
– 어진 사람을 보고도 발탁하지 못하며, 발탁하더라도 먼저 쓰지 못하는 것이 태만함이며,
착하지 못한 사람을 보고도 물리치지 못하며, 물리치더라도 멀리하지 못함이
허물이니라."라고 하였어.
이 얘기는 한나라를 중흥시킨
원제(元帝)의 얘기야.
중국 한나라 원제(元帝)가
그의 신하 소망지(蕭望之)의
어짊을 알고도 쓰지 못하고,
소망지
어짊지수
500
또 그의 신하 홍공석현(洪恭石顯)의
간사함을 알고도 버리지 못하였던
일이 있었어.
홍공석현
간사지수
800

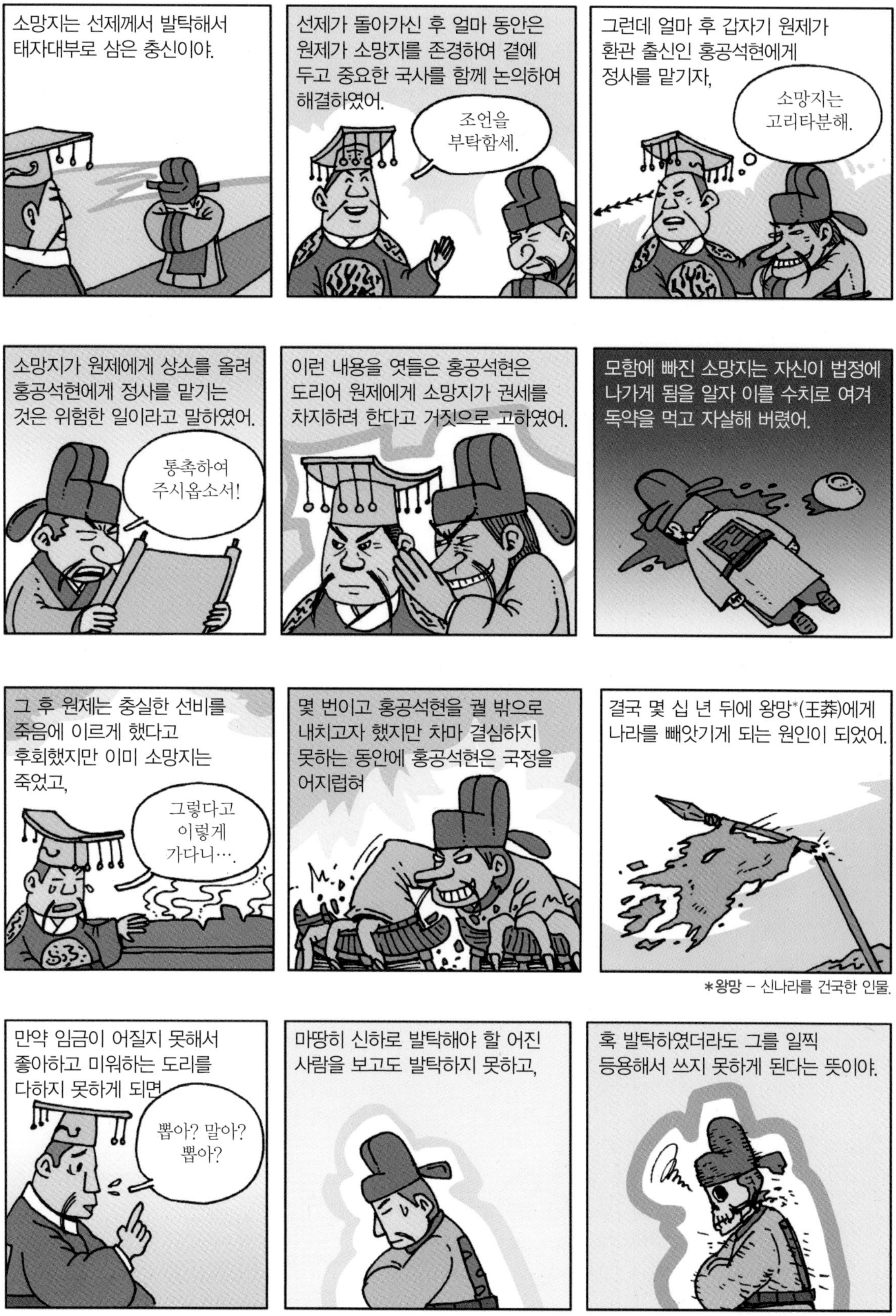
소망지는 선제께서 발탁해서 태자대부로 삼은 충신이야.
선제가 돌아가신 후 얼마 동안은 원제가 소망지를 존경하여 곁에 두고 중요한 국사를 함께 논의하여 해결하였어.
조언을 부탁함세.
그런데 얼마 후 갑자기 원제가 환관 출신인 홍공석현에게 정사를 맡기자,
소망지는 고리타분해.
소망지가 원제에게 상소를 올려 홍공석현에게 정사를 맡기는 것은 위험한 일이라고 말하였어.
통촉하여 주시옵소서!
이런 내용을 엿들은 홍공석현은 도리어 원제에게 소망지가 권세를 차지하려 한다고 거짓으로 고하였어.
모함에 빠진 소망지는 자신이 법정에 나가게 됨을 알자 이를 수치로 여겨 독약을 먹고 자살해 버렸어.
그 후 원제는 충실한 선비를 죽음에 이르게 했다고 후회했지만 이미 소망지는 죽었고,
그렇다고 이렇게 가다니….
몇 번이고 홍공석현을 궐 밖으로 내치고자 했지만 차마 결심하지 못하는 동안에 홍공석현은 국정을 어지럽혀
결국 몇 십 년 뒤에 왕망*(王莽)에게 나라를 빼앗기게 되는 원인이 되었어.
만약 임금이 어질지 못해서 좋아하고 미워하는 도리를 다하지 못하게 되면
뽑아? 말아? 뽑아?
마땅히 신하로 발탁해야 할 어진 사람을 보고도 발탁하지 못하고,
혹 발탁하였더라도 그를 일찍 등용해서 쓰지 못하게 된다는 뜻이야.

*왕망 – 신나라를 건국한 인물.

이것은 어진 사람을 가볍게 여기고, 소홀히 대하는 것으로 태만하다고 할 수 있어.
또 신하가 미운 짓을 하거나 착하지 못한 짓을 하는 것을 보고도 물리치지 못하고,
뭘 봐!!
아뇨 그냥…
혹 물리쳤다 할지라도 그를 멀리 쫓지 못하는 것도 임금의 허물이야.

이와 같은 임금의 행동은 공과 사의 중간에 머물러 있는
사
공
우유부단*으로 혈구의 도를 다했다고 할 수 없지.
뭐든지 확실히 해야지!!
쿵덕–

*우유부단(優柔不斷) – 망설이기만 하고 결단성이 없다는 뜻임.

"호인지소오 오인지소호 시위불인지성 치필체부신(好人之所惡 惡人之所好 是謂拂人之性 菑必逮夫身) – 사람들이 미워하는 것을 좋아하며, 사람들이 좋아하는 것을 미워하는 것을, 사람의 성품을 거스른다고 하니 반드시 몸에 해를 미친다."라고 하였어.
사람은 본래 착한 것을 좋아하고 악한 것을 미워하는 것인데
이것을 거꾸로 행하는 사람은 성품을 거스르는 것이라고 하며 그 사람됨을 어질지 못함이 심하다고 말해!
"순천자흥 역천자망(順天者興 逆天者亡), – 즉 하늘의 뜻을 따르는 사람은 흥하여 잘되고, 하늘의 뜻을 거역하는 사람은 망한다."라는 말이 바로 이를 두고 한 말이야!

사람의 성품은 본래 하늘로부터 부여 받았으므로 착함은 있고 악함은 없지.
그러므로 사람들이 모두 착함을 좋아하고 악함을 미워해.
선
악
어진 사람을 좋아하고 어질지 못한 사람을 미워하는 것은 사람이 가지고 있는 본래 성품을 그대로 따르는 것일 뿐이야.
그런데 그렇지 못하고 악한 것을 좋아하고 착한 것을 미워하는 사람이 있어.
우리는 친구~
이는 자신의 본래 성품을 거스르는 것으로 그 본심을 잃어버렸다고 할 수 있어.
예로부터 천하를 다스리는 사람은 군자를 등용하여 흥하였고,
소인을 등용해서는 망하지 않은 적이 없다고 하였어.
참으로 사람을 사랑하고 미워할 수 있는 군주라면, 군자(대인)를 진출시키고 소인은 물리쳐서 천하를 흥하게 하니, 이것이 임금으로서 혈구의 도를 행하였다고 할 수 있어.
혈구의 도
7) 군자는 충성되고 신실함으로써 도를 얻는다.
"군자 유대도 필충신이득지 교태이실지(君子 有大道 必忠信以得之 驕泰以失之) – 군자는 큰 도가 있으니, 반드시 참되고 신실함으로써 도를 얻고, 교만하고 방자함으로써 도를 잃는다."
道
정자께서 말씀하시길
군자란, 지위를 얻은 사람을 말한 것이고,
정호
정이

군자의 도라는 것은 그 지위에 있으면서 자기 몸을 닦고 다른 사람들을 다스리는 기술이다.
스스로 자신에게 숨겨져 있는 덕을 드러나게 해서
자기의 최선을 다해 사물의 이치에 어긋남이 없게 하는 것이 참되고 믿음직스러우며 거짓이 없다고 이른다.
이에 대하여 주자도 말하길
내 마음을 일으켜서 스스로 최선을 다하면 충이 되고, 사물의 이치를 따라서 어긋나지 않게 하면 신이 되니,
"충은 곧 신의 근본이고, 신은 곧 충이 드러난 것이다."라고 하였어.
信
忠
道
군자는 자기를 닦아 천하를 화평하게 하려는 사람이야.
그러므로 자신이 충성스럽고 성실하지 않으면 안 돼!
권력이나 재물을 앞세워 교만하고 방자하다면 마음속이 좋지 못한 뜻으로 가득차게 돼!
부글부글 부글~
지익~
그러면 모든 일에 막히고 말지.
욕심을 버리시오.
이걸 어떻게 버려!!
수많은 백성들의 마음이 곧 나의 마음이라는 것을 깨달아야 해.
너의마음 나의마음
너의 마음이 나의 마음~
그 백성들의 마음을 나의 마음으로 삼아서 그들이 원하는 대로 이끌어 주며 또 그들과 더불어 생활하고자 해야 하지.
오늘날 많은 통치자들이 그들이 가진 특권으로 자신들만 부유한 생활을 누리고 있어.
이것은 곧 군자의 큰 도를 잃어 버렸다고 할 수 있어!

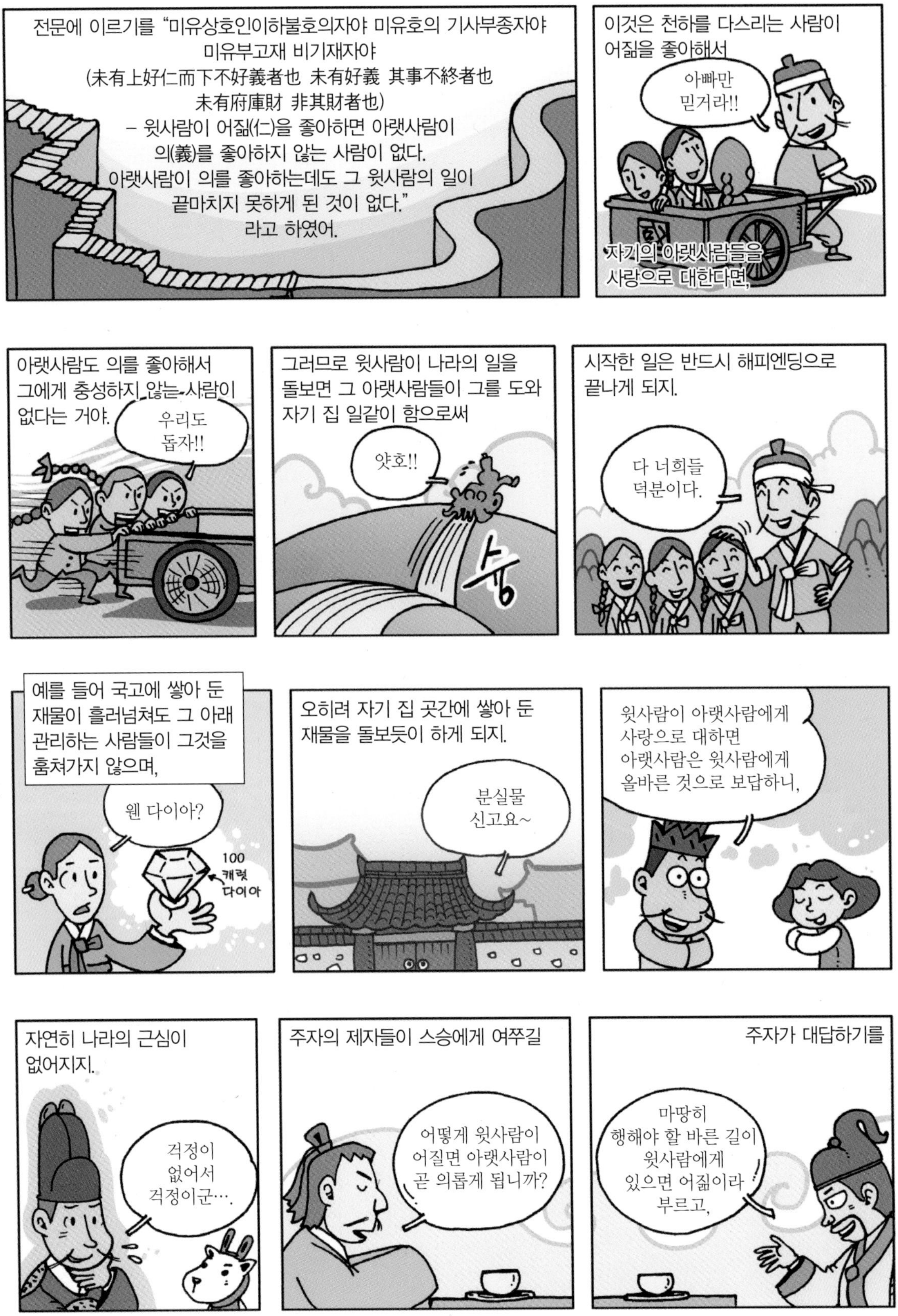
전문에 이르기를 "미유상호인이하불호의자야 미유호의 기사부종자야 미유부고재 비기재자야
(未有上好仁而下不好義者也 未有好義 其事不終者也 未有府庫財 非其財者也)
– 윗사람이 어짊(仁)을 좋아하면 아랫사람이 의(義)를 좋아하지 않는 사람이 없다. 아랫사람이 의를 좋아하는데도 그 윗사람의 일이 끝마치지 못하게 된 것이 없다."
라고 하였어.
이것은 천하를 다스리는 사람이 어짊을 좋아해서
아빠만 믿거라!!
자기의 아랫사람들을 사랑으로 대한다면,
아랫사람도 의를 좋아해서 그에게 충성하지 않는 사람이 없다는 거야.
우리도 돕자!!
그러므로 윗사람이 나라의 일을 돌보면 그 아랫사람들이 그를 도와 자기 집 일같이 함으로써
야호!!
슝
시작한 일은 반드시 해피엔딩으로 끝나게 되지.
다 너희들 덕분이다.
예를 들어 국고에 쌓아 둔 재물이 흘러넘쳐도 그 아래 관리하는 사람들이 그것을 훔쳐가지 않으며,
웬 다이아?
100 캐럿 다이아
오히려 자기 집 곳간에 쌓아 둔 재물을 돌보듯이 하게 되지.
분실물 신고요~
윗사람이 아랫사람에게 사랑으로 대하면 아랫사람은 윗사람에게 올바른 것으로 보답하니,
자연히 나라의 근심이 없어지지.
걱정이 없어서 걱정이군….
주자의 제자들이 스승에게 여쭈길
어떻게 윗사람이 어질면 아랫사람이 곧 의롭게 됩니까?
주자가 대답하기를
마땅히 행해야 할 바른 길이 윗사람에게 있으면 어짊이라 부르고,

아랫사람에게 있으면 의라 부르며,
아버지에게 있으면 사랑이라 말하고,
옛날옛적에 한나무꾼이…
자식에게 있으면 효도라고 말하는 것이니라."라고 하였어.
전문에 노나라의 어진 대부 맹헌자(孟獻子)가 말하길
"축마승 불찰어계돈 벌빙지가 불축우양 백승지가 불축취렴지신 여기유취렴지신 영유도신
(畜馬乘 不察於鷄豚 伐氷之家 不畜牛羊 百乘之家 不畜聚斂之臣 與其有聚斂之臣 寧有盜臣)
– 말을 기르고 수레를 타는 사람은 집안에 있는 닭과 돼지를 살피지 않는다. 얼음을 채벌해서 쓰는 집안은 소와 염소를 기르지 않는다. 백승을 가진 집안은 차라리 자신의 재물을 훔쳐가는 도둑을 둘망정 백성의 재물을 탐하여 거두어들이는 신하를 두지 않는다."라고 하였어.
여기서 말을 기르고, 수레를 탄다는 것은 선비가 처음 등용되어 대부가 된 사람을 말하는 것이고,
이제 시작인데요. 뭘….
얼음을 채벌해서 쓰는 집안은 경대부 이상 집이며
집이 다섯 채밖에 없어요.
백승을 가진 집안은 공의 집안으로 식읍이 있는 신하라는 뜻이야.
성 하나 가지고 있죠.
그 당시 관록(官祿)이 있는 사람은 소와 염소를 기르지 않았어.
대인은 그런 걸 기르지 않지요.
소와 염소는 백성들이 기르는 것이므로
네가 우리집 가보다!
매애~
만약 관리가 그것을 기른다면 백성과 더불어 이익을 다투는 것으로 보아서 혈구의 도가 아니라고 하였어.
욕심쟁이….

또 당시 대부 벼슬에 있는 사람들은 말이나 수레를 타고 다녔다고 해!
즉 말을 기르고 수레를 타면 대부 벼슬을 하는 관리를 말하는데,
아핫! 고놈 맛있겠다!
대부라는 관리가 되어 닭과 돼지까지 살피는 것은 작은 이익을 챙기는 비열한 관리로 보았어.
또 경대부의 벼슬에 있는 사람들은 상을 당하였거나 집안에 제사를 지낼 때에 얼음을 채벌하여 사용할 수 있도록 권한을 가진 후한 녹봉을 받는 관리야.
그 당시 얼음이라니, 대단하지?
경대부가 되어 자기의 본분을 잃어버리고 백성들과 같이 소와 양을 길러 개인의 재산을 불리려 한다면
경대부 축산
내 거야!
이는 심한 탐욕을 갖는 것으로 혈구의 도가 아니라고 하였어.
그리고 공은 임금을 보필하는 벼슬로, 나라에서 식읍*을 받은 높은 지위의 신하야.
그런 지위에 있으면서 백성들에게 잔학하게 세금을 거두어들여서 그들을 괴롭힌다면
안 내놓으면 쳐들어간다! 꿍따라꿍따~

*식읍(食邑) – 공신들이 왕이 주는 땅을 받아 그 곳을 다스리며 조세를 거두어 쓸 수 있었던 고을을 말함.

이것 또한 혈구의 도가 아니라는 거야.
차라리 도둑질하는 신하를 나라에 두는 것이 낫다고 말하는 거야.
너희들이 정녕 내 신하냐?
도둑질하는 신하는 비록 나라의 재물을 훔쳐서 자기의 사사로운 것으로 만들 뿐이지만,
전 그저 물건만 훔칠 뿐이에요.

백성들을 잔학하게 대하거나 박해하지는 않으므로 그 피해가 가볍다는 것이야.
백성을 못살게 구는 게 제일 나쁜 놈이야!!
民
오늘날 많은 사람들이 윗사람의 위치에 있으면서 출세를 위해 아랫사람들의 공(功)이나 이익을 가로채고 있어.
이것은 윗사람이 되어 어짊을 좋아하는 것이 아니야.
나만 배부르고 잘살면 그만이지 뭐.
자신의 공이나 이익을 아랫사람에게 나누어 주지 못할망정 어떻게 그렇게 행동하는지 모르겠어!
그러니 아랫사람이 윗사람을 어떤 눈초리로 보겠어?
아랫사람을 죽여 자신의 안락을 구하고자 하는 그런 사람을 어떻게 보겠니?
아마도 마음속으로는 사람으로는 생각하지 않을 거야.
자연산 전복입니다!!
자연산 전복
그러니 자연히 아랫사람 또한 윗사람에게 의로써 대하지 않아!
상한 걸로만 골라 담아!!
끄덕
불신과 불만으로 어떻게 하면 윗사람을 잘 속여 넘길까 하는 생각만 할 거야.
윗사람은 아랫사람을 사랑으로 대하고 아랫사람은 윗사람을 진실한 마음으로 대할 때 우리가 사는 이 사회가 좋아지지 않을까?
개굴
이익

《맹자》 '양혜왕 편'에 나오는 얘기야. 맹자가 양혜왕을 알현하자, 그가 말하길,
노인께서 천리를 멀다 않고 오셨으니, 장차 우리나라에 어떠한 이익을 주실 수 있습니까?
왕께서는 어찌 하필 이익을 말씀하십니까? 다만 인과 의가 있을 뿐입니다.
즉, 군주로서 나라를 이롭게 하려고 한다면
오직 인의(仁義)로써 이롭게 해야 한다는 거야.
혈구의 도는 충서(忠恕)로써 얻어질 수 있어!
忠
恕
자기 자신을 반성하여 다른 사람에게 진실한 마음으로 다가서는 마음[忠],
또 자신을 낮추고 다른 사람들을 높이는 마음[恕]로써만 가능해지는 거야.
임금이 백성과 더불어 같이 좋아하고 같이 미워할 때
백성들 또한 부모에게 효도하고, 형제에게 공손하며, 자식을 사랑하게 되는 거야.
이른바 천하가 화평하게 되고 모두 다스려지는 거지.[治國平天下]

야~ 정말 수고 많이 했어! 지금까지 대학에 있는 경전의 내용과 전문의 내용들을 두루 살펴보았어.
드디어 끝이로구나~
앗싸라비야~
大學
《대학》은 사람을 군자로 나아가게 해주며, 또 천하의 뜻을 품도록 해 줄 수 있는 학문이야!
무엇보다도 3강령 8조목을 실천해서 훌륭한 사람이 되었으면 좋겠어!
3강령 8조목
우리가 사는 이 지구촌에는 대략 60억 정도의 인구가 살아가고 있어.
과학과 문명이 발달하고 개인의 권리가 높아진 만큼 마음은 이기심으로 더욱 사악해져 가고만 있어.
21세기가 되었어도 힘없는 노약자와 가난한 백성들은 굶주려 죽어가고 있고,
자국의 이익을 도모하여 강성한 나라가 되기 위해 끊임없이 전쟁이 벌어지고 있어.
공자 사후 이미 2500년이나 되었는데, 최근 TV나 통신 매체에서 다시 유학의 경전을 들먹이는 이유가 과연 뭘까?
공자 孔子
이것은 아마도 유학이 세상의 갈등과 고통에서 벗어날 수 있는 길이기 때문이 아닐까?

우리가 살고 있는 아름다운 푸른 초록별에서 많은 사람들이 서로 다투지 않고 사이좋게 살아갈 수 있는 방법은 과연 무엇일까?
하늘이 사람들에게 주신 밝은 덕을 무시한 채, 다른 나라나 다른 사람들을 생각하지 아니하고,
도와주시오~
오직 자신의 나라와 국민만을 고집한다면 과연 우리의 미래는 어떻게 될 것인가?
너희들은 꺼져!!
우리 모두 한 번쯤 깊이 생각해 봐야 할 문제인 것 같아!
지금까지 이 책에서 얘기하였듯이, 잃어버린 인간의 본성을 되찾아서 사람들마다 올바른 마음을 가지고 덕을 밝히며,
내 이웃과 평화롭게 살아가는 길이 오직 우리 모두의 살 길이며 또한 삶의 질을 높이는 길이며,
아울러 우리의 후세들에게 이 아름다운 별의 풍요로움을 고스란히 물려줄 수 있는 길이 아닐까?
아무쪼록 《대학》을 통하여 우리 모두의 삶이 더욱 풍요로워지길 바라며,
대 학
또 부끄러움이 없는 삶을 살아가길 기원하면서 여기에서 대단원의 막을 내려야 할 것 같아!
책을 읽으면서 이해가 잘 되었는지 모르겠어. 혹시 생소한 낱말과 뜻풀이가 많았거나 이해가 가지 않는 부분이 있다면 다른 책을 참고해 주면 좋겠어!
그럼 많은 발전이 있길 바랄게! 안녕!

대학

허경대 글 | 이주한 그림

01 유학을 공부하기 시작하는 사람들이 읽어야 할 책의 순서를 잘 나열한 것은 무엇일까요?

① 《논어》-《맹자》-《중용》-《대학》
② 《논어》-《대학》-《중용》-《맹자》
③ 《대학》-《중용》-《논어》-《맹자》
④ 《대학》-《논어》-《맹자》-《중용》
⑤ 《맹자》-《중용》-《대학》-《논어》

02 《대학》은 원래 《예기》의 일부분으로 '증자'가 지었다고 전합니다. 이후 11세기 송나라 때 이르러 《대학》의 글귀를 분석하고, 해제를 모아 《대학장구》라는 책을 만든 사람은 누구일까요?

① 맹자 ② 순자 ③ 묵자 ④ 노자 ⑤ 주자

03 《대학》의 내용은 '3강령 8조목'으로 구성되어 있습니다. '3강령'에 해당하는 것은 어느 것일까요?

① 신민(新民) ② 수신(修身) ③ 정심(正心)
④ 격물(格物) ⑤ 제가(齊家)

04 《대학》의 본래 책에는 이 내용이 누락되어 있습니다. 송나라 때 《대학장구》를 편찬하면서 새로이 삽입시켰다는 이것은 '사물의 이치를 연구하여 모르는 것이 없도록 한다.'는 내용입니다. 어느 것일까요?

① 지어지선(止於至善) ② 수신제가(修身齊家)
③ 성의정심(誠意正心) ④ 격물치지(格物致知)
⑤ 치국평천하(治國平天下)

05 다음은 《대학》의 '8조목' 중 〈평천하〉 편에 나오는 '혈구의 도'에 대한 설명입니다. 거리가 먼 것은 무엇일까요?

① 자신의 마음을 뒤로 하고 남을 앞세우려는 마음가짐이다.
② 사방의 모든 사람들에게 고르고 평등하게 하는 도리이다.
③ 천하를 잘 다스리기 위해 강력한 법으로 백성을 따르게 하는 도리이다.
④ 자신이 편안하고 즐거워하는 것을 다른 사람이 먼저 편안하고 즐겁게 할 수 있도록 배려하는 생각이다.
⑤ 목수가 자를 가지고 나무의 곧고 바름을 헤아리듯이, 자신의 바른 마음으로 다른 사람의 마음을 헤아리는 것이다.

06 《대학》의 내용을 설명한 것입니다. 올바른 것은 무엇일까요?

① 자신의 마음을 바로잡으면 뜻은 저절로 성실하게 된다.

② 누구나 태어나면서 하늘로부터 밝은 덕을 부여받지는 못한다.

③ 사람이면 누구나 자신의 잘못된 점을 반성하고 끊임없이 새로 워져야 한다.

④ 학문은 자신과 집안 사람들의 부(富)를 이룩하기 위해서는 꼭 해야 하는 것이다.

⑤ 자신의 몸을 어느 정도 수행한 후에는 반드시 천하를 다스리는 곳으로 나아가야 한다.

07 다음은 무엇을 설명한 것일까요?

- 밝은 명령
- 모든 일에 대응할 수 있는 것
- 지극히 착하고 조금도 사리사욕이 없는 것
- 사람이 태어날 때부터 하늘로부터 부여받은 것

---

06 ③ : ① 뜻을 성실하게 가지면 마음을 바로잡을 수 있습니다. (격물–치지–성의–정심–수신…) ② 사람은 누구나 태어나면서 밝은 덕을 부여받습니다. ④ 학문은 자신의 밝은 덕을 밝히고 나아가 다른 사람들에게도 밝은 덕을 밝힐 수 있도록 도와주는 데 그 목적이 있습니다. ⑤ 자신을 수양해서 덕을 밝힌 후에는 나아가 자신의 집안을 다스리고, 그런 다음 나라를 다스리고, 그런 다음 천하의 백성들을 다스립니다.

07 덕(德) / 08 수기치인(修己治人) / 09 성리학(性理學) : 주자가 인간의 본성이 천지 만물의 근원인 리(理)와 기(氣)에서 출발한다는 새로운 형태의 개념을 정립한 신유학, 즉 성리학(性理學)을 말합니다.

10 '사람이 태어날 때 하늘로부터 부여받은 밝은 덕을 밝힌다.'는 뜻으로 도덕적으로 올바른 사람이 되기 위해 늘 착한 행동을 할 수 있도록 자기 자신을 수양해야 한다는 의미입니다.

08 《대학》의 내용에는 유가의 주요 사상이 들어 있습니다. '자신의 몸을 수양해서 다른 사람을 편안한 곳으로 이끌어 간다.'는 이 사상은 무엇일까요?

____

09 15세기부터 17세기 초반까지 유학은 조선에 많은 영향을 주었으며, 가장 전성기를 맞이하였던 때입니다. 율곡 이이와 퇴계 이황도 이 학문으로 열띤 논변을 했는데, 일명 '신유학'이라고 부르는 이 학문은 무엇일까요?

____

10 《대학》에서 말하는 '명명덕(明明德)'이란 무엇일까요? 간단히 설명하세요.

____

____

____

정답

01 ④ : 유학을 공부하기 시작하는 사람들은 처음 《대학》을 읽고, 그다음 《논어》, 《맹자》, 《중용》 순으로 읽습니다. 02 ⑤ : 주자, 즉 주희(朱熹)는 당시 사마광과 이정자 그리고 호원과 여대임과 같은 유명한 학자들의 해제를 종합하여 분석하고 연구한 끝에, 경 1장 205자와 전 10장 1546자의 《대학장구》를 만들었습니다.

03 ① : 3강령–명명덕, 신민, 지어지선 / 8조목–격물, 치지, 성의, 정심, 수신, 제가, 치국, 평천하

04 ④ : 〈격물치지〉 편은 '사물의 이치를 끝까지 연구해서 아는 것을 지극하게 하여 모르는 것이 없도록 한다.'는 것으로, 본래 《대학》의 내용에는 책장 자체가 누락되어 없는 것을 주자가 자신의 뜻을 보충하여 새로 삽입했다고 합니다. 05 ③ : '혈구의 도'란 남을 다스리고자 하는 사람이 어떤 기준을 삼아 헤아리는 것을 말합니다.